collection SAVOIR-FAIRE SPORTIF
dirigée par Luis Fernandez

rugby

W0241949

jean-yves nérin
m. peyresblanques

rugby

entraînement technique et tactique

photos intérieures et couverture : Yves RONGA

éditions amphora s.a.
14, rue de l'Odéon — 75006 PARIS

Nous tenons à remercier Yves RONGA pour les photos, Claude BONNOT pour les illustrations et M. GODEMET, G. CAZORLA pour la partie sur l'entraînement individualisé.

Collection Savoir-Faire Sportif dirigée par Luis Fernandez
© éditions amphora S.A. septembre 1990
ISBN 2-85180-209-7
ISSN 0298-4881

SOMMAIRE

PRÉFACE

La littérature sportive est riche. Le rugby y tient une place importante. Pourtant jamais personne n'était rentré autant de « pleine écriture » que Jean-Yves Nérin et Marcel Peyresblanques pour décrire le pourquoi du comment de ce jeu ô combien difficile.

Son évolution passe obligatoirement par les éducateurs. Leur formation est aujourd'hui plus que jamais nécessaire. Nos auteurs éducateurs ont trouvé le liant entre la théorie et la pratique. Si la technique est une obligation dont on ne peut se passer, la pédagogie n'en est pas moins une nécessité. L'un et l'autre sont incontournables.

L'ambition avancée par les auteurs de vouloir « expliquer de manière simple un jeu parfois complexe » tient toutes ses promesses. Cette simplification qui ne tombe pas dans le schématisme constitue comme ils le disent les « savoirs du rugby ».

Lorsque les auteurs éducateurs articulent leur savoir autour des trois questions : Quoi faire ? Pourquoi le faire ? Comment le faire ?, ils entrent dans la trilogie naturelle du quotidien. Ils évitent le piège du « quand le faire ? » qui est sans doute le point essentiel et le plus respectueux du jeu. Les impondérables, le savoir de l'adversaire, les conditions atmosphériques, l'arbitre et tant d'autres facteurs peuvent troubler et réduire à néant les certitudes de ceux qui pensent tout savoir et tout imposer. il faut rester humbles et savoir juger le seuil de la rentabilité à tout prix au-delà duquel le jeu devient une pratique dénaturée et malsaine.

Plus que jamais, la vérité d'aujourd'hui risque de devenir « la bêtise » de demain. Son effet, les méthodes sont cycliques mais gardent en elles les bases immuables, fondamentales et culturelles de ce jeu unique au monde.

L'énorme travail accompli par Jean-Yves Nérin et Marcel Peyresblanques nous fait rentrer de plain-pied dans la complexité des acquisitions techniques, le gain du ballon, la conservation, son utilisation, la concrétisation, le succès, l'échec. Les principes méthodologiques définis par les auteurs sont de nature à favoriser l'expression d'un jeu de plein mouvement et la recherche d'une réelle continuité. A cet égard, ces principes constituent l'esquisse d'une véritable théorie de la continuité. A chacun d'y puiser les vérités qui doivent satisfaire le pratiquant.

Plus que jamais le rugby doit appartenir à celui qui le pratique. Les éducateurs doivent être les garants de l'éthique de ce jeu qui, sans une grande vigilance de leur part, peut passer du paradis à l'enfer.

Avec l'état d'esprit qui anime nos auteurs, leurs connaissances en la matière, leur sens de la recherche, leur appartenance à la famille, c'est l'assurance que le rugby sport roi a encore de beaux jours devant lui !

Pierre Albaladéjo

PRÉAMBULE

A. OBJECTIFS DE L'OUVRAGE

Cette étude constitue le second volet et la suite de l'ouvrage précédent intitulé « L'Entraîneur de Rugby », qui était centré essentiellement sur l'analyse de la relation Entraîneur-Joueurs, à partir de situations réelles de communication qui intègrent couramment le processus d'entraînement au sens large, et qui constituent pour la majeure partie des clubs des pratiques habituelles. C'est ainsi qu'ont été abordées : la préparation d'avant-match, l'observation, la critique de match et la 3e mi-temps.

Après donc cette approche du « relationnel » sur la base des pratiques réelles du terrain, ce deuxième tome a pour ambition d'aborder l'autre axe fondamental d'intervention de l'entraîneur, c'est-à-dire l'entraînement au sens restreint du terme, autrement dit le « technique ».

En effet, l'entraîneur est communicateur et technicien. Le « relationnel » et le « technique » constituent à nos yeux les deux pôles incontournables de son action. Si, pour celui qui regarde les choses d'entraînement d'un œil un peu naïf ou distancié, le relationnel peut apparaître comme quelque chose qui va de soi, de naturel dans le sens où la relation et la communication font partie de la vie de tout un chacun, il n'en est pas de même pour le « technique ». Celui-ci contrairement au relationnel, lui semble exiger des connaissances et des compétences qui distinguent l'entraîneur de l'amateur même éclairé.

Cette opinion du sens commun mérite d'être modulée et nous avons pu montrer l'importance du relationnel dans le processus d'entraînement et la nécessité d'apprendre à communiquer tant cet aspect apparaît fondamental pour la dynamique motivationnelle du groupe, tant aussi celui-ci apparaît délicat à gérer et à maîtriser.

Il n'en est pas moins vrai cependant que la dimension technique nécessite un apprentissage et que celle-ci définit un champ de compétences qui distingue le professionnel de l'amateur averti et même de l'ancien joueur qui veut se destiner à l'entraînement.

Cela ne fait aucun doute, tout comme il n'est pas contestable (et cela même si nous pensons que le jeu de Rugby est dans ses fondements mêmes un jeu simple que l'on peut énoncer simplement) que les savoirs théoriques et pratiques sont en pleine évolution, que les techniques d'entraînement ne sont plus celles d'il y a une vingtaine d'années, et qu'il y a fort à parier que ce processus va aller en s'accélérant maintenant que le Rugby entre dans une phase de mondialisation des échanges compétitifs. Cela n'est pas sans provoquer une grande effervescence à tous les niveaux, jusque et y compris à celui plus concret du terrain et de ceux qui en ont la charge. C'est la raison pour laquelle nous avons voulu faire le point sur la dimension technique de l'entraînement avec deux objectifs essentiels :

— Le premier, SIMPLIFIER sans DÉNATURER, ce qui, à nos yeux, constitue les « savoirs » du Rugby. Autrement dit, énoncer les principes d'action et les réflexions théoriques qui jalonnent le paysage rugbystique français et qui sont des points d'appui de l'action de l'entraîneur mais aussi du joueur en situation de match. A ce titre, nous sommes en effet convaincus que la connaissance du jeu est une arme de l'efficacité du joueur et que la grande maîtrise tactique dans le jeu est corrélée à une grande maîtrise théorique, l'entraîneur jouant le rôle au niveau du joueur d'un « transmetteur de savoirs ». Le joueur, pour être performant doit être en mesure d'intégrer ce savoir théorique que constitue la connaissance du jeu pour une simple raison d'efficacité dans l'action.

— Le second, ILLUSTRER ces savoirs, cette théorie du jeu par un ensemble de situations pédagogiques réellement vécues et évaluées sur le terrain.

Tel a été donc, l'axe privilégié de notre démarche, faire le lien entre théorie et pratique, tout en ayant le souci d'accorder la plus large part au travail concret sur le terrain et aux tâches d'apprentissage.

Ceci nous a paru d'autant plus nécessaire que nous avons pu constater d'une part, que la littérature technico-tactique, bien que performante et de grande qualité, concernait prioritairement les aspects théoriques du jeu ou de la formation du joueur, dans une approche de type cognitiviste, en réduisant ainsi les situations d'entraînement à la portion congrue, et que, d'autre part, il existe une très forte demande pédagogique de la part de ceux qui veulent prendre, ou ont en charge, des responsabilités d'entraînement.

C'est pourquoi, viser L'ESSENTIEL de la théorie du jeu, L'ACTUALISER en fonction des dernières réflexions connues et PROPOSER une large gamme de situations d'entraînement, tels sont les deux volets de ce travail. Faire en sorte que le lien THÉORIE/PRATIQUE soit évident pour le lecteur a été notre souci constant, ce qui explique la présentation de cet ouvrage qui fait se correspondre chaque analyse théorique à l'exposé des situations pédagogiques qui illustrent la spécificité du thème abordé.

Enfin, si la collection dans laquelle paraît ce livre, intitulée « Savoir-Faire Sportif », a pour objectif de répondre aux besoins des entraîneurs, a pour ambition de produire des ouvrages d'homme de terrain pour les hommes de terrain, dont la place ne sera pas dans les rayons d'une bibliothèque mais dans un sac de sport, alors nous voulons bien adhérer à un projet qui a été notre préoccupation constante lors de nos précédents travaux.

Ainsi donc, ce livre s'articulera autour de TROIS questions clés .

— QUOI FAIRE ?

— POURQUOI LE FAIRE ?

— COMMENT LE FAIRE ?

dans une démarche qui correspond fondamentalement à celle de l'entraîneur lorsqu'il prépare sa séance d'entraînement.

Pour ce livre, nous avons été amenés à confronter nos expériences. Les échanges nous ont enrichis et nous ont fait prendre conscience de la singularité et de la richesse de chaque vécu d'entraîneur, prouvant (s'il en était encore besoin) l'extraordinaire « inventivité du terrain », selon la belle formule de P. Parlebas et la nécessité de regrouper ces expériences.

Nous espérons au travers de cet ouvrage faire partager au lecteur l'enthousiasme qui nous a animés lors de nos confrontations. Puisse-t-il aussi contribuer à l'enrichissement de l'éducateur ou de l'entraîneur tout en suscitant de sa part remarques et réflexions, même critiques. Tel est notre souhait en laissant place maintenant à l'action et au terrain, à la technique et à la pédagogie.

B. APPROCHE MÉTHODOLOGIQUE

Nous avions fait remarquer dans notre précédent ouvrage, que les connaissances technico-tactiques constituaient le bagage minimum mais indispensable de l'entraîneur, permettant à celui-ci d'asseoir sa crédibilité auprès des joueurs. La compétence technico-tactique constitue le préalable et le passage obligé de quiconque veut prendre en charge une équipe. Elle est donc la première condition nécessaire mais non pas suffisante qui définit la compétence de l'entraîneur. Celui qui ne la possèderait pas, ne pourrait en aucun cas prétendre à une reconnaissance effective des joueurs, car le terrain représente une part non négligeable du travail d'entraînement.

Cependant, nous ne nous étendrons pas sur l'incidence des facteurs techniques et tactiques dans l'obtention du résultat, tant ceux-ci relèvent d'une évidence que nul ne saurait contester, tant ils constituent les facteurs premiers et l'essence même du jeu. Ce que peut percevoir le spectateur comme l'amateur éclairé, lorsqu'il assiste à une rencontre sportive est que le jeu exige de la part des participants des habiletés gestuelles (la technique) et une certaine intelligence collective (la tactique) qui s'exprime au travers de combinaisons encore appelées schémas tactiques. Et ce qui intéresse encore plus le spectateur est de voir comment une équipe s'y prend pour maîtriser l'adversaire, quelles armes elle utilise pour battre l'opposant. Bref, ce qui provoque l'intérêt du spectateur comme de l'entraîneur comme du théoricien et qui est la dimension fondamentale de tout sport collectif, est cette dimension du RAPPORT D'OPPOSITION, et surtout dans son déroulement temporel, autrement dit, la dimension tactique du rapport de forces. La technique demeure ici non pas secondaire mais seconde, tout autant d'ailleurs que les qualités physiques ou psychologiques, qui ne constituent finalement que de simples outils ou adjuvants de l'expression tactique, celle-ci demeurant l'expression première de la nature même du jeu. Il semble donc normal que ces facteurs représentent la majeure partie du travail d'entraînement dans la mesure où ils SONT le jeu.

Si donc, du fait même de leur caractère évident, nous ne nous étendrons pas sur une analyse de l'incidence des déterminants technico-tactiques sur la performance pour en justifier toute l'importance dans le travail d'entraînement, en revanche il nous semble nécessaire de présenter succinctement l'ensemble de ces facteurs et surtout de présenter au lecteur quelle a été notre démarche et notre méthode.

Nous avons déjà mentionné que nous voulions aborder ce thème du « technico-tactique » en partant des pratiques de terrain, en partant de ce qui se fait couramment dans la très grande majorité des clubs français, qu'ils soient plus modestement engagés dans un championnat de séries.

De fait, que peut-on observer ?

Chaque club, chaque entraîneur propose un canevas de séances, qui s'articule pratiquement autour de deux formes de travail, celles-ci pouvant se situer à des moments différents de la séance d'entraînement en fonction des objectifs de travail :

— La première forme de travail est le travail en COLLECTIF TOTAL, où l'ensemble des joueurs qui constituent l'équipe opèrent ensemble, soit à vide, soit sous forme d'opposition le plus souvent.

— La deuxième forme, couramment utilisée, se concrétise dans la scission du collectif total en deux groupes, celui des avants et celui des trois-quarts. C'est le travail en COLLECTIF PARTIEL, encore appelé COLLECTIF DE LIGNE.

Ces deux formes constituent les deux modalités essentielles de l'entraînement. A celles-ci on peut en ajouter une autre (si le volume horaire d'entraînement le permet) qui consiste à faire travailler certains groupes de joueurs ayant des relations privilégiées dans le jeu et qui nécessitent des habiletés gestuelles spécifiques, conditionnant pour une grande part le niveau d'efficacité en match. Par exemple, la passe entre les demis 9 et 10, le lancer en touche etc. C'est le TRAVAIL DES LIAISONS et LE TRAVAIL SPÉCIFIQUE AU POSTE.

Ces trois modalités de travail qui constituent à nos yeux les pratiques de terrain communes à l'ensemble des clubs représentent les têtes de chapitre de notre ouvrage. Nous avons voulu en ajouter une autre qui a pour ambition de faire le point sur la préparation physique et sur les modalités que celle-ci peut revêtir en situation réelle d'entraînement collectif. Chaque forme de travail est subdivisée en thèmes qui constituent autant de repères d'entraînement. C'est ainsi que nous avons distingué :

1) *LE JEU EN COLLECTIF TOTAL*
— Le jeu de mouvement et la continuité du jeu.
— Les coups francs, les coups d'envoi et de renvoi.
— Le jeu à partir des phases statiques.
— L'organisation défensive.

2) *LE JEU EN COLLECTIF PARTIEL*

a) Les avants
— Les phases de conquête.
— Le jeu groupé pénétrant et les regroupements.

b) Les trois-quarts
— Le jeu à partir des phases statiques.
— Le jeu en contre-attaque.

3) *TRAVAIL DES LIAISONS ET TRAVAIL AU POSTE*
— Le cinq de devant.
— La troisième ligne
— Les demis.
— Les centres et ailiers.
— L'arrière et les ailiers

4) *L'ENTRAÎNEMENT PHYSIQUE*
— Le travail dit « en séquences » (forme collective).
— L'individualisation de la préparation (forme individuelle).

Chaque thème abordé fera l'objet au préalable d'une analyse théorique volontairement limitée à l'exposé des principes d'action essentiels tant au niveau du jeu lui-même que dans la mise en œuvre pédagogique, SUIVIE IMMÉDIATEMENT d'une présentation de quelques situations pédagogiques permettant d'illustrer cette analyse.

CHAPITRE 1

JEU EN COLLECTIF TOTAL

Jeu en mouvement et continuité du jeu
Jeu à partir des coups francs et des pénalités
Jeu à partir des coups de pied d'envoi et de renvoi
Jeu à partir des phases statiques

CHAPITRE 2

JEU EN COLLECTIF PARTIEL

- AVANTS

les phases de conquête
Jeu groupé pénétrant et les regroupements

- TROIS-QUARTS

Jeu en première main
La contre-attaque

CHAPITRE 3

TRAVAIL DES LIAISONS ET ENTRAÎNEMENT SPÉCIFIQUE AU POSTE

— le cinq de devant
— la troisième ligne
— les demis
— les centres et ailiers
— l'arrière et les ailiers

CHAPITRE 4

L'ENTRAÎNEMENT PHYSIQUE

— Forme collective dite « en séquences »
— Forme individuelle

1

LE JEU EN COLLECTIF TOTAL

A. LE JEU EN MOUVEMENT ET LA CONTINUITÉ DU JEU
B. LE JEU A PARTIR DES COUPS FRANCS
C. LE JEU A PARTIR DES COUPS D'ENVOI ET DE RENVOI
D. LE JEU A PARTIR DES PHASES STATIQUES

A. LE JEU EN MOUVEMENT ET LA CONTINUITÉ DU JEU

1) LE SUCCÈS D'UN MODÈLE

A l'heure actuelle, en matière d'entraînement, l'accent est mis sur la recherche de la continuité du jeu à 15 joueurs.

Le « Rugby de mouvement », le « Rugby total », la « dynamique du jeu », la « vie du ballon », les « enchaînements de jeu », sont autant d'expressions couramment employées pour caractériser le jeu de Rugby en dehors des phases de conquête proprement dites.

Si le jeu de plein mouvement n'est pas en soi une nouveauté, il faut cependant remarquer que la plupart des théoriciens ainsi que des entraîneurs y accordent une très grande importance. Bref on travaille le « mouvement général » avec pour ambition d'obtenir en match la réalisation d'un « mouvement perpétuel » ! A cela plusieurs raisons :

— En premier, le modèle théorique établi par R. Deleplace a permis de rompre avec des conceptions très réductrices du jeu qui assimilaient celui-ci aux seules acquisitions techniques et aux phases de conquêtes. Cette théorisation du jeu de mouvement a permis de mettre en avant d'autres axes de travail sur le terrain dans la mesure où, un mouvement de joueurs qui auparavant semblait relever du désordre ou du non-rationnel, devenait tout à coup accessible à l'intelligence et surtout découlait de principes de jeu clairement identifiables. A cet égard, les apports théoriques de R. Deleplace ont été décisifs. Citons entre autres, l'analyse du jeu en forme de rapport Attaque/Défense et les notions de courants offensifs et défensifs ainsi que leur constante réorganisation. Les analyses ont permis de mettre en place sur le terrain des stratégies de jeu visant l'obtention du plein mouvement. Ainsi donc, la justesse d'un modèle d'analyse théorique s'est trouvée renforcée par des possibilités de travail sur le terrain qui n'étaient auparavant que peu exploitées. L'innovation théorique s'est trouvée en quelque sorte confortée par les innovations pratiques que celle-ci a fait émerger sur le terrain.

— En second, ce modèle qui est très largement diffusé à l'heure actuelle trouve toute sa valeur dans le fait que le jeu de mouvement obéit au *PRINCIPE D'EFFICACITÉ*. Le jeu de mouvement est générateur des phases de jeu les plus dangereuses en terme de gain de terrain mais aussi de marque. La continuité du jeu favorise la création d'un déséquilibre défensif favorable à la concrétisation des actions offensives. Le modèle du plein mouvement est un modèle théorique efficace dans le jeu.

A ce titre, il ne pouvait que séduire une démarche d'entraîneurs axée essentiellement sur l'obtention de la performance.

— En troisième, le jeu de plein mouvement que ce soit en match ou dans le travail d'entraînement est particulièrement motivant pour les joueurs. Il est un hymne à l'ivresse du jeu et de la course et l'expression de l'intelligence tactique. Pour les joueurs, le travail du mouvement et de sa dynamique est moins astreignant et moins coûteux psychologiquement qu'un travail pur de phases de mêlées ou touches. Le mouvement répond à un **principe de motivation**.

— Enfin, si le jeu de mouvement est particulièrement motivant pour les joueurs, il l'est aussi pour le spectateur. La recherche de la continuité du jeu répond à la recherche d'une plus grande qualité de spectacle, et ce même si dans certains hauts-lieux rugbystiques, une mêlée enfoncée a plus de valeur émotionnelle qu'un débordement d'ailier. Il n'empêche. Le Rugby, fortement handicapé par rapport aux autres sports collectifs du fait de ses nombreux arrêts de jeu, se doit de promouvoir un type de spectacle qui soit au minimum haché par les fautes ou par le sifflet de l'arbitre pour accroître son audience et sa crédibilité. C'est une des raisons pour lesquelles le législateur fait évoluer les règles dans le souci de favoriser la vie du ballon, comme en témoigne l'interdiction de botter directement en touche en dehors des 22 mètres ou encore la possibilité de remettre en jeu rapidement un ballon sorti de l'aire du jeu. Le mouvement répond à un **principe de spectacularisation**.

En bref, le règlement, les besoins des joueurs, les attentes du spectateur, l'efficacité du jeu sont des facteurs qui déterminent une évolution irréversible vers la recherche de plus en plus grande d'un jeu de pleine continuité qui implique son caractère incontournable dans le travail d'entraînement.

Dans la mesure où la recherche de la continuité du jeu répond à 4 principes clés :

— le principe d'innovation,
— le principe d'efficacité,
— le principe de motivation,
— le principe de spectacularisation,

il paraît difficile pour l'entraîneur de faire l'impasse sur une philosophie du jeu qui préfigure très certainement le Rugby de l'an 2000.

2) QUE FAUT-IL ENTENDRE PAR CONTINUITÉ DU JEU ?

Par continuité du jeu, il faut entendre la recherche d'un jeu qui tend à limiter au maximum les causes d'arrêt momentané. Autrement dit, c'est non seulement essayer de limiter le plus possible les fautes de jeu (en-avants, hors-jeu) qui provoquent des ruptures de continuité, mais aussi et surtout éviter que le ballon ne sorte de l'aire de jeu, ce qui provoque l'arrêt de la vie du ballon et donc une « remise en jeu » sous la forme de touche ou de renvoi.

Ainsi donc, rechercher la continuité du jeu, c'est d'une certaine manière, refuser la ligne de touche soit par ballon porté soit par coup de pied, c'est en quelque sorte refuser un règlement qui donne la possibilité aux joueurs de pouvoir sortir VOLONTAIREMENT le ballon du champ de jeu, ce qui est d'une certaine manière la porte ouverte aux solutions de facilité et en tout cas provoque des arrêts en nombre suffisamment important pour nuire à la qualité du spectacle et provoquer parfois l'ennui chez le supporter le plus passionné.

On l'aura compris, la recherche de la continuité implique comme principe fondamental la conservation du ballon dans l'aire de jeu. C'est faire le pari du jeu au détriment du non-jeu, tout en refusant des comportements de sécurité liés à l'enjeu. Rechercher la continuité, c'est donc cautionner une philosophie de la prise de risques et tendre à la recherche du mouvement perpétuel. Comme l'exprime P. Villepreux qui rêve « d'un jeu où il n'y aurait ni mêlée, ni touche, ni regroupement ; juste des courses et des passes, des essais et des coups de pied de renvoi ».

3) PRINCIPES MÉTHODOLOGIQUES

Nous voudrions ici exposer 4 principes clés qui sont à la base de notre démarche pédagogique. Ces quatre principes qui constituent l'essentiel de ce que l'on pourrait appeler une théorie du jeu de mouvement pourraient s'énoncer ainsi :

a) Respecter les fondamentaux communs à l'ensemble des jeux sportifs collectifs.

b) Combattre/Éviter.

c) Concentrer/Déconcentrer.

d) Alterner les formes de jeu et maîtriser les transformations de jeu.

a) Respecter les fondamentaux

Rechercher la continuité du jeu dans le jeu de mouvement, c'est en premier lieu répondre aux exigences communes à l'ensemble des sports collectifs :

En attaque :	*En défense :*
— Conserver le ballon	— Récupérer le ballon
— Faire avancer le ballon vers la cible adverse	— Contre-attaquer et faire avancer le ballon vers la cible adverse
— Marquer	— Marquer

Conserver

Avancer

Marquer

Ces principes de base concernent autant le collectif de joueurs que le joueur en particulier car la capacité à conserver collectivement la balle, implique nécessairement que chacun des éléments qui constitue l'équipe soit capable de la conserver individuellement. On peut donc facilement sur le plan des principes d'action assimiler les deux plans (collectif et individuel), assimiler le collectif à un joueur particulier, assimiler le tout à l'unité et vice-versa.

Ces fondamentaux-premiers qui découlent naturellement de l'enjeu (marquer plus de points que l'adversaire donc vaincre) peuvent constituer chacun pris isolément des objectifs de travail. Par exemple, donner un but de conservation de balle à une équipe devant une défense hyper-agressive et ce le plus longtemps possible. Le travail de recherche de continuité dans un rapport d'opposition d'entraînement doit inclure nécessairement la prise en compte du facteur temps et du facteur gain ou perte de la balle.

b) Combattre/Éviter

Le règlement du jeu détermine à lui seul deux logiques invariables de comportement de la part de celui qui pratique. Une logique de combat ou d'affrontement physique puisque la règle donne le droit au joueur d'entrer en contact avec l'adversaire ET/OU une logique d'évitement d'autant plus évidente que le joueur en possession du ballon peut le porter sans manipulation obligatoire susceptible de le perturber (comme c'est le cas dans beaucoup d'autres sports collectifs), ce qui explique peut-être d'emblée son caractère attrayant ; en outre la cible à atteindre en rubgy, en plus de celle que constitue les poteaux, correspond

Combattre

Éviter

à la TOTALITÉ DE LA LARGEUR, contrairement aux autres sports collectifs où la cible est centrale et réduite. Ceci implique, sur le plan du rapport attaque/défense que le porteur de balle représente en Rugby un danger aussi important s'il est situé au centre de l'aire de jeu que s'il se trouve près des lignes de touche. Ainsi donc, le règlement détermine à lui seul des modalités comportementales complémentaires et indissociables, correspondant au combat et à l'évitement, le choix de l'une ou l'autre de ces stratégies de la part du joueur porteur de balle (ou de l'équipe) relevant du rapport de forces. Pour illustrer notre propos, imaginons de manière caricaturale et volontairement schématique une situation de 1 contre 1 devant la ligne de but. Dans le cas 1, le joueur A est plus costaud et plus puissant que le joueur D mais moins rapide. Nul doute qu'il choisira l'affrontement pour marquer. Dans le cas 2, inversons le rapport de forces : le joueur A est moins puissant et moins costaud que le joueur D, mais plus vif et plus rapide. Nul doute qu'il aura tendance à privilégier une stratégie d'évitement et ce d'autant plus que l'on peut marquer sur toute la largeur (cf. schéma).

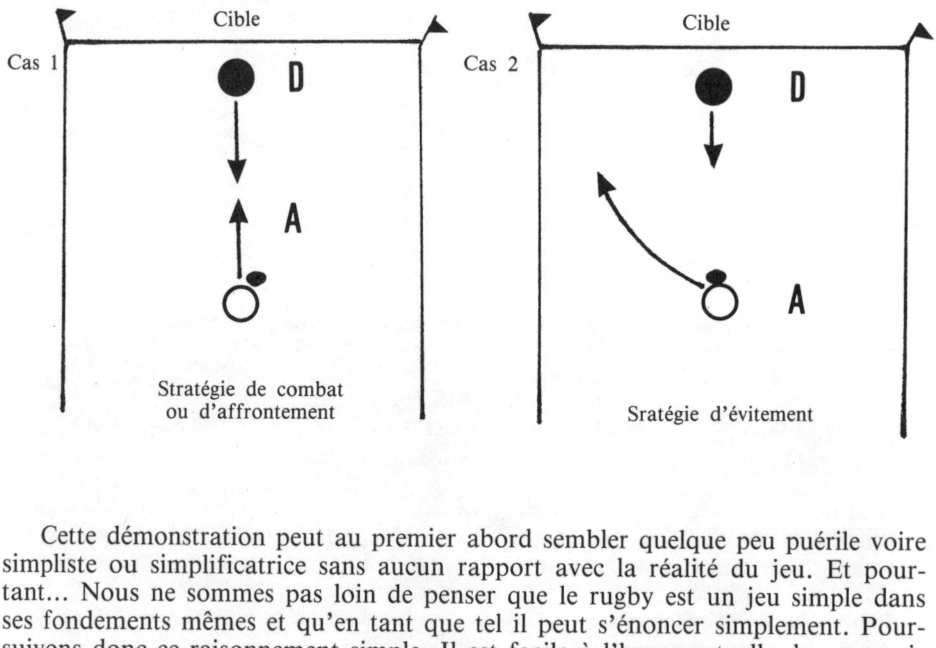

Cette démonstration peut au premier abord sembler quelque peu puérile voire simpliste ou simplificatrice sans aucun rapport avec la réalité du jeu. Et pourtant... Nous ne sommes pas loin de penser que le rugby est un jeu simple dans ses fondements mêmes et qu'en tant que tel il peut s'énoncer simplement. Poursuivons donc ce raisonnement simple. Il est facile à l'heure actuelle de percevoir qu'au plus haut niveau, les stratégies de jeu se distribuent sur un continuum COMBAT-ÉVITEMENT dévoilant finalement des options voire même des conceptions de jeu différentes. Aux deux extrémités de ce continuum, pourraient se trouver les clubs de Toulon et de Toulouse, le premier privilégiant des choix de jeu de type affrontement et une recherche axiale de la cible, le second orientant son jeu vers une limitation maximale du contact et une recherche de la cible plutôt en évitement et en contournement, privilégiant ainsi des modalités latérales de transport du ballon vers la cible. Dans le premier cas, celui de Toulon, le joueur porteur de balle recherche le *contact SUR l'adversaire*, ce qui est concrétisé par la notion de « Maul pénétrant », dans le second cas, celui de Toulouse, le joueur porteur de balle joue *l'intervalle* pour éviter l'affrontement. Les principes de jeu tant collectifs qu'individuels différent radicalement, alors même que ces deux clubs ont un même dénominateur commun qui est la recherche de la continuité du jeu. Deux conceptions de jeu opposées qui s'expliquent par la démarche théorique des entraîneurs mais aussi par les qualités spécifiques des joueurs et les particularismes culturels.

C'est qu'en effet, il existe des cultures rugbystiques, des styles rugbystiques qui orientent les jeunes pousses dès la période d'initiation vers tel ou tel type de jeu. Des clubs comme Bayonne ou Mont-de-Marsan ont fourni au club France bon nombre de spécialistes de l'évitement, Dauger, Boniface, Darrouy, Lagisquet, Bélascain... autant de noms qui fleurent bon une certaine idée du jeu de courses et de passes et une certaine idée de l'esthétisme rugbystique.

D'autres clubs encore, tels Béziers ou Narbonne ont produit bon nombre de joueurs spécialistes du combat de près. Qui ne se souvient par exemple de W. Spanghéro, Paco, Palmié, ou bien encore Estève.

Existerait-il donc deux rugby, deux vérités du jeu ? Certes non, les deux stratégies coexistent, cohabitent ; elles portent en elles le fondement du jeu ; le rugby est un *sport collectif de combat ET d'évitement*. Sur la base de cette réflexion, on pourrait distribuer sur ce continuum Combat-Évitement un certain nombre de clubs ou de nations.

COMBAT	BEZIERS	TOULON	AGEN	TOULOUSE	BAYONNE	ÉVITEMENT
COMBAT	ANGLETERRE	NOUVELLE ZÉLANDE	FRANCE	AUSTRALIE	FIDJI	ÉVITEMENT

Ce tableau est totalement subjectif. Il veut simplement illustrer une idée et n'a aucune prétention de proposer une vérité qui ne peut être que relative... Les équipes tout comme les nations évoluant dans leur style de jeu selon les époques et en fonction des joueurs qui les constituent momentanément. Nous voulons simplement stigmatiser certaines tendances de jeu sur la base d'un continuum COMBAT/ÉVITEMENT.

Confronté à cette double logique, il est bien évident que l'entraîneur doit s'appuyer sur les qualités spécifiques de ses joueurs, voire même s'appuyer sur une culture du jeu. Cependant, une orientation trop importante vers telle ou telle stratégie nous semble un frein à la progression de l'équipe. Que l'on s'oriente délibérément vers les stratégies de combat et c'est d'une certaine manière se donner certaines limites qui inévitablement se révèleront en compétition, c'est finalement occulter une autre logique et frustrer peut-être les joueurs d'évitement.

A l'inverse, orienter délibérément le jeu vers des stratégies d'évitement est une limite à la performance. La récente tournée des Fidjiens en est un exemple.

Ainsi donc sur le plan de la formation du joueur comme du collectif, il faut s'orienter vers une sorte d'équilibre entre stratégies de combat et stratégies d'évitement. Il s'agit de faire en sorte que le joueur ou le collectif de joueurs puisse utiliser de manière performante les DEUX REGISTRES, de manière à ce que ce soit la réalité de l'opposition qui module la balance vers tel ou tel registre et ce d'autant plus que l'observation des rapports de force montre que ceux-ci sont de plus en plus équilibrés et que la victoire revient souvent à l'équipe capable de passer d'un registre à l'autre avec un égal bonheur. Maîtriser ces deux aspects permet à notre sens de meilleures possibilités d'adaptation à la réalité de l'opposition. Combattre ou éviter, il ne s'agit pas de choisir. Il faut savoir ET combattre ET éviter. Cela est peut-être un idéal vers lequel il faut tendre. En tout cas, ce principe est à la base même de notre conception du jeu, à la base même aussi des situations pédagogiques que nous présentons plus loin.

Si nous reprenons l'exemple précédent illustrant un rapport d'opposition en 1 contre 1 et que nous le transposons en terme d'équipe à 15 contre 15, on peut différencier 4 cas de figures (schéma) :

1) L'équipe A est supérieure à l'équipe B dans les stratégies de combat et d'évitement

A > B combat

A > B évitement

Il n'y a pas d'incertitude dans le rapport de forces

Exemple : AGEN/MONT DE MARSAN

2) L'équipe A est *supérieure* à l'équipe B dans 1 des 2 formes de jeu, et *inférieure* dans l'autre

A > B combat, A < B évitement

ou A < B combat, A > B évitement

Il y a incertitude dans le rapport de forces.

Exemple : TOULON/TOULOUSE.

3) L'équipe A est *supérieure* à l'équipe B dans 1 des 2 formes de jeu *et à égalité* dans l'autre.

A > combat, A = B évitement

ou A = B combat, A > B évitement

Il n'y a pas d'incertitude dans le rapport de forces.

Exemples : AGEN/BAYONNE ET RACING/MONTFERRAND.

4) Les équipes A et B sont à égalité dans les 2 formes de jeu

A = B combat

A = B évitement

Il y a incertitude dans le rapport de forces.

Exemple : BÉZIERS/NARBONNE.

CAS n° 1	A > B combat A > B évitement	Pas d'incertitude dans le rapport de forces	AGEN-MONT-DE-MARSAN
CAS n° 2	A > B combat A < B évitement	Incertitude du rapport de forces	TOULON-TOULOUSE
CAS n° 3	A >B combat A = B évitement A = B combat A > B évitement	Peu d'incertitude dans le rapport de forces	AGEN-BAYONNE ou RACING-MONTFERRAND
CAS n° 4	A = B combat A = B évitement	Incertitude du rapport de forces	BÉZIERS-NARBONNE

Commentaire : Cette analyse volontairement schématique nous laisse à penser que les cas de figures où il y a *incertitude* (2 et 4) ne sont pas liés au fait que le jeu soit plus complexe mais plutôt que la gestion du rapport de forces augmente en *difficulté*. Le but du jeu, les fondamentaux ne changent pas quel que soit le cas de figure. L'incertitude naît donc non pas de la complexité croissante du jeu mais plutôt d'un équilibre du rapport d'opposition qui augmente la difficulté de la tâche.

c) Concentrer / Déconcentrer

Un troisième principe d'action nous semble essentiel dans la dynamique du jeu et dans le jeu en mouvement. C'est le principe de concentration/déconcentration et à un niveau moindre le principe inverse celui de la déconcentration/concentration ou plutôt déconcentration/pénétration qui serait plus juste. Nous tenterons de nous en expliquer plus loin.

— *La notion de concentration/déconcentration* consiste pour l'équipe qui est en possession de la balle d'amener le maximum de joueurs adverses en barrage et en opposition à un mouvement collectif qui avance et qui devient d'autant plus menaçant au fur et à mesure que celui-ci s'approche de la ligne de but. Ce mouvement pénétrant impose à l'équipe qui défend de se mobiliser et de s'organiser pour empêcher la progression adverse. Cette mobilisation se traduit classiquement par une CONCENTRATION de nombreux joueurs dans un espace relativement réduit, qui se matérialise ou non sous forme d'un regroupement, ce qui induit par voie de conséquence la libération d'espaces de jeux relativement importants occupés par un nombre de joueurs peu important, ce que l'on peut appeler une DÉCONCENTRATION de joueurs là où la ligne n'est pas directement menacée par l'avancée collective adverse.

C'est le principe même des vases communicants : on remplit d'un côté l'espace menacé pour vider de l'autre l'espace non-attaqué. La CONCENTRATION de joueurs, liée aux modalités axiales d'utilisation de l'espace par l'équipe attaquante produit DANS LE MÊME TEMPS une déconcentration qui, bien sûr, place les attaquants en seconde main dans des situations de rapports de forces individuels

ou collectifs extrêmement favorables, car nécessitant une marge de manœuvre technique très grande doublée d'un espace d'évolution relativement large.

Le fantastique essai marqué par Lagisquet lors du second Test-match contre les Australiens à Lille illustre parfaitement ce principe, et ce même si l'exploit technique est dans cet exemple, incontestable.

Une des conditions d'efficacité de ce travail préparatoire est de faire en sorte que cette concentration mobilise RÉELLEMENT les joueurs adverses, c'est-à-dire qu'ils soient mentalement et PHYSIQUEMENT astreints à la tâche d'empêcher la progression adverse, ceci afin d'éviter que des « joueurs papillons » puissent intervenir dans le deuxième temps de jeu. On peut donc dire que le principe de CONCENTRATION/DÉCONCENTRATION répond au souci de l'équipe attaquante de vouloir FIXER le maximum de joueurs dans le plus petit espace de jeu possible, afin de libérer au même moment le plus grand espace de jeu possible avec le moins grand nombre de joueurs (cf. schéma).

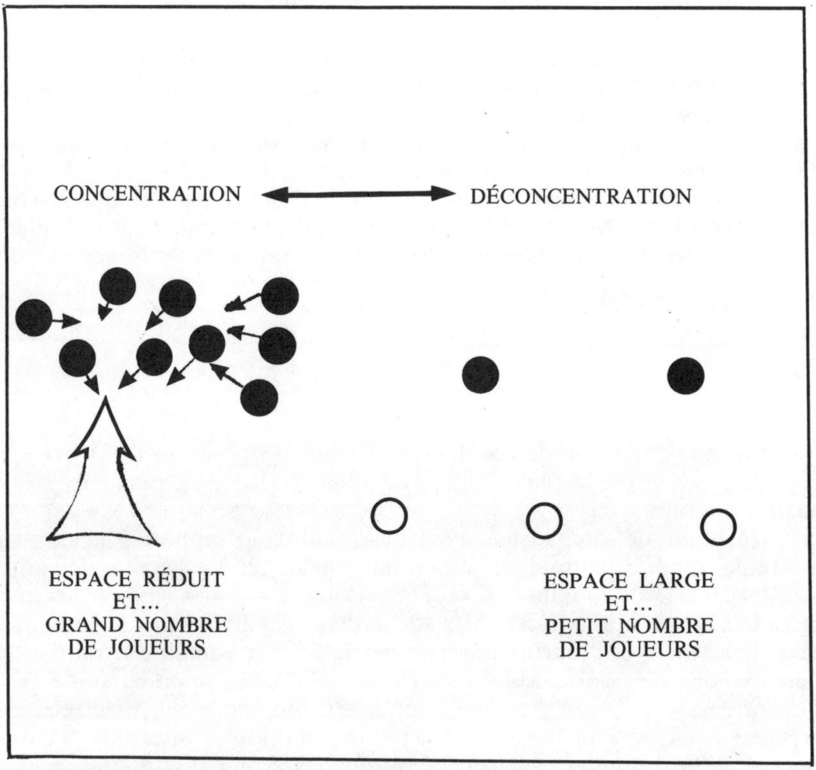

— A l'inverse, *le principe de DÉCONCENTRATION/PÉNÉTRATION*, traduit de la part de l'équipe en possession du ballon, la volonté d'éparpiller les défenseurs sur l'ensemble de la largeur du terrain, afin de créer une multitude d'intervalles, à partir desquels elle pourra pénétrer le dispositif adverse, là où elle aura décidé de le faire.

L'utilisation latérale de l'espace implique une organisation défensive latérale et par voie de conséquence, une faiblesse axiale du dispositif, ce qui bien sûr, revient à l'inverse de la stratégie précédente où le renforcement axial du dispositif défensif induisait en contrepartie une faiblesse latérale (cf. schéma).

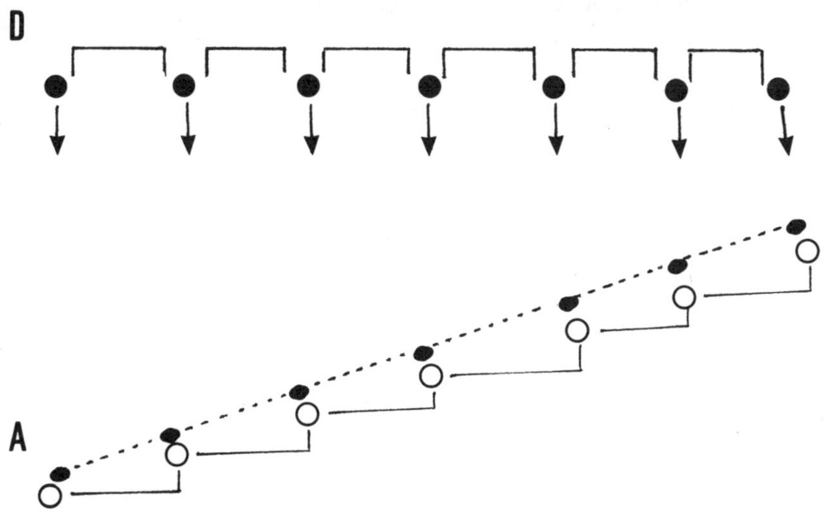

(1) Le transport latéral du ballon implique un étirement du dispositif défensif adverse et une faiblesse axiale favorable aux pénétrations et ce d'autant plus que les zones de pénétration sont multiples (*intervalles*).

Il reste à savoir laquelle de ces deux modalités d'utilisation de l'espace et de transport de la balle est la plus fiable et la plus efficace. La modalité axiale ou la modalité latérale ?

De notre point de vue, le jeu axial déséquilibre le rapport joueurs/espace, c'est-à-dire le rapport entre le nombre de joueurs et l'espace à défendre. A l'inverse, le jeu latéral équilibre ce rapport. Dans le premier cas, ce déséquilibre est générateur de situations favorables sur le plan offensif ; dans le second, l'étirement de l'ensemble des joueurs adverses sur la largeur équilibre le rapport Attaque/Défense, qui ne pourra alors être rompu que si l'équipe en possession de la balle profite de cet étirement pour introduire un jeu axial. Si effectivement cet étirement présente l'avantage de créer une multitude d'intervalles favorables à une pénétration il nous semble cependant que cette modalité d'attaque est plus difficile et plus risquée. Pour quelles raisons ?

Tout d'abord, parce qu'il y a un risque pour le joueur pénétrant de se couper de ses soutiens immédiats, d'une part parce qu'il est obligé d'accélérer dans l'intervalle, d'autre part parce que les soutiens sont gênés par la montée défensive adverse et doivent changer leur trajectoire de course, ce qui se traduit par une perte de temps et très souvent un décrochage vis-à-vis du porteur de balle peu favorable au soutien et à la continuation de l'action. Très souvent, ce décrochage permet à la défense d'isoler l'attaquant porteur de balle et donc de rompre la relation Porteur/Soutien. C'est la raison pour laquelle, nous pensons que, d'une certaine manière le jeu latéral ÉQUILIBRE le rapport Attaque/Défense alors que le jeu axial DÉSÉQUILIBRE ce même rapport. Le jeu axial nous semble DÉSORGANISATEUR alors que le jeu latéral nous semble ORGANISATEUR et FACILITATEUR de l'action défensive (cf. schéma).

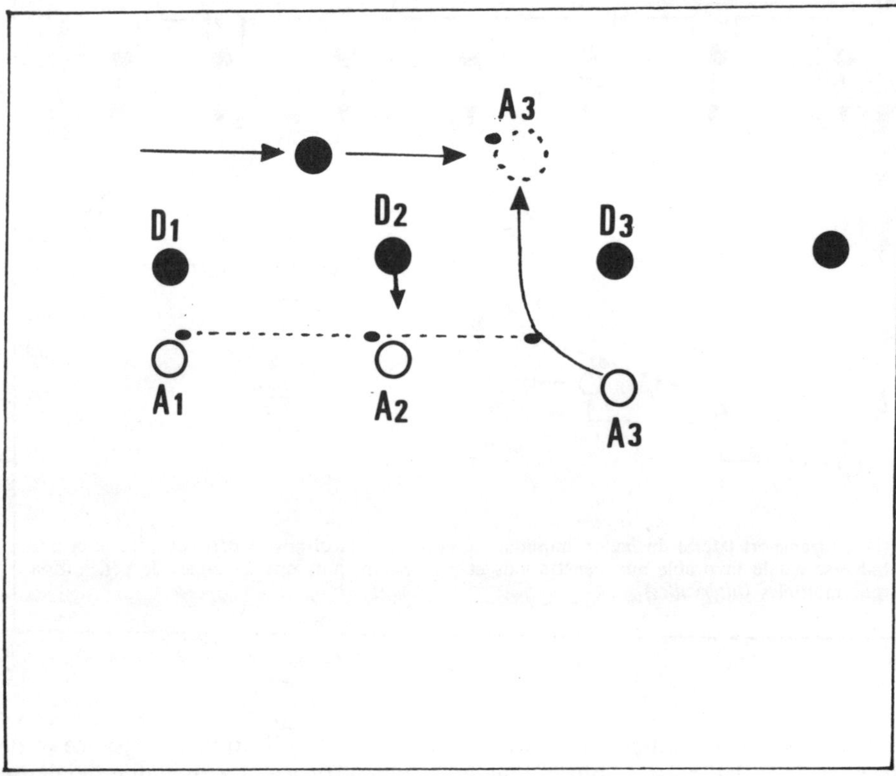

(1) Le joueur A_3, choisit de pénétrer le dispositif adverse. Deux éléments lui sont défavorables dans le cas d'un soutien éventuel.

(1) Il est obligé d'accélérer sur la prise de balle dans l'intervalle pendant que le joueur (A_2) qui vient de passer la balle est ralenti par sa passe. Il est retardé.

(2) Le défenseur D_2 de par sa montée offensive va obliger (A_2) à l'éviter et donc le couper du porteur de balle (A_3).

Il semblerait donc que le jeu axial soit plus favorable à la continuité du jeu et à son efficacité. En effet, les soutiens sont proches ce qui est un plus pour la conservation de la balle et d'autre part c'est le meilleur moyen de se rapprocher de la ligne de but au contraire d'un jeu latéral qui, lui, augmente la difficulté de conservation et de soutien et d'une certaine manière « fuit » la cible.

Ce point de vue s'est voulu volontairement schématique car il a présenté le jeu axial et le jeu latéral comme deux entités séparées. Or, il faut concevoir le jeu de rugby comme un dialogue entre ces deux formes de jeu, comme une dialectique entre jeu axial et jeu latéral, jeu groupé et jeu déployé, jeu direct et jeu indirect, jeu de combat et jeu d'évitement. C'est pourquoi, le 4e principe d'action peut s'énoncer ainsi : varier le jeu, alterner les différentes formes de jeu.

d) Alterner le jeu et maîtriser les différentes modalités de sa transformation

Nous venons donc de voir qu'il existait deux modalités d'utilisation de l'espace et de transport de la balle vers la cible :

— une modalité axiale que l'on peut qualifier de jeu direct (A) (axe des lignes de but),

— une modalité latérale que l'on pourrait qualifier de jeu indirect (B) (axe des lignes de touche).

Le jeu direct vers la ligne de but revêt deux formes soit à la main, soit au pied. Le jeu indirect utilise le jeu à la main de manière privilégiée même si l'on peut concevoir que l'on puisse utiliser le jeu au pied sous la forme d'un jeu latéral (on passe au pied mais cette utilisation est somme toute peu courante et relève plus de l'exception que de la norme) (cf. schéma).

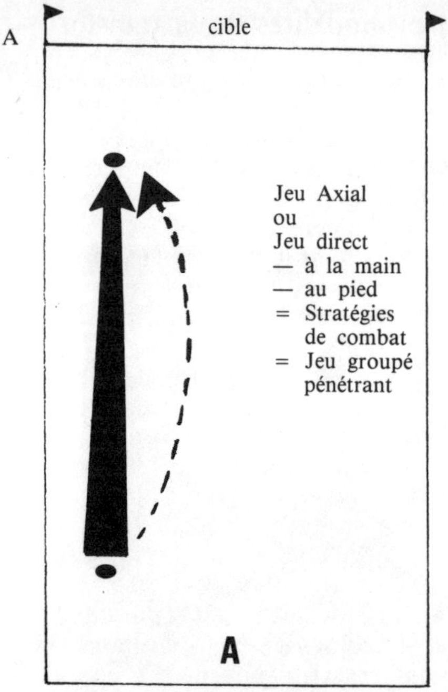

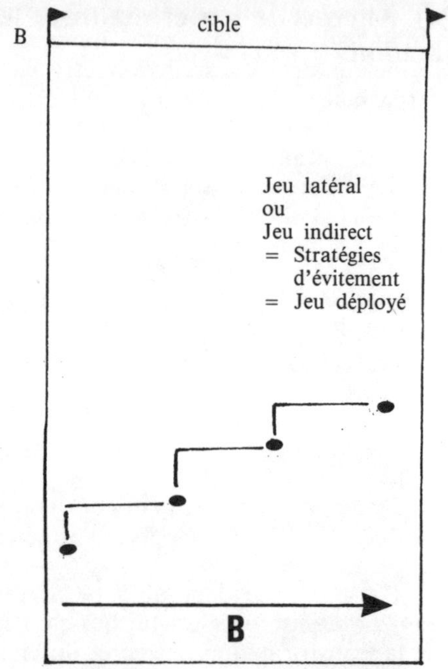

Pour ce qui est donc de la maîtrise du jeu de mouvement et de la continuité du jeu, il s'agit d'envisager les deux modalités que nous venons d'énoncer dans leurs interactions et dans leur complémentarité. Rechercher la continuité du jeu, c'est être capable d'alterner trois formes collectives d'attaque (jeu groupé-jeu au pied-jeu déployé), sans perdre le ballon et sans le faire sortir de l'aire de jeu, et ce, de manière adaptée à la réalité défensive dans le but de la désorganiser pour pouvoir marquer. Ce principe d'alternance des jeux répond au souci :

— de désorganiser dans un premier temps le dispositif défensif adverse afin d'exploiter dans un deuxième temps les points faibles que cette désorganisation a produits.

— de créer l'incertitude maximale chez l'adversaire, génératrice d'un doute qui généralement se traduit par des temps de retard et/ou une mauvaise coordination inter-individuelle dans le « tissage » du dispositif de défense. Doute que l'on pourrait traduire ainsi : OÙ vont-ils attaquer, A QUEL moment, SELON QUELLE FORME ET QUELLE MODALITÉ ?

On peut dire ainsi que, savoir jouer au rugby et dans ce cas précis, savoir maîtriser le jeu de mouvement, c'est être capable d'alterner et surtout d'enchaîner les 3 formes collectives de jeu en fonction de la réalité défensive mais aussi et surtout d'être capable de passer d'un jeu à un autre au moment le plus favorable. Ceci implique la capacité d'utiliser la modalité de transformation la plus performante parmi celles couramment utilisées (regroupement ballon porté ou regroupement ballon au sol ou bien encore transformation SANS regroupement) mais aussi et surtout d'effectuer cette transformation au bon moment. Ainsi donc, deux conditions président à la transformation du jeu :

— La forme que va revêtir la transformation.

— Le moment de la transformation.

Autrement dit, un facteur « forme » ou « nature » de la transformation et un facteur « temps » ou « moment » de la transformation, qui pour nous est le facteur décisif car il doit être en adéquation parfaite avec le moment précis et passager où le dispositif adverse se trouve désorganisé.

De notre point de vue, la transformation de jeu implique 3 niveaux d'analyses :

1) La transformation de jeu était-elle nécessaire, autrement dit le rapport de forces momentané impliquait-il une transformation de jeu ? Y avait-il rupture du rapport attaque/défense ? Y avait-il déséquilibre défensif ou non ?

2) Le moment de la transformation de jeu correspond-il au moment précis où il y a déséquilibre et au moment où le rapport de forces est momentanément et souvent de manière très brève voire fugitive en faveur de l'équipe qui possède la balle ?

Autrement dit, c'est la notion de « TIMING » qui est ici primordiale. Trop souvent, le déséquilibre a été produit mais il ne peut être exploité en raison d'une transformation de jeu ou trop tardive ou trop précoce, quand il ne s'agit pas d'une incapacité à transformer le mouvement faute d'une maîtrise technique suffisante.

3) Le choix de la forme de jeu après transformation est-il pertinent ? Autrement dit, la forme collective d'attaque APRÈS transformation est-elle la plus juste en terme d'efficacité ?

Il est bien évident qu'à ce niveau, le rôle du 1/2 de mêlée est primordial, dans la mesure où c'est lui qui est l'agent premier du commandement du moment de la transformation de jeu et du choix de la modalité de jeu suivante. La notion de communication entre groupe avants et 1/2 mêlée est ici fondamentale. La notion de code aussi, dans la mesure où la prise de décision du changement de jeu doit s'effectuer dans des limites de temps très brèves, sous peine d'être inefficace.

Dans le souci d'éviter des redites, nous reviendrons plus précisément sur le problème des transformations de jeu dans le chapitre relatif au jeu groupé pénétrant, mais il nous semble qu'un principe d'action incontournable concerne le rapport attaque/défense en terme de nombre. *Le nombre de joueurs défenseurs réellement mobilisés doit au moins être équivalent au nombre d'attaquants.* C'est là une condition première d'efficacité ultérieure de l'action. Nous prendrons pour simple exemple d'un non-respect de ce principe, le Test-match contre les Argentins, lors de leur dernière tournée. Le rugby-rambo, comme l'ont appelé les journalistes, consistant à enchaîner un deuxième mouvement pénétrant après un premier jeu groupé ne mobilisant pas réellement les adversaires sur la ligne de front et alors même que la ligne d'avantage était franchie, a montré toutes ses limites et son inefficacité. En effet, les premières pénétrations mobilisaient trois à quatre joueurs chez les Français contre 1 ou 2 chez les Argentins, ce qui se traduisait par un surnombre défensif pour les adversaires lors du deuxième pénétrant, surnombre d'autant plus criant que les joueurs attaquants mobilisés par le 1er temps de la pénétration ne pouvaient pas se trouver en position de soutien offensif, car encore engagés dans l'action d'enjamber la balle au sol (cf. schéma).

Les 3 Joueurs attaquants A1 A2 A3 ne mobilisent réellement qu'un défenseur D1. Par suite de la forme de regroupement utilisée (balle au sol) et de la nécessité d'enjamber la balle ils ne peuvent plus être en soutien de A4 et A5 qui eux vont se retrouver face à 4 défenseurs. Une situation favorable à l'attaque devient du même coup défavorable car le surnombre appartient dans le second groupé à la défense.

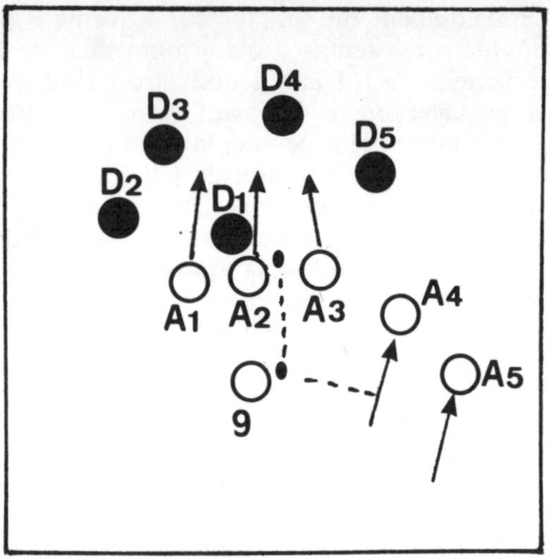

Autrement dit, il s'agit de faire en sorte pour l'équipe en possession de la balle d'imposer qu'un nombre équivalent ou supérieur de joueurs soient mobilisés par la défense pour contrecarrer l'action offensive. Si tel n'est pas le cas, le rapport Attaque/Défense s'inverse. Il s'agit donc aussi pour l'équipe qui attaque de ne pas mobiliser plus de joueurs que le nombre réel mobilisé par la défense. Nous y reviendrons dans le chapitre sur le jeu groupé car, au-delà du facteur nombre se combine le facteur modalité du regroupement, ce qui nécessite de considérer d'autres détails techniques.

Pour résumer, nous voudrions dire que la théorie du jeu de mouvement, les principes d'action qui la régissent tant au niveau du jeu lui-même qu'au niveau de leur mise en œuvre pédagogique s'articulent autour des 4 points suivants et de leur respect tant sur le plan de l'action de jeu que sur le plan pédagogique .

— Respecter les fondamentaux du jeu, tant en attaque (conserver la balle, avancer, marquer) qu'en défense (récupérer la balle, contre-attaquer, marquer).

— Combattre/Éviter qui appartiennent à la double logique du règlement et des hommes qui pratiquent le Rugby.

— Concentrer/Déconcentrer qui, nous semble-t-il correspond à une loi d'action voulant provoquer une rupture du rapport espace à défendre/nombre de joueurs.

— Alterner et enchaîner les différentes formes collectives d'attaque génératrices d'incertitude, qui est une notion-clé des sports collectifs, et maîtriser les modalités technico-tactiques et temporelles des transformations de jeu nécessaires à l'efficacité des actions ultérieures.

4) CONTINUITÉ DU JEU ET MISE EN ŒUVRE PÉDAGOGIQUE

a) Conquêtes et « présence défensive »

La recherche de la continuité du jeu et l'amélioration du potentiel d'attaque supposent la prise en compte sur le plan pédagogique de deux éléments clés qui en conditionnent l'efficacité :

— Les phases de conquêtes (mêlées et touches) incontournables à son expression. Et, lorsque l'on parle de phases de conquêtes, cela veut dire non seulement AVOIR le ballon, mais aussi organiser les premiers temps de jeu en fonction de la spécificité de la conquête et aussi de sa situation spatiale dans l'aire de jeu. Il nous semble important d'envisager un travail de la continuité, non seulement dans « le tourbillon de jeu », mais aussi « à partir de l'ordre du jeu » fixé par le type de conquête et sa position stratégique. C'est la raison pour laquelle, nous envisageons un chapitre sur le jeu à partir des phases statiques et les premiers temps de jeu, UNE FOIS QUE LA CONQUÊTE DE BALLE EST EFFECTIVE. Ceci afin de donner aux joueurs des repères tactiques ordonnés, mais aussi des trajectoires de courses indispensables à la qualité du jeu dans les deuxième et troisièmes temps.

— La « Présence défensive » comme condition nécessaire et indispensable de l'amélioration de la continuité du jeu.

On ne peut en effet envisager d'améliorer le potentiel offensif, si, de manière concommittante, on ne met pas en place des conditions adéquates dont le but est de rendre de manière progressivement adaptée, la tâche de l'équipe attaquante plus difficile. Autrement dit, il s'agit pour l'entraîneur de COMPLEXIFIER la tâche de l'attaquant en jouant sur le rapport de forces, c'est-à-dire en jouant sur la défense.

Il s'agit donc de permettre progressivement à la défense de jouer comme en match et même plus. Ce qui signifie tendre vers les conditions défensives les plus proches de celles que l'on rencontre en match. Ceci n'est pas chose aisée à l'entraînement, dans la mesure où il y a instinctivement de la part des joueurs un engagement physique moindre lié à la peur de la blessure et ce d'autant plus que l'entraînement oppose des joueurs d'un même club ; d'où la nécessité de s'entraîner soit avec des protections corporelles amenuisant les chocs, soit avec du petit matériel permettant l'engagement maximal (boucliers par exemple). C'est la raison pour laquelle aussi, les entraînements contre d'autres clubs, nous semblent intéressants dans la mesure où les joueurs se connaissent moins. Il nous semble aussi pertinent d'accorder un temps d'entraînement au cours duquel un ou deux joueurs ont la permission de transgresser la règle.

La progression des stratégies d'attaque passe OBLIGATOIREMENT par l'expression quasi totale des possibles défensifs. Ceci nous amène à envisager maintenant de quelle manière il est possible pour l'entraîneur de moduler le rapport attaque/défense, afin d'optimiser soit le travail de l'attaque, soit à l'inverse d'optimiser le travail défensif.

b) La modulation du rapport ATTAQUE/DÉFENSE

Avant donc d'aborder les situations pédagogiques relatives au travail du collectif total, nous voudrions succinctement rappeler quelques principes pédagogiques relatifs à la modulation du rapport attaque/défense et qui sont à la base de tout travail d'opposition. Ces principes directeurs valent pour le jeu en collectif total mais ils peuvent bien évidemment être adaptés au jeu en collectif partiel.

En fonction de ses objectifs, l'entraîneur peut à loisir soit focaliser son attention et son travail sur l'amélioration de l'efficacité offensive, soit rechercher une plus grande maîtrise de l'efficacité défensive.

Quoi qu'il en soit de l'objectif prioritaire recherché (attaque ou défense), l'entraîneur joue sur quatre paramètres essentiels :

1) *Le rapport numérique*

C'est-à-dire le nombre d'attaquants opposés au nombre de défenseurs. Dans le cas d'un surnombre offensif ou défensif, ce surnombre facilite l'action de l'équipe en situation de surnombre en même temps qu'elle augmente la difficulté de l'équipe inférieure numériquement.

2) *L'agressivité défensive*

Celle-ci peut être modulée selon une échelle allant d'une agressivité nulle (dès qu'il y a contact avec un porteur de balle que je n'ai pas le droit de plaquer et à qui je n'ai pas le droit de prendre la balle, je suis considéré comme mort mais je peux réalimenter un autre courant défensif) à une agressivité maximale (j'ai le droit de « cartonner » le porteur de balle et de lui prendre le ballon). Cette échelle de combat et de consignes de jeu défensif peut faciliter ou au contraire rendre plus difficile la tâche de l'équipe en possession du ballon. De manière inverse, ces consignes rendent plus difficile ou facilitent la tâche de l'équipe en situation de défense.

3) Le troisième paramètre qui peut être modulé est celui relatif à *l'espace de jeu ou l'espace d'évolution*. Plus celui-ci est important, plus les initiatives offensives sont multiples et faciles à gérer ; à l'inverse, plus l'espace est réduit, plus les actions doivent être précises et donc plus difficiles à maîtriser. *A contrario*, l'espace important rend plus difficile l'action défensive alors que l'espace réduit la facilite.

4) *La triple variante fondamentale :* jeu groupé, déployé, au pied.

La dernière variable sur laquelle l'entraîneur peut jouer est celle de la « triple variante fondamentale ».

De la même manière que précédemment, en modulant cette variable, l'entraîneur peut faciliter et/ou rendre plus difficile la tâche de l'une ou l'autre équipe. De manière schématique, on peut envisager d'imposer à l'équipe en possession de la balle de jouer systématiquement :

• *Sur une seule variante* : soit uniquement en jeu groupé, soit uniquement en jeu déployé, soit uniquement en jeu au pied. Ce jeu à UNE SEULE VARIANTE (qui du coup n'en est plus une) facilite la tâche de l'équipe qui défend, tout en augmentant la difficulté de l'équipe qui attaque.

• *Sur une double variante* : c'est-à-dire soit autoriser la double variante du jeu à la main (jeu groupé/jeu déployé), soit une double variante avec jeu au pied (jeu groupé/jeu au pied ou bien jeu déployé/jeu au pied), ce qui a pour effet de faciliter un peu plus que précédemment le jeu offensif tout en augmentant la tâche défensive par le jeu même d'une incertitude croissante.

• *Enfin, sur la triple variante*, ce qui revient à du jeu réel avec l'incertitude maximale, c'est-à-dire la forme la plus difficile à gérer pour la défense et celle la plus facile à mettre en œuvre pour l'équipe en possession de la balle.

A partir de ces quatre variables, qui chacune prise isolément, peuvent être à l'origine d'une simplification/complexification de la tâche, il est aisé de remarquer que la combinaison de deux d'entre-elles, trois voire quatre, peut être la source d'une multiplicité de situations pédagogiques allant de la facilitation extrême du jeu, à une difficulté extrême autant pour l'attaque que pour la défense. Illustrons par un exemple qui se veut volontairement schématique et caricatural à des fins de démonstration :

Imaginons : une équipe en situation offensive de 20 joueurs contre une autre équipe limitée à 10 joueurs (variable 1 : rapport numérique).

• Le jeu peut se dérouler dans l'espace total réglementaire (espace de jeu : variable 2).

• Les défenseurs interviennent au contact sur le porteur de balle sans plaquer et sans toucher la balle. Dès le contact, ils sont « morts » et doivent réalimenter un autre courant (agressivité défensive : variable 3).

• L'équipe attaquante peut jouer sur la base de la triple variante fondamentale (triple variante fondamentale : variable 4).

Cette situation caricaturale qui n'a aucun intérêt pédagogique, veut simplement illustrer les multiples possibilités de choix de situations d'entraînement qui s'offrent à l'entraîneur par une simple manipulation et combinaison de ces variables d'une part, et d'autre part tout l'intérêt qu'il y a dans le cadre pédagogique à pouvoir manier un élément essentiel de la tâche qui est celui de sa difficulté afin de pouvoir l'adapter, non seulement en fonction des objectifs recherchés mais aussi et surtout en fonction du niveau de maîtrise technico-tactique de l'équipe dont on a la charge. C'est-à-dire obtenir le niveau d'adéquation le plus pertinent entre la difficulté de la tâche et le niveau des joueurs, afin de les mettre en situation favorable et dynamique d'acquisition et de progrès. C'est la notion de « décalage optimal » ; c'est-à-dire, de proposer le décalage qui ne sera ni trop important ni trop faible pour permettre l'optimisation de l'apprentissage donc des progrès éventuels.

Si l'on revient à l'exemple précédemment donné, le fait d'autoriser la défense à plaquer et à jouer les trajectoires de balle en permettant les en-avants volontaires sans sanctionner les hors-jeu serait de nature à en quelque sorte rééquilibrer partiellement le rapport de forces. On voit là l'intérêt aussi de jouer avec la règle qui peut elle aussi constituer une autre variable.

Quoi qu'il en soit, la seule manipulation des paramètres évoqués est largement suffisante pour permettre à l'entraîneur de proposer une gamme de situations aussi nombreuses que variées et riches sur le plan de l'apprentissage et par-là même susceptibles de dynamiser la motivation des joueurs.

Nous proposons donc un tableau récapitulatif de ce que nous venons d'exposer. Sur la base de ce tableau, l'entraîneur peut à loisir inventer ses propres situations, ainsi que définir une nature de difficulté plus ou moins grande pour l'attaque comme pour la défense en fonction des objectifs ponctuels recherchés.

ATTAQUE

	FACILITER LA TÂCHE DE L'ÉQUIPE ATTAQUANTE ⇓	AUGMENTER LA DIFFICULTÉ DE LA TÂCHE DE L'ÉQUIPE ATTAQUANTE ⇓
VARIABLE 1	RAPPORT NUMÉRIQUE A > D	RAPPORT NUMÉRIQUE D > A
	(A) → 0 (20 C 15) 1 (18 C 15) 2 (15 C 15) 3 (15 C 20) 4 (D) ← 4 (15 C 20) 3 (15 C 15) 2 (18 C 15) 1 (20 C 15) 0	
VARIABLE 2	AGRESSIVITÉ DÉFENSIVE (−)	AGRESSIVITÉ DÉFENSIVE (+)
	A → 0 Toucher 1 Ceinturer 2 Plaquer sans prendre la balle 3 Plaquer et prendre la balle 4 D ← 4 3 2 1 0	
VARIABLE 3	ESPACE DE JEU RÉGLEMENTAIRE	ESPACE DE JEU RÉDUIT
	A → 0 Tout le terrain 1 1/2 terrain 2 1/4 terrain 3 15 m 4 D ← 4 3 2 1 0	
VARIABLE 4	TRIPLE VARIANTE	1 VARIANTE
	A → 0 3 variantes 1 2 variantes (avec jeu au pied) 2 2 variantes (sans jeu au pied) 3 1 variante 4 D ← 4 3 2 1 0	
VARIABLE 5 (RÈGLE)	Exemple (les passes en avant sont autorisées)	Exemple (les hors-jeu sont autorisés)
	⇑ AUGMENTER LA DIFFICULTÉ DÉFENSE	⇓ FACILITER LA TÂCHE DÉFENSE

DÉFENSE

Les variables sont suivies d'une échelle de difficultés de 0 à 4.
L'échelle supérieure concerne l'équipe attaquante.
L'échelle inférieure concerne l'équipe en défense.

Nous allons donc maintenant envisager un ensemble de situations pédagogiques, qui ont pour ambition d'illustrer pratiquement en terme de terrain les principes que nous venons de définir préalablement, dans cette analyse théorique sur la continuité du jeu.

Ces situations seront regroupées selon les 4 thèmes que nous avons définis préalablement :

— Respecter les fondamentaux (avancer, conserver la balle, récupérer la balle, marquer).

— Combattre/Éviter.

— Concentrer/Déconcentrer.

— Alterner le jeu et maîtriser les différentes modalités de sa transformation

5) CONTINUITÉ DU JEU ET SITUATIONS PÉDAGOGIQUES

JEU DE MOUVEMENT ET CONTINUITÉ

Conservation de la balle au sol

Lancement de l'exercice

Deux équipes de 10 à 15 joueurs s'affrontent sur un demi-terrain (ou un grand terrain).

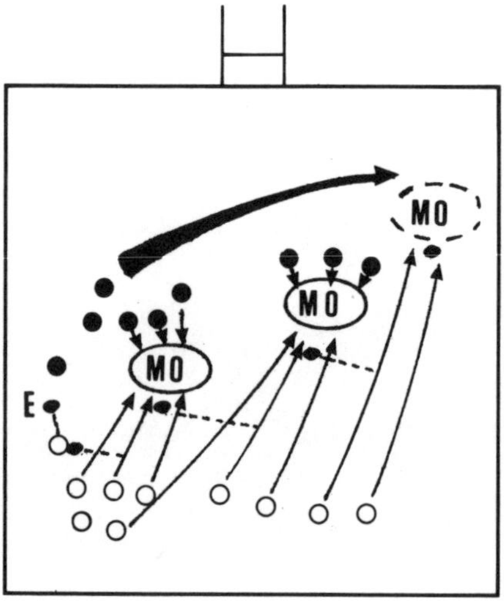

Objectif

Conserver la balle en créant une mêlée ouverte sur toutes les passes.

Consignes

Attaquants :
— Obligation de faire une mêlée ouverte à chaque passe.
Défenseurs :
— Respecter la ligne de hors-jeu.

Règles d'efficacité

Attaquants :
— Prendre la balle lancés pour avancer chez l'adversaire et être dominants au contact.
— Encadrer le porteur de balle de 2 soutiens, et se lier à lui dès le contact.
— Respecter les principes techniques et d'organisation en mêlée ouverte (cf : jeu groupé pénétrant).
— Même sens d'attaque pour déborder la défense.
Défenseurs :
— Retourner l'attaquant dans son camp pour lui faire perdre la balle ; placages agressifs.

Évolution de l'exercice

Simplification : La défense laisse la balle à l'attaquant.
Complexification : Mêlée ouverte toutes les 2, 3 ou 4 passes.

Conserver la balle debout

Lancement de l'exercice

Deux équipes de 15 joueurs s'affrontent en jeu réel sur un demi-terrain (ou grand terrain) : jeu avec phases statiques.

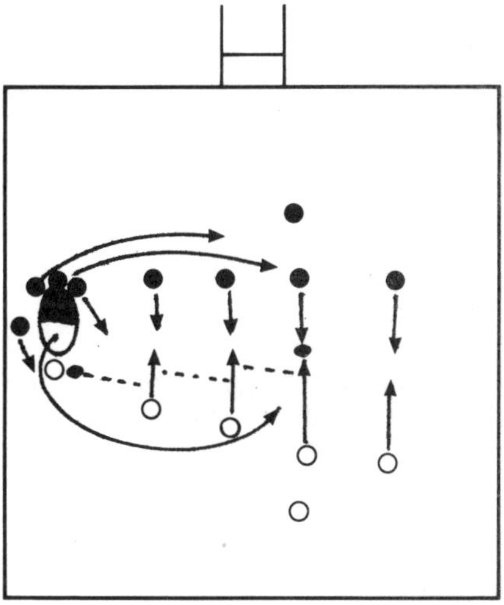

Objectif

Conserver la balle debout en maul.

Consignes

Attaquants :
— Dès qu'il y a risque de perte de balle (densité défensive), l'attaquant provoque le maul.
Défenseurs :
— Respect de la ligne de hors-jeu.

Règles d'efficacité

Attaque :
— Soutien axial maximal.
— Soutien latéral par le passeur précédent et le partenaire suivant.
— Respect de la technique et de l'organisation en maul.
— Percuter sur le défenseur et ne pas s'isoler dans l'intervalle.
Défense :
— Isoler le porteur de balle et l'enfermer.

Évolution de l'exercice

Simplification : Opposition raisonnée : ne pas plaquer ni prendre la balle mais enfermer l'attaquant.

Complexification : Maul très dynamique et fugitif (simple ralentissement de jeu).

Conserver la balle en jeu pénétrant

Lancement de l'exercice

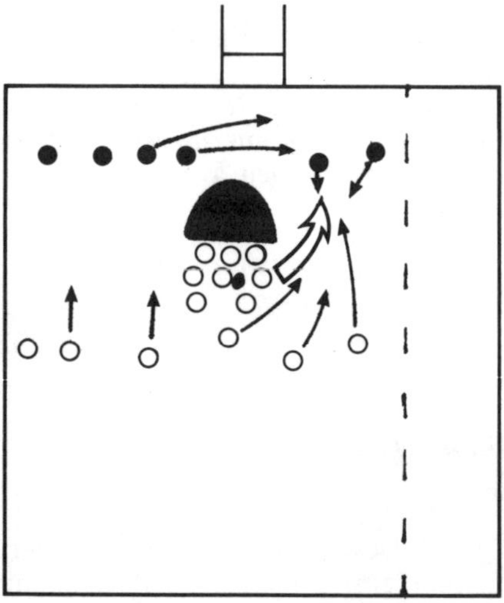

Deux équipes de 10 à 15 joueurs s'affrontent sur un demi-terrain.

Le terrain est réduit en largeur de 15 mètres.

Le lancement de jeu s'effectue à partir de pénalités jouées à la main.

Objectif

— Jouer en jeu groupé pénétrant : Par les avants et par la ligne de 3/4 (déployé pénétrant).

— Conserver la balle debout (maul).

Consignes

Attaquants :

— Alterner le jeu groupé et déployé.

Défenseurs :

— Pressing maximal.

Règles d'efficacité en attaque

— Soutien axial nombreux et proche.

— Efficacité du jeu groupé en maul, débouchant sur du jeu en relais pénétrant.

— Jeu déployé pénétrant lancé ou à hauteur du jeu groupé.

Éviter de se laisser enfermer dans les intervalles.

Évolution de l'exercice

Complexification : Rétrécissement de l'aire de jeu.

Conserver la balle dans le jeu sans regroupement

Lancement de l'exercice

— Une équipe de 12 à 15 joueurs contre 3 défenseurs évoluent sur un demi ou un grand terrain.

— Les défenseurs interviennent sur la balle pour empêcher les transmissions, ou sur l'homme (défense violente) pour provoquer la perte de balle.

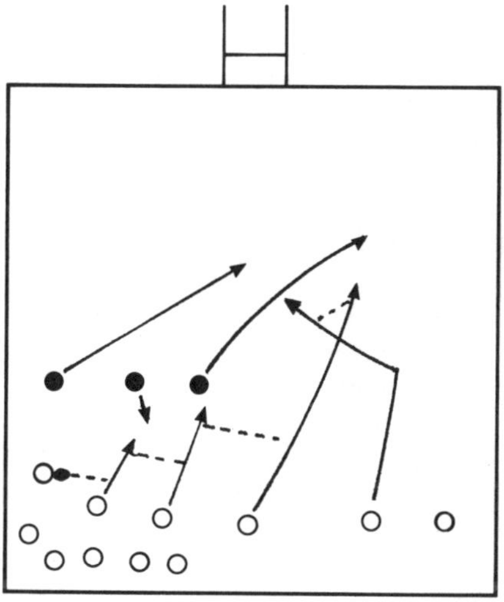

Objectif

Attaquants :

— Dérouter les 3 défenseurs par un jeu de passes continu, des alternances groupé-déployé, des changements de direction.

Défenseurs :

— Isoler le porteur de balle pour le couper de ses partenaires.

Consignes

Attaquants :

— Interdiction de se regrouper.

— Ne pas porter la balle mais multiplier les passes.

Défenseurs :

— Empêcher par toutes les formes de défense (sur l'homme, sur la balle, dans l'intervalle), la progression des attaquants.

Règles d'efficacité

Éliminer les défenseurs en les cadrant, en changeant de direction (passes croisées).

Évolution de l'exercice

— Augmentation du nombre de défenseurs : 4, 5, 10.

— Variations d'allures : en footing, longue foulée, vitesse maximale.

Conservation de la balle

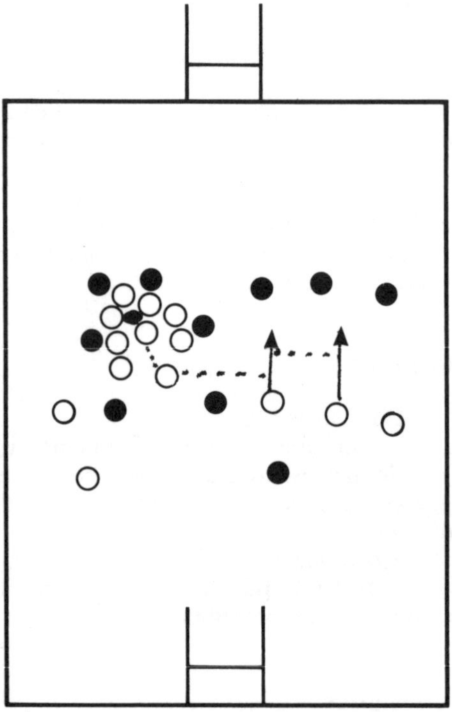

Lancement de l'exercice

— Sur un grand terrain, deux équipes (15 en attaque — 10 en défense) s'affrontent sur des règles modifiées.

— Les défenseurs cherchent à faire perdre la balle aux attaquants. Ils ont le droit de jouer hors-jeu : ce sont des perturbateurs de jeu.

Consignes

Défenseurs :

— Peuvent jouer hors-jeu, défendre sur l'homme, intercepter la balle.

Attaquants :

— Ils doivent éliminer ces joueurs hors-jeu en les refoulant (percussion épaule).

Objectif

Conserver la balle.

Règles d'efficacité

Attaquants :

— Concentration importante de joueurs en soutien autour du porteur de la balle.

— Éloigner les adversaires de la balle en les percutant.

— Éloigner la balle des adversaires.

— Faire des regroupements.

— Jouer surtout en pénétration.

Variantes

Simplification : 2 joueurs défenseurs seulement ont le rôle de perturbateurs.
Complexification : Jeu sans regroupement.

Conservation de la balle en zone latérale

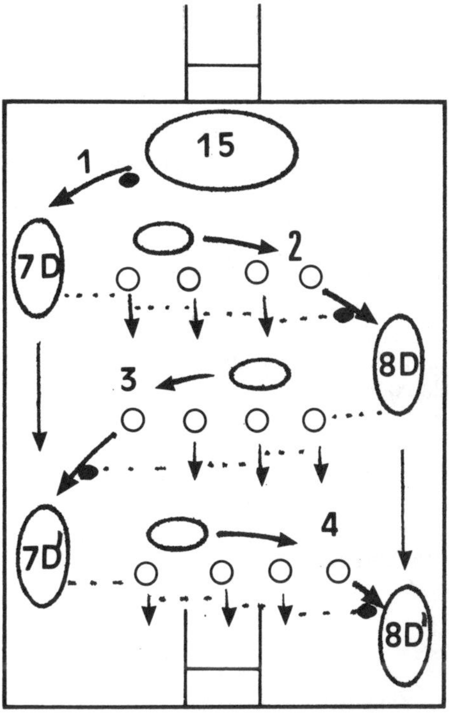

Lancement de l'exercice

— 2 équipes de 15 joueurs s'affrontent sur un grand terrain.

— Les 15 attaquants sont placés au départ devant les poteaux (cf. 15).

— Les défenseurs sont répartis en 2 groupes dans les couloirs des 15 m (un groupe de 7, un de 8). 7D-8D.

(Cf. 1) Les attaquants vont affronter le 1er groupe (7D) dans le couloir des 15 m.

Consignes

Défenseurs :

— Ne pas avancer vers les attaquants, *chercher à les pousser en touche* ; se replacer en 7D'.

— *Attaquants :*

Conserver la balle au contact (regroupement autorisé).

(Cf. 2) Déployer le jeu sans opposition et avec une réserve axiale pour affronter les 8 défenseurs. Les défenseurs reculent en 8D'.

Puis même réalisation -3- et -4-.

Objectif

Conserver la balle en zone latérale (près de la ligne de touche).

Règles d'efficacité

Attaquants :

— Encadrer le porteur au contact pour conserver la balle. Balayer les défenseurs dans le regroupement.

— *Défenseurs :*

— S'infiltrer dans le groupe adverse ; leur laisser l'extérieur près de la ligne de touche.

Variantes

Imposer aux attaquants en bout de ligne, soit : un maul, une mêlée ouverte, pas de regroupement (contact, passe axiale, renversement).

Avancer : franchir la ligne d'avantage

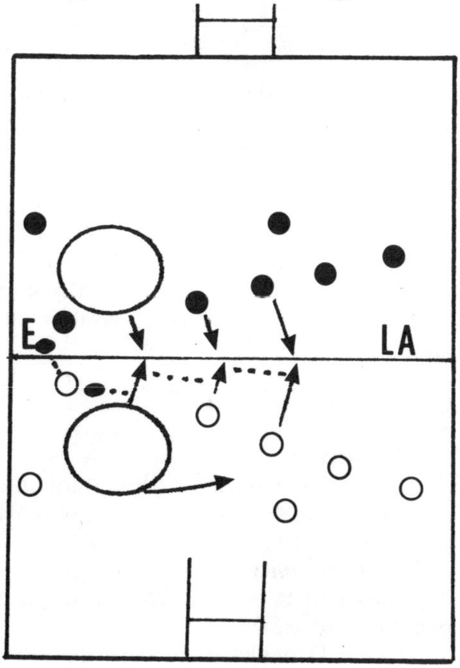

Lancement de l'exercice

— Deux équipes de 15 joueurs s'affrontent en jeu réel sur un grand terrain.

— Les deux équipes sont disposées de part et d'autre de la ligne médiane comme ci-dessus : deux 9 à 5 mètres, packs et lignes de 3/4 à 10 mètres.

— Le lancement du jeu s'effectue à partir de la passe de l'éducateur à un des deux 9.

Objectif

Franchir la ligne médiane : ligne d'avantage.

Consignes

Engagement physique maximal en attaque et défense : jouer lancé et très agressif sur l'homme.

Règles d'efficacité

Attaque :

— Jouer sur les zones et les joueurs vulnérables.

— Embarquer les défenses sur des fausses pistes (cf. jeu en diversion).

Défense : refouler les attaquants par une défense très agressive.

Évolution de l'exercice

— Désavantage d'une équipe (attaque ou défense) en l'éloignant de la ligne centrale.

— Autoriser le jeu en combinaisons (voir coups francs joués à la main).

— Contre attaque.

Avancer au-delà de la ligne d'avantage

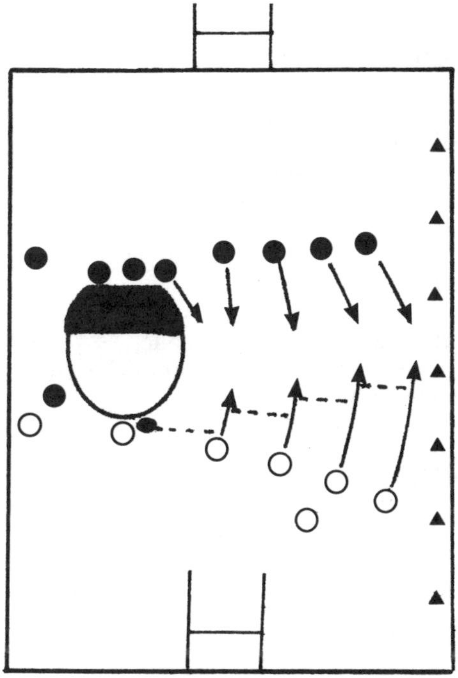

Lancement de l'exercice

Un grand terrain balisé tous les 10 mètres dans la longueur.

Deux équipes s'y affrontent en jeu réel avec phases statiques.

Comme en football américain, l'équipe qui avance d'une zone conserve la balle.

Les défenseurs sont diminués en conquête : leur 3e ligne est détachée en mêlée (schéma) ; placés à 10 mètres sur touche, ils n'interviennent que lorsque la remise en jeu est faite.

Objectif

Avancer en attaque et en défense.

Règles d'efficacité

— Profiter de l'avantage en conquête pour faire avancer la balle, la libérer en avançant encore, faire le bon choix (groupé ou déployé pénétrant sur des joueurs lancés).

— En défense : provoquer la perte de balle ou l'arrêt sur l'homme par des placages sévères.

Évolution de l'exercice

— 8 contre 8 en conquête.

— Jeu au pied autorisé, relance si récupération de la balle par les défenseurs.

Avancer au pied

Lancement de l'exercice

— Deux équipes de 15 joueurs s'affrontent en jeu réel sur un grand terrain, balisé tous les 10 m.

— Le jeu est lancé à partir de coups francs.

— Seule l'avancée au pied est prise en considération.

— Jeu au pied dans le champ de jeu et récupération de la balle.

— Jeu au pied d'approche (touche indirecte).

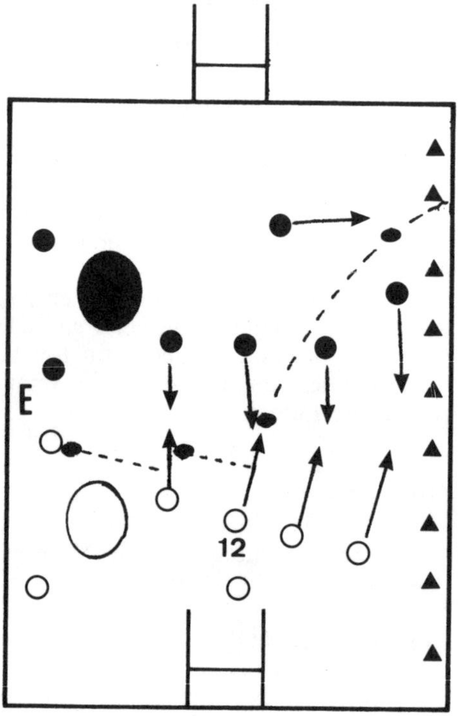

Objectif

Attaque :

— Avancer au pied, mesurer la progression.

Défense :

— Contrer ou rendre inefficace le jeu au pied, quadriller le terrain, relancer.

Consignes aux attaquants

— Bonifier la balle libérée au 9 pour rendre efficace le jeu au pied.

— Efficacité au pied si :

La touche indirecte est trouvée.

La balle est récupérée dans le champ de jeu.

Règles d'efficacité

Attaque :

— Avancer par les avants pour rendre plus facile le jeu au pied.

— Déplacer le jeu déployé jusqu'au 12 pour faire monter l'ailier ouvert, le 12 botte indirectement en touche (schéma).

— Ajouter le 15 comme botteur supplémentaire.

Défense :

— Presser le pack pour mieux presser les demis (voir organisation défensive).

Avancer pack contre ligne

Lancement de l'exercice

— Un pack et une ligne de 3/4 s'affrontent sur 1/4 de terrain en jeu réel.

— Des balises sont placées tous les 10 mètres pour mesurer l'avancée.

— L'éducateur envoie le ballon à un des deux groupes placés comme sur notre schéma.

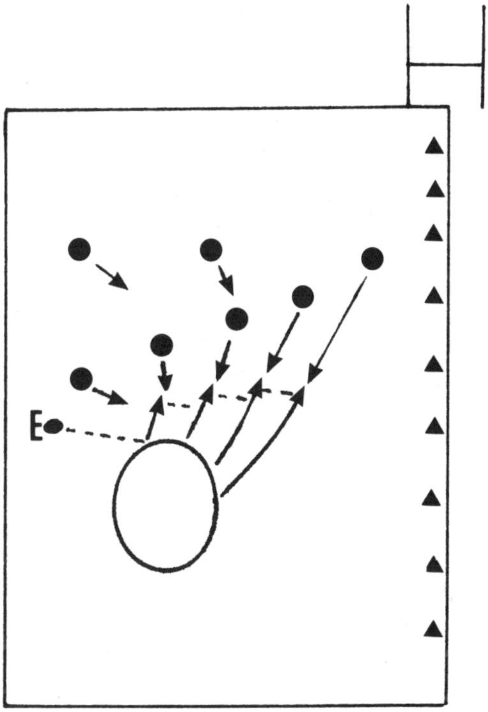

Objectif

Avancer : en groupé pénétrant, en déployé.

Consignes

Respecter le placement initial groupé et déployé.

Règles d'efficacité

Attaquants :

— Pack : attaquer la ligne sur une extrémité avant qu'elle ne se regroupe.

— Ligne : déborder le pack avant qu'il ne se déploie.

Défenseurs :

Concentration et déconcentration très rapide.

Variantes

Complexification : Regroupements autorisés.

Avancer à partir des phases statiques

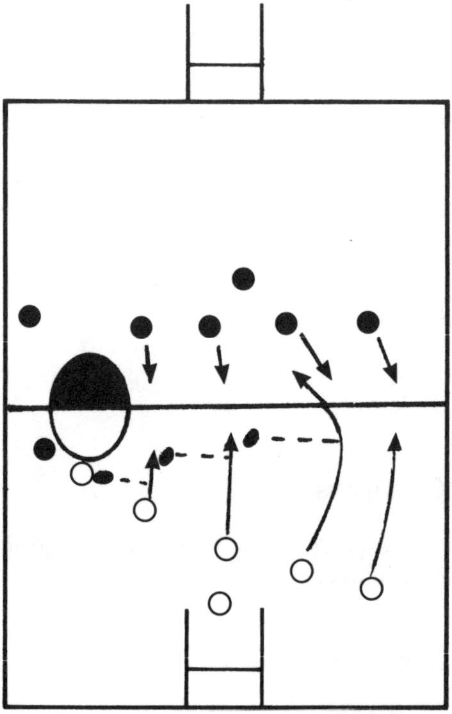

Lancement de l'exercice

— Deux équipes de 15 joueurs s'opposent sur un grand terrain à partir de touches et de mêlées.

— La touche ou la mêlée ont lieu sur la ligne médiane.

— L'éducateur donne 5 remises en jeu successives à la même équipe.

Objectifs

— Avancer au-delà de la ligne médiane (ligne d'avantage) en attaque et défense.

— En jeu groupé ou déployé.

Consignes

Respect des lignes de hors-jeu à partir des phases statiques.

Règles d'efficacité

Attaque :
— Jouer sur les faiblesses adverses.
— Avancer en phase statique et prolonger cette avancée en jeu dynamique.
Défense :
— Pressing individuel et collectif.
— Défendre chez l'adversaire.

Variante

Jeu au pied autorisé. Coup de pied jugé efficace si la balle est récupérée au point de chute.

Conclure une percée : marquer

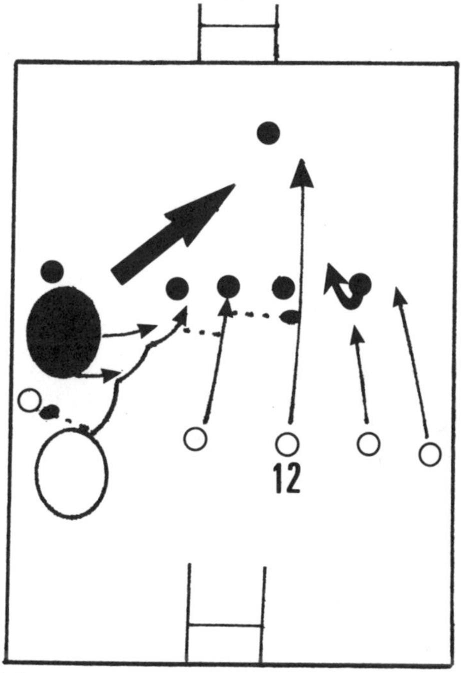

Lancement de l'exercice

— Deux équipes de 15 joueurs s'opposent sur un grand terrain.

— Les attaquants évoluent en opposition raisonnée. Au signal « perce », un joueur crée le déséquilibre, au signal « jeu réel », l'opposition devient réelle.

Objectifs

Attaquants :

— Rendre efficace la percée du partenaire, marquer.

Défense :

Faire échouer l'aboutissement de la percée.

Consignes

— Ne défendre qu'au signal « jeu réel ».

— Respecter la ligne de hors-jeu si le joueur qui perce crée un regroupement.

Règles d'efficacité

Attaque :

— *Le porteur de la balle :* jeu avec ses partenaires : passe à l'extérieur à niveau ou à l'intérieur en profondeur.

— S'il est isolé, il crée un regroupement et une ligne de hors-jeu.

Défense :

— Isoler le porteur de ses partenaires.

— Défense virulente pour provoquer la perte de balle.

Variante

Jeu au pied : l'éducateur peut introduire le signal « botte » à la place de « perce ».

Marquer : avantage numérique

Lancement de l'exercice

— Une équipe de 15 joueurs contre 8 défenseurs s'opposent sur un demi-terrain.
— Le jeu est lancé par un coup franc joué à la main.

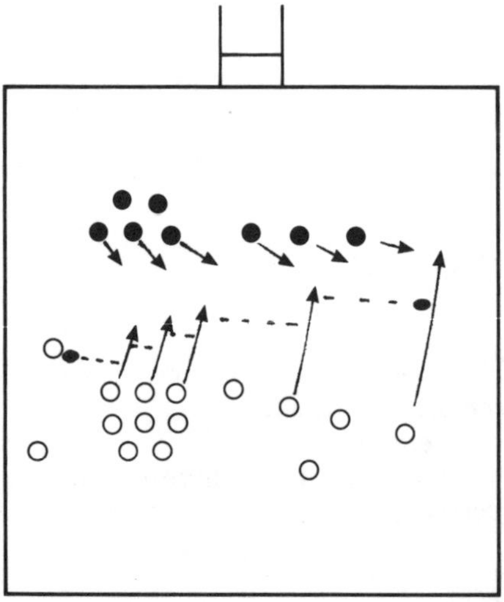

Objectifs

Attaquants :
— Marquer en exploitant l'avantage numérique.
Défenseurs :
— Combler l'infériorité numérique par de l'ingéniosité.

Consignes

Attaquer et défendre en jeu réel.

Règles d'efficacité

Attaquants :
— Fixer les défenseurs groupés par un regroupement ou en les cadrant.
— Cadrer les défenseurs déployés.
— Changer de rythme et jouer dans le dos des défenseurs.
Défenseurs :
— Lutter contre les fixations (fuir les regroupements, chasser, isoler l'attaquant, placages explosifs).

Marquer

Lancement de l'exercice

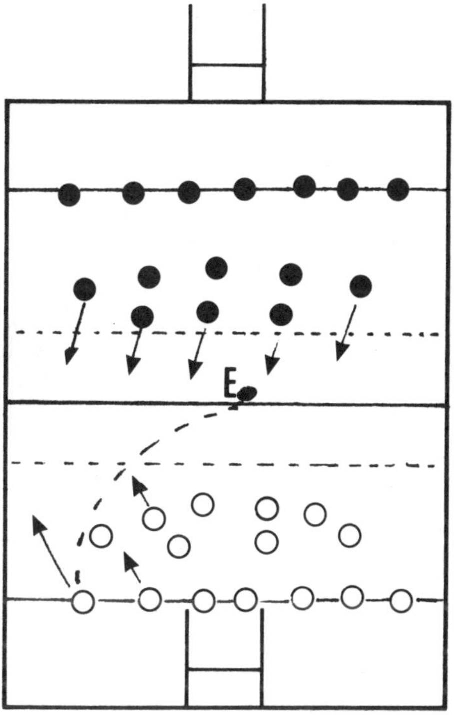

— Deux équipes s'affrontent en jeu réel sur un grand terrain.

— Les joueurs des 2 équipes sont disposés comme sur notre schéma :

— Avants entre la ligne des 22 mètres et des 10 mètres.

— 3/4 sur la ligne des 22 mètres.

— L'éducateur placé sur la ligne médiane envoie un ballon sur le pack ou sur les 3/4 d'une des deux équipes.

Objectifs

Marquer sur la ligne médiane.

Attaque :

— Avancer pour atteindre la ligne médiane.

Défense :

— Pressing des défenseurs.

Règles d'efficacité

Attaquants :

— Référence au jeu groupé et en relance.

Défenseurs :

— Organisation en pressing défensif sur le 1er rideau (5 joueurs minimum), 2e rideau très proche.

Évolution de l'exercice

Complexification : Les défenseurs peuvent récupérer la balle et contre-attaquer (marquer aux 22 mètres).

Marquer

Lancement de l'exercice

— Deux équipes disposées comme sur notre schéma s'affrontent dans les 22 mètres (ligne d'essai = 22 mètres et en-but).

— De part et d'autre de l'éducateur nous trouvons les 9, 2 packs et 2 lignes.

— L'éducateur donne la balle à un 9 qui sert soit son pack soit sa ligne.

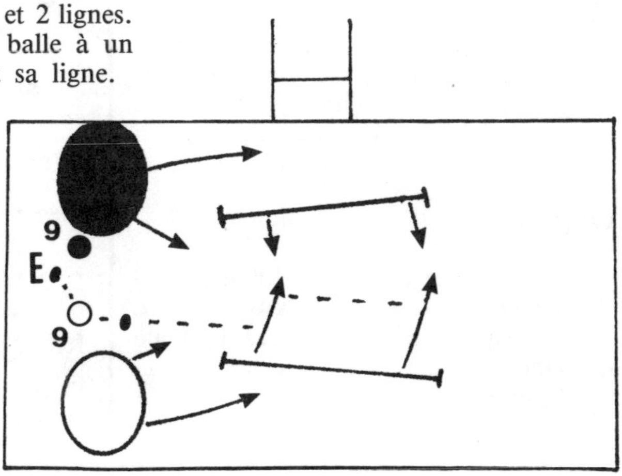

Objectif

Attaquants :

— Marquer.

Défenseurs :

Défendre, récupérer la balle, contre-attaquer.

Consignes

Attaquants :

— Jouer sur les points faibles adverses.

Défenseurs

— Défense individuelle et collective (pack et 3/4) féroce.

Règles d'efficacité

Pour attaquants et défenseurs :

— Soutiens dans l'axe de la balle proches et nombreux.

Attaquants :

— Conserver la balle et différer la marque en 2e ou 3e temps.

Évolution de l'exercice

— Possibilité de drop pour une équipe.

— Combinaisons sur coups francs autorisées.

Combat — évitement

Lancement de l'exercice

— Deux groupes de 8 à 10 joueurs s'opposent sur un demi-terrain en jeu réel. Le terrain est partagé en 3 zones par des plots.

— Un groupe joue en combat et n'a le droit d'évoluer en attaque que dans une zone (les noirs).

— L'autre groupe a le droit de jouer dans les 3 zones en évitement (1-2-3).

— L'éducateur donne la balle à un des deux 9.

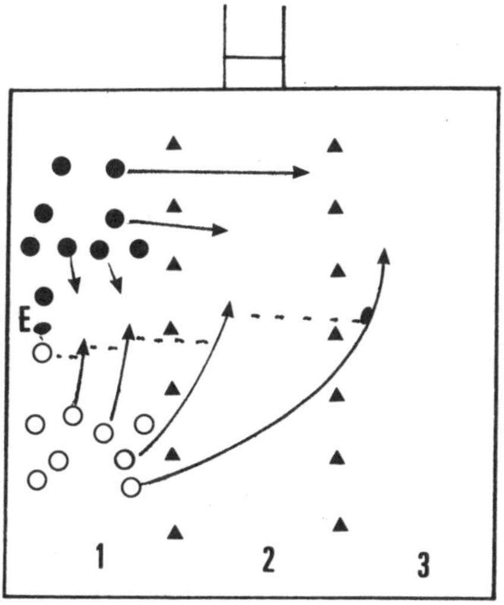

Objectif

— Combattre pour les noirs et éviter pour les blancs.

— En défense récupérer la balle et jouer dans ses zones. Les noirs jouent dans la zone où ils récupèrent la balle, les blancs partout.

Consignes

— Combat : jeu en relais dynamiques, regroupements dynamiques.
— Évitement : refus du contact.

Règles d'efficacité

Noirs — Celles du jeu groupé et déployé pénétrant.
Blancs — Celles du groupé et déployé contournant.

Évolution de l'exercice

— Envoi d'un deuxième ballon par l'éducateur sur tout ballon enterré.
— Réduction ou agrandissement des zones.
— Même exercice en collectif réduit 4-4 ou total 15 contre 15.

Jeu au pied de combat ou d'évitement

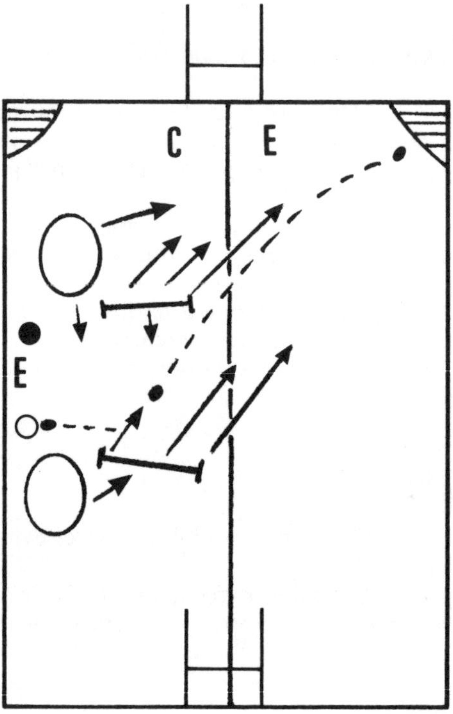

Lancement de l'exercice

— Deux équipes de 15 joueurs s'affrontent sur un grand terrain en jeu réel.

— Le terrain est partagé en deux zones par des plots. Une zone combat (C), une zone évitement (E).

— L'éducateur délivre la balle à un des deux 9 en donnant la consigne « combat » ou « évitement .

Objectif

Combat : Jeu au pied axial en zone C (up ou lobé).

Évitement: Jeu au pied d'angle vers les deux zones latérales (zones hachurées).

Consignes

— Obligation de jeu au pied du 9 ou du 10.

— Respect des zones autorisées.

Règles d'efficacité

Attaquants :

— Jeu au pied positif si la balle est récupérée.

Défenseurs :

— Répartition défensive en pressing et quadrillage.

Variantes

Simplification : Réduction des effectifs.

Combattre, éviter

Lancement de l'exercice

— Deux équipes de 10 à 15 joueurs s'affrontent en jeu réel sur un demi-terrain.

— Le terrain est divisé en deux parties par des plots dans le sens de la longueur (C et E).

— Les deux équipes sont réparties de part et d'autre de l'éducateur en C (voir schéma).

— En donnant la balle à un 9, l'éducateur demande « combat » ou « évitement ».

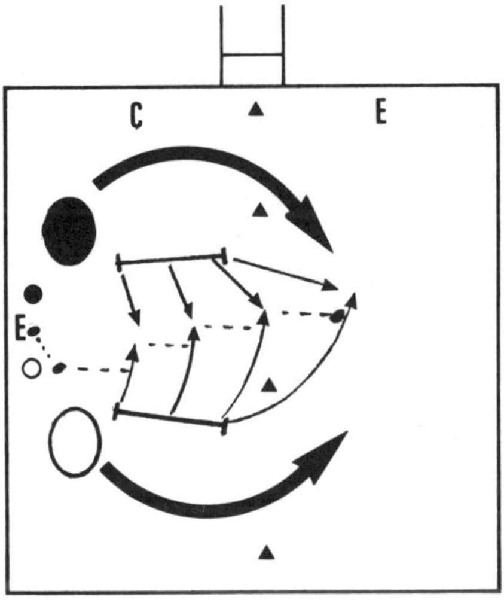

Objectif

— Combattre en zone C : par le pack et la ligne de 3/4 en 1re main.

— Éviter en zone C et E : par le pack et la ligne.

Consignes

Respect des consignes de jeu et des zones.

Règles d'efficacité

— Références à — Jeu pénétrant (groupé ou déployé).
— Jeu débordant (groupé ou déployé).

— En « évitement » — Occupation de l'espace large très rapidement.
— Passes sautées, vissées.

Variantes

Simplification :

— Infériorité numérique des défenseurs.

— L'exercice peut se pratiquer pack contre pack ou ligne contre ligne.

Concentrer

Lancement de l'exercice

— Deux équipes de 15 joueurs s'opposent sur un demi-terrain en jeu réel.

— Les défenseurs sont disséminés sur 3 lignes de 5 joueurs, éloignées de 10 m environ.

— Le 9 lance l'attaque, soit par le pack, soit par la ligne.

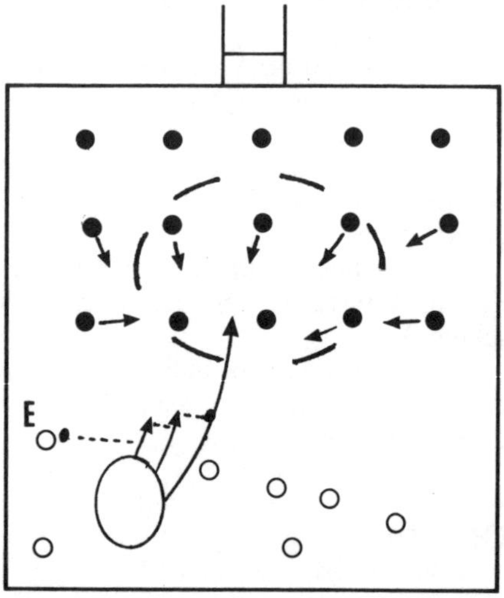

Objectifs

Concentrer une défense dispersée, puis la déborder en second temps.

Règles d'efficacité

Attaquants :

— Attaquer vers le centre pour augmenter les solutions de second temps.

— Ne pas perdre la balle lors de la transformation du jeu (avec ou sans regroupement).

Défenseurs :

— Ne pas tous se mobiliser sur la défense du premier temps, mais deviner le 2e temps de jeu et se placer en conséquence.

Variantes

Simplification : Diminution du nombre de défenseurs.

Concentrer

Lancement de l'exercice

— Deux équipes de 15 joueurs s'opposent sur un demi-terrain en jeu réel.

— Les défenseurs sont dans les 22 m, placés latéralement, pack d'un côté, ligne de l'autre (schéma).

— Les attaquants (pack et ligne) sont placés normalement, comme sur le schéma.

— Le 9 lance son pack et sa ligne vers l'axe des poteaux.

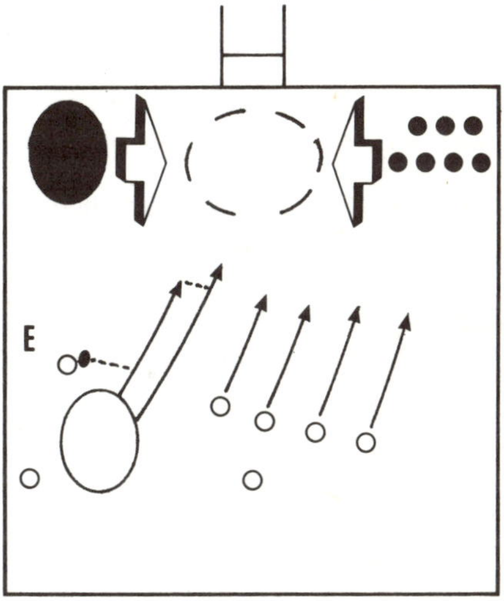

Objectif

Concentrer devant les poteaux les défenseurs, pour libérer des espaces latéraux.

Consigne

Défense très agressive dès que le 9 joue la balle.

Règles d'efficacité

Attaquants :

— Concentrer la défense au maximum par une attaque pénétrante efficace.

— Ne pas perdre la balle lors de la transformation du jeu avec ou sans regroupement.

Défenseurs :

— Ne pas tous se mobiliser sur le premier temps.

— Être efficaces en défense sur l'homme, la ligne d'essai étant proche.

Variantes

Simplification : Diminution du nombre de défenseurs.

Concentrer, déconcentrer

Lancement de l'exercice

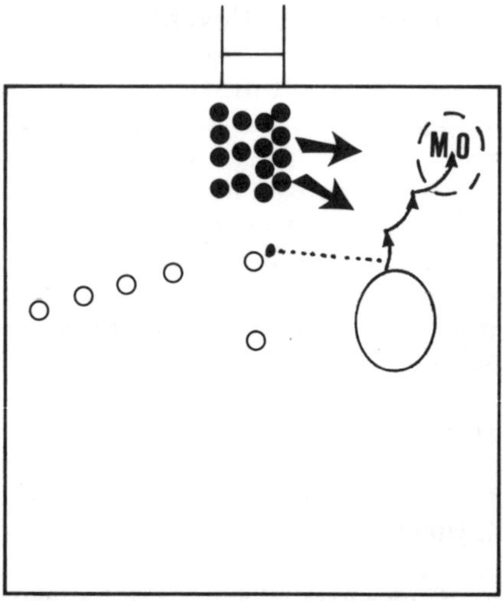

— Deux équipes de 10 à 15 joueurs s'affrontent sur un demi-terrain en jeu réel.
— Les défenseurs sont concentrés dans les 22 m dans l'axe des poteaux.
— De part et d'autre du 9 placé face aux poteaux, un pack et une ligne de 3/4 chez les attaquants.

Objectifs

— Déborder la défense concentrée.
— Si le débordement ne se réalise pas, profiter de la dispersion des défenseurs dans le second temps de jeu.

Consignes

Défenseurs :
— Mettre les joueurs rapides près des attaquants sur la première intervention.

Règles d'efficacité

Attaquants :
— Jouer à plat en premier temps.
— Souci de conservation de la balle (ne pas se laisser pousser en touche).
— Les 3/4 se rapprochent des avants (ou le contraire) pour assurer la continuité.
— Déborder en premier temps, puis prendre les intervalles en second temps.
Défenseurs :
— Efficacité dans le replacement du second temps.

Variantes

Simplification : Diminution du nombre de défenseurs.
Complexification : Défenseurs moins concentrés.

Concentrer en zone axiale, déconcentrer latéralement

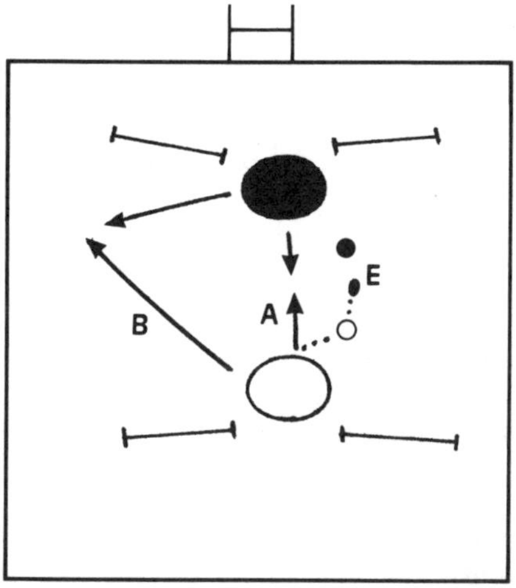

Lancement de l'exercice

Deux équipes de 15 joueurs s'affrontent en jeu réel sur un demi-terrain.

Placement de part et d'autre de l'éducateur (schéma) :

— deux demis de mêlée ;
— deux packs ;
— deux lignes de 3/4 réparties de chaque côté de leur pack.

L'éducateur donne la balle à un des deux 9.

Consignes

A) Affronter l'adversaire par le pack en zone centrale (sur le flanc du pack adverse) ou

B) Affronter en relais dynamiques (avec pack ou 3/4) en zone latérale.

Objectifs

— Concentrer ou déconcentrer la défense.
— Provoquer un 2e temps favorable.

Règles d'efficacité

Attaquants :

— Concentrer la défense par un jeu groupé pénétrant (éviter les intervalles : affrontement sur l'homme).

— Déconcentrer la défense en jeu déployé ou groupé contournant (éviter les intervalles).

— Faire le bon choix en 2e temps.

Variantes

Simplification :

— 1er temps de jeu en opposition raisonnée.
— Jeu réel à partir de la transformation du jeu (avec ou sans regroupement).

Maîtrise de l'alternance des formes de jeu Groupé — déployé — jeu au pied

Ce schéma illustre notre démarche :

Les deux packs, les deux lignes sont disposés de part et d'autre des demis de mêlée.

L'éducateur délivre la balle à l'un des deux 9.

Le jeu se développe en OPPOSITION RAISONNÉE sous la commande du 9 ou de l'éducateur.

L'éducateur donne le signal de la transformation en demandant (au 14 sur notre schéma) *Mêlée ouverte* (MO).

Le 14 crée une mêlée ouverte : le jeu devient *RÉEL*.

Le 9 oriente le 2e temps du jeu :

En groupé (G), déployé (D) ou au pied (P).

L'entraîneur peut donner un autre signal occasionnant une transformation du jeu : « tombe », « botte », « transforme », « maul », « perce », etc.

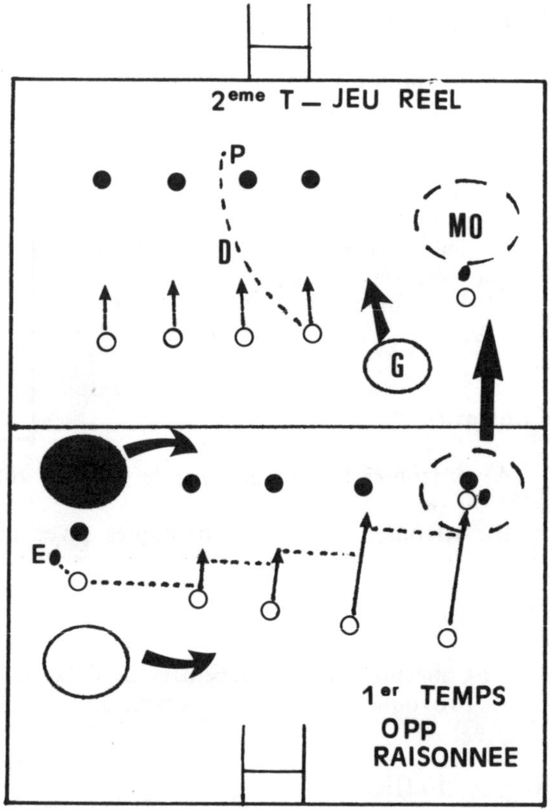

Alterner les différentes formes de jeu
Transformation en zone centrale

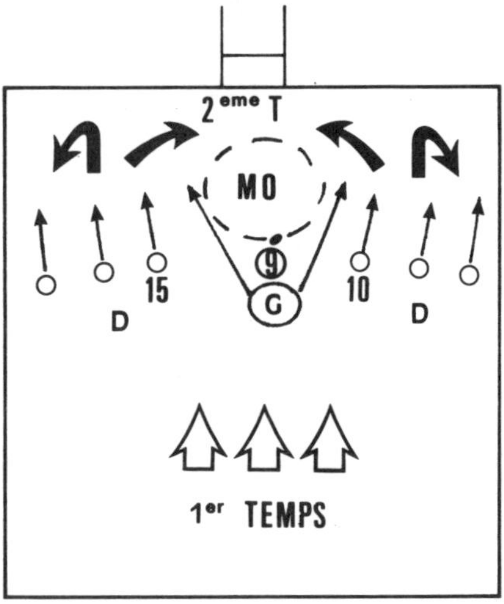

Lancement de l'exercice

— 2 équipes de 15 joueurs s'opposent sur un demi-terrain.

— Le 1er temps de jeu s'effectue en opposition raisonnée.

— Au signal du 9 « mêlée ouverte » les attaquants réalisent une mêlée ouverte, le JEU devient RÉEL.

Objectifs

— Créer un regroupement en zone centrale près des buts adverses pour multiplier les phases de jeu en 2e temps.

— Faire au niveau des demis le meilleur choix.

Consignes

Attaquants :
— Provoquer une fixation centrale en mobilisant le maximum de défenseurs.
Défenseurs :
— S'opposer en défense raisonnée puis réelle.

Règles d'efficacité en 2e temps

Attaquants :
— Le 9 étudie le dispositif adverse avant d'avoir la balle.
— Servir les joueurs « à niveau » : 2 possibilités :
groupé des 2 côtés par la réserve axiale d'avants,
déployé des 2 côtés (par 10 et 15).
Défenseurs :
— Ne pas jouer hors-jeu.
— Anticiper sur le choix du 9
— Mettre le 9 ou le 10 attaquant sur une fausse piste (faux trou).

L'éducateur : il retrace la situation, analyse avec toute l'équipe le choix des transformations du jeu.

Variantes

Simplification : Diminution du nombre de défenseurs.
Complexification :
— Jeu au pied et drops autorisés.

Alterner les différentes formes de jeu Transformation en zone latérale

Lancement de l'exercice

— 2 équipes de 15 joueurs s'opposent sur un demi-terrain.
— Le 1er temps de jeu s'effectue en opposition raisonnée. L'orientation du jeu est effectuée vers une ligne de touche.
— Au signal du 9 « regroupement », (MO), transformation du jeu et jeu réel.

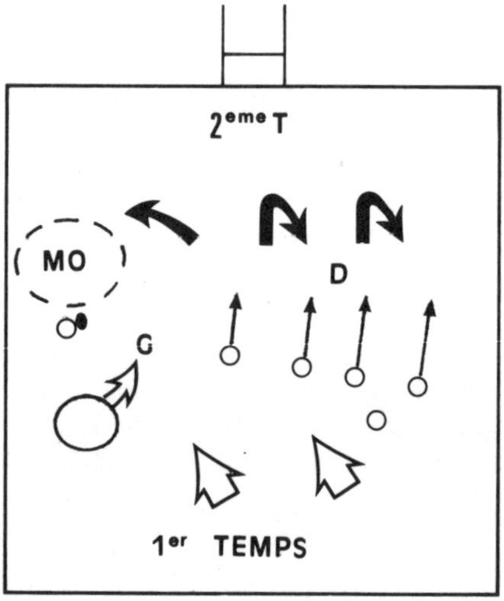

Objectif

Déporter latéralement et regrouper sur le côté les défenseurs pour les battre ailleurs en transformant le jeu.

Consignes

Défenseurs :
— Opposition raisonnée puis réelle.
— Ne pas défendre hors-jeu.

Règles d'efficacité en 2e temps

Attaquants :
— Pour les demis observer le dispositif adverse et dialoguer.
— Jouer groupé au ras ou déployé sur des joueurs lancés dans les intervalles.
Défenseurs :
— Se replacer avec efficacité.
— Mettre le 9 et le 10 attaquant sur une fausse piste.

L'éducateur

Analyse de la situation et du choix effectué.

Transformation du mouvement

Lancement de l'exercice

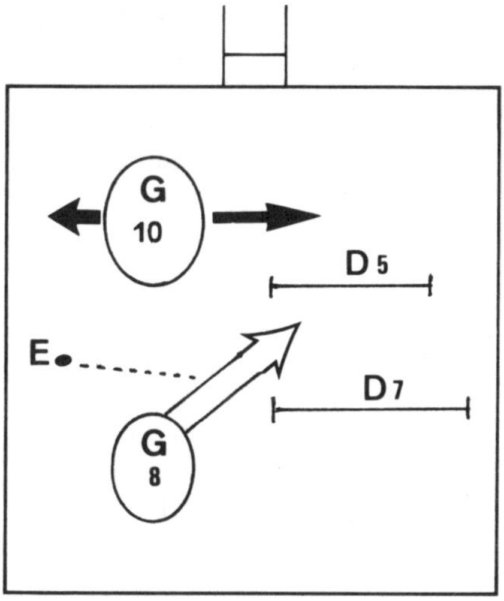

Sur un demi-terrain, deux équipes de 15 joueurs sont disposées en 2 structures chacune.

— Une équipe : 10 joueurs en groupé, 5 en déployé.

— L'autre équipe : 8 joueurs en groupé, 7 en déployé.

L'éducateur lance la balle à un des deux packs ou à une ligne.

Consignes

— Opposer le fort au faible, c'est-à-dire :

10 G contre D 7,
8 G contre D 5 (notre schéma),
D 7 contre D 5.

— La 2e structure n'intervient qu'en 2e rideau (défenseurs), en 2e temps (attaquants).

Objectifs

Faciliter par le surnombre offensif initial :
— la conservation du ballon,
— les solutions dans les transformations du jeu.

Règles d'efficacité

Attaquants :
— Transformations très rapides :
— sans regroupement,
— à partir de regroupements très rapides.
— Choix judicieux : du 9, des joueurs en appel de balle.
Défenseurs :
Anticipation du 2e temps et renforcement de la zone attaquée.

Variantes

— *Complexification :* Opposer le faible au fort (D5 contre G8 ou D7) par des regroupements très fugitifs sur le 1er temps.

— Jeu au pied autorisé.

B) JEU A PARTIR DES COUPS FRANCS ET DES PÉNALITÉS

1) ANALYSE THÉORIQUE

Le jeu à partir des coups-francs nous semble être une occasion favorable à la recherche et l'expression d'un jeu de plein mouvement. Et c'est là, nous semble-t-il un secteur du jeu qui a beaucoup évolué ces dernières années. Ceci est lié d'une part à l'introduction de la pénalité différentielle mais aussi et surtout parce que le modèle théorique du jeu de mouvement et de la recherche de la continuité trouve une possibilité d'expression remarquable à partir de cette phase de lancement. A ce titre, on peut considérer que le coup franc est devenu ces dernières années, une phase supplémentaire de lancement du jeu au même titre que la mêlée ou la touche.

L'exemple venant d'en haut, on peut remarquer que l'équipe de France a utilisé le coup franc comme une arme du mouvement qui en de nombreuses occasions s'est avérée efficace dans le gain du terrain comme dans sa concrétisation au tableau d'affichage.

Le jeu à la main, à partir de coup franc, nous semble être le symbole de cette volonté de recherche de la dynamique de plein mouvement et aussi de la prise de risques et ce au plus haut niveau.

Quelles en sont les raisons ?

Au-delà de l'influence modèle de la continuité, le jeu à la main à partir du coup de sifflet de l'arbitre, peut s'expliquer par l'analyse du rapport attaque/défense .

1) L'équipe menée de 3 ou de 5 points à quelques minutes de la fin du match et bénéficiant d'un coup franc aura pour objectif de marquer pour renverser le score. La nécessité impérieuse du résultat la pousse à utiliser cette phase de lancement dans le but de marquer pour gagner. Le paramètre score/temps de jeu restant à jouer est ici décisif.

2) Le jeu à la main permet de dynamiser le jeu face à une équipe qui aura tendance à casser le rythme ou à jouer sur un faux rythme.

L'objectif est ici double : d'une part, physique pour impulser à la rencontre un engagement énergétique trop insuffisant, d'autre part psychologique pour affirmer sa volonté de ne pas se laisser piéger par un non-jeu en affirmant une volonté de prises de risques.

3) Le jeu à la main est, sur coup franc, le refus du jeu au pied, plus sécurisant et d'une efficacité immédiate dans le gain du terrain. De plus, dans le cas où l'adversaire est très dominateur dans la conquête en touche, l'équipe bénéficiant du coup franc, n'aura peut-être pas intérêt à jouer la touche.

4) Le jeu de mouvement est à même de créer un rapport de forces favorable à la création d'un déséquilibre défensif favorable à l'enchaînement de 2e ou 3e temps qui s'avèrent efficaces en gain de terrain ou en terme de marque.

5) L'opportunité d'un lancement dynamique peut se justifier par un replacement de l'adversaire trop lent ou trop tardif voire même par une occupation du terrain défectueuse.

L'essai de D. Charvet, lors de la dernière finale de 1988, entre Toulouse et Toulon est, à cet égard, exemplaire, le dispositif défensif toulonnais, laissant apparaître un point faible sur l'axe central du terrain.

Sur la base de ces considérations, on peut être amené à distinguer deux modalités de jeu à la main sur coup franc.

— *Une première forme* où l'objectif est de marquer, et ce d'autant plus que l'on est mené au score. Le paramètre « Près de la ligne » est ici le paramètre décisif. L'objectif est dans ce cas, la marque ou la gagne.

— *Une seconde forme*, où le point de lancement, se situe loin de la ligne du but adverse. L'objectif est, dans ce cas, bien souvent, d'avancer le plus loin possible, mais aussi d'affirmer sa volonté de renverser les données d'un affrontement que l'on juge insuffisant dans le volume de jeu produit (faux rythme) et sa volonté d'utiliser TOUTES les possibilités offertes par le jeu pour gagner. A la pression recherchée en terme de gain de terrain s'ajoute le défi psychologique.

Mais, quelles que soient les modalités du coup franc, celles-ci sont liées au rapport de forces momentané et d'autre part, souvent prédéterminées, et ce d'autant plus que l'on se situe près de la ligne.

C'est la raison pour laquelle nous allons présenter un ensemble de « possibles » en fonction de la proximité ou de l'éloignement de la ligne de but adverse.

Sur le plan proprement dit de l'apprentissage et de la pédagogie, nous voudrions insister sur la nécessité dans ce type de phase de jeu, de trouver un code qui soit SIMPLE, EFFICACE, c'est-à-dire compréhensible rapidement par l'ensemble de l'équipe, mais aussi qui soit DIFFICILE à éventer pour l'adversaire. La communication, à ce niveau, ne peut en aucun cas se satisfaire du seul plan moteur mais doit inclure le plan verbal ou gestuel. De même, dans les coups francs joués rapidement, il nous semble nécessaire pour des raisons d'efficacité et aussi de sécurisation des joueurs, de donner un ordre d'intervention, en quelque sorte un cadre de références qui ordonne le jeu et qui permet de réguler les relations entre les joueurs et non pas de les perturber par l'absence de schéma.

2) SITUATIONS PÉDAGOGIQUES

LES COUPS FRANCS ET PÉNALITÉS JOUÉS A LA MAIN

Mobiliser le pack adverse en zone centrale Déséquilibrer la défense

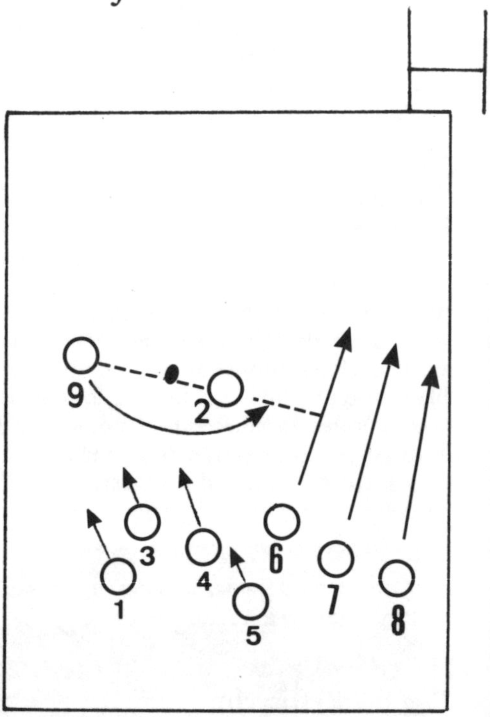

Lancement de l'exercice

— Sur 1/4 de terrain deux packs s'affrontent en opposition raisonnée ou en jeu réel.

Placement initial et déroulement de l'action

Le 9 en possession du ballon joue la pénalité puis passe la balle au n° 2 placé face à ses partenaires. Le 9 suit sa passe et redouble le 2.

Le pack scindé en 2 groupes s'oriente dans 2 directions différentes .

6, 7, 8 à l'extérieur,

1, 3, 4, 5 croisent.

— *Le 9 peut reprendre la balle* au 2 et jouer à l'extérieur avec 6, 7, 8.

— *Il peut ne pas prendre la balle* et faire un mouvement de diversion, le 2 sert alors le groupe 1, 3, 4, 5.

Objectifs

— Créer le désordre défensif par un double appel de balle.
— Grouper en zone centrale ou latérale le pack adverse.

Règles d'efficacité

Le 9 observe pendant sa course latérale le mouvement défensif adverse et fait ou non le choix de jeu à l'extérieur.

Variantes

— De la répétition à vide... au jeu réel.
— Réalisation en footing... à allure maximale.
— En collectif total sur un demi-terrain. 2e temps de jeu par les 3/4.

LES COUPS FRANCS ET PÉNALITÉS JOUÉS A LA MAIN

Mobiliser le pack advserse
Excentrer la défense

Lancement de l'exercice

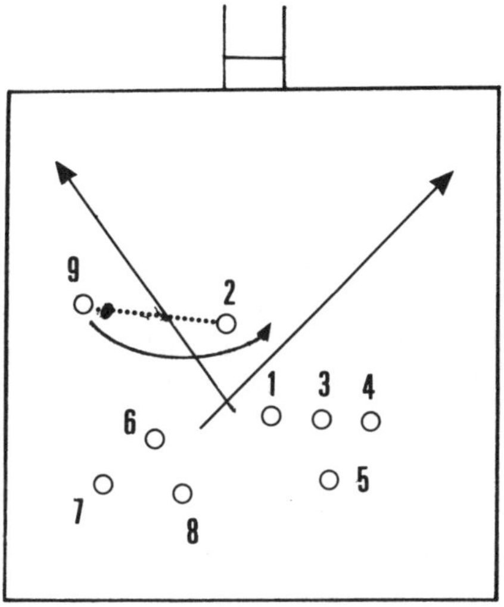

Sur demi-terrain 2 packs, deux 9 s'opposent en jeu réel.

Placement initial et déroulement de l'action.

Aux alentours de l'axe des poteaux le 9 joue la pénalité à la main, passe la balle au 2 puis le redouble.

— Le pack scindé en deux, part en deux directions (diagonales) opposées.

— Deux solutions se présentent :

— 9 prend la balle à 2 et joue avec 6, 7, 8.

— 9 ne prend pas la balle et 2 sert 1, 3, 4, 5.

Objectifs

Attirer la défense vers les lignes de touche (zone des 15 m) pour ouvrir l'axe central du terrain dans le 2e temps.

Règles d'efficacité

— 9 observe le mouvement défensif adverse pour faire l'un des deux choix.
— 6, 7, 8 partent avant 1, 3, 4, 5.

Variantes

— Réalisation : à vide......... jeu réel.
en footing........ à vitesse maximale.
en collectif total. (Continuité avants et 3/4)

LES COUPS FRANCS ET PÉNALITÉS JOUÉS A LA MAIN

La « bombe »

Lancement de l'exercice

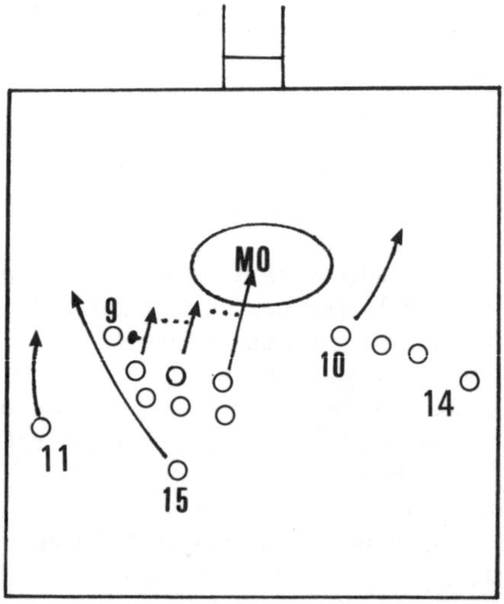

— Répétition de la combinaison à vide.
— Le 9 joue rapidement à la main avec son pack. Un ordre d'arrivée des joueurs est établi.

Objectifs

— Pénétrer par le pack et vers le centre du terrain, une défense qui recule.
— Jouer le second temps :
— Groupé par les avants du même côté.
— Déployé par le 10 du même côté (avec 12, 13 et 14).
— Déployé par le 15 du côté opposé (avec 11).

Consigne

Mobilisation de toute l'équipe.

Règles d'efficacité

— Profiter du recul de la défense pour l'agresser offensivement.
— Provoquer une fixation très rapide.
— Lancer les attaquants du second temps à plat : appel des deux côtés pour perturber la défense.

Variante

Complexification : Opposition raisonnée puis réelle.

COUPS FRANCS ET PÉNALITÉS JOUÉS A LA MAIN

« 10 groupé », « 12 groupé », « 13 groupé »

Lancement de l'exercice

Deux équipes de 15 joueurs évoluent en opposition raisonnée sur un demi-terrain.

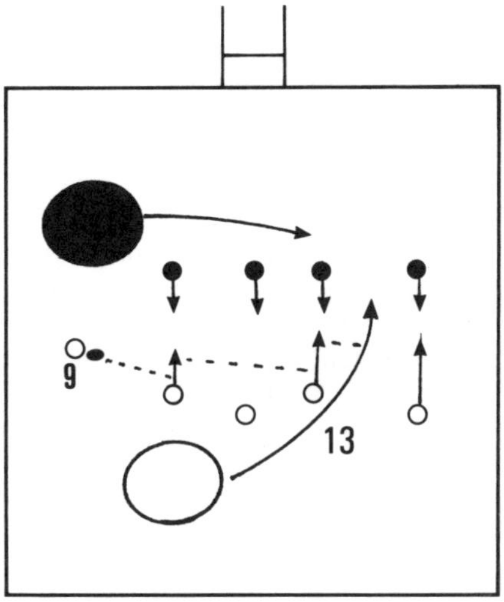

Objectif des attaquants

Déplacer le jeu en déployé par la ligne et faire intervenir le pack en perforation à l'extérieur de 10, 12 ou 13 (sur notre schéma 13).

Consignes

Le 9 annonce l'endroit du groupé très tôt, les avants partent vers cet endroit avant que la pénalité ne soit jouée.

Les défenseurs respectent les 10 m réglementaires et interviennent en opposition raisonnée.

Règles d'efficacité

Anticipation du pack attaquant sur le pack défenseur pour être les premiers à l'endroit de la pénétration.

Pénétration en structure très groupée.

Lorsque la pénétration est très « au large », les 3/4 effectueront des passes sautées et vissées.

Complexification

Jeu réel.

Combinaison « renverser »

Lancement de l'exercice

Après révision de la combinaison à vide, mise en pratique en jeu réel 15 contre 15 sur un demi-terrain.

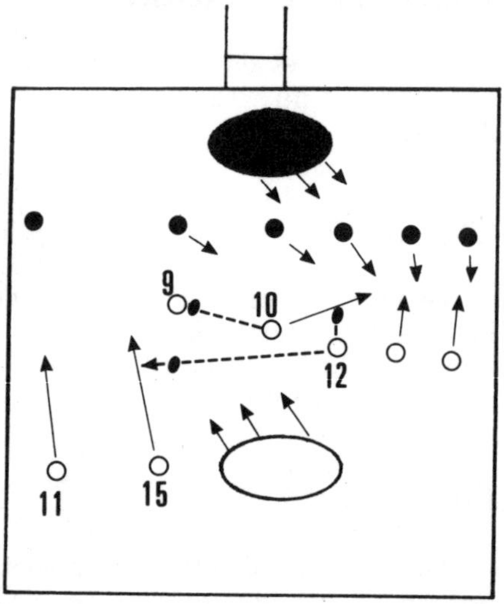

Objectif des attaquants

Entraîner la défense d'un côté par un jeu déployé pour la prendre en défaut de l'autre côté.

Déroulement de la combinaison.

Le 9 ouvre sur le 10, celui-ci court en travers et croise avec le 12 qui renverse le jeu d'une longue passe vissée sur le 15.

Le 15 lancé est soutenu à l'intérieur par son pack, à l'extérieur par l'ailier.

Règles d'efficacité

Le 10 est à plat (à la limite de l'en-avant), il effectue la passe croisée à deux mains en conservant du regard le centre avec lequel il croise.

Le 12 doit croiser au dernier moment lorsque les défenseurs sont entraînés dans le même sens de course que le 10.

Le 15 doit arriver à vitesse maximale et à la limite de l'en-avant.

Le pack veille à ne pas être sur la trajectoire de passe 12-15.

Jeu au pied en « en but »

Lancement de l'exercice

Deux équipes de 15 joueurs évoluent en opposition raisonnée sur un demi-terrain.

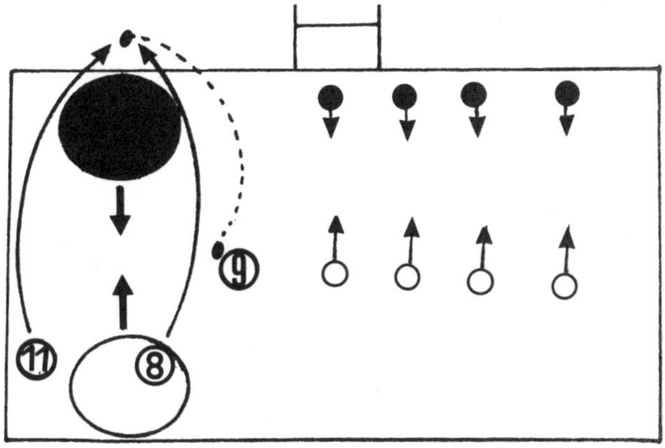

Objectif des attaquants

Faire avancer la défense en feignant le jeu à la main, la lober au pied et récupérer la balle pour marquer.

Déroulement de la combinaison

— Le pack et la ligne se lancent à pleine vitesse pour attirer les défenseurs (pack et ligne) vers eux.

— Le 9 botte par dessus le pack défenseur ; ses coéquipiers les plus aptes dans le jeu aérien (11 et 8 sur notre schéma) récupèrent la balle en « en but » et marquent.

Règles d'efficacité

— Arriver lancés à allure maximale pour faire monter les défenseurs.
— Précision du jeu au pied du 9.
— Adresse et timing des joueurs qui captent la balle.

En défense

Sur toute combinaison jouée à la main, ne pas oublier de laisser un joueur en couverture dans l'axe du ballon (récupération du jeu au pied).

Complexification : jeu réel.

Combinaison « La vague »

Lancement de l'exercice

Après révision de la combinaison à vide, mise en pratique en jeu réel (15 contre 15).

Déroulement de la combinaison : les attaquants courent sur une ligne ; au dernier moment, le 9 sert un joueur de cette vague.

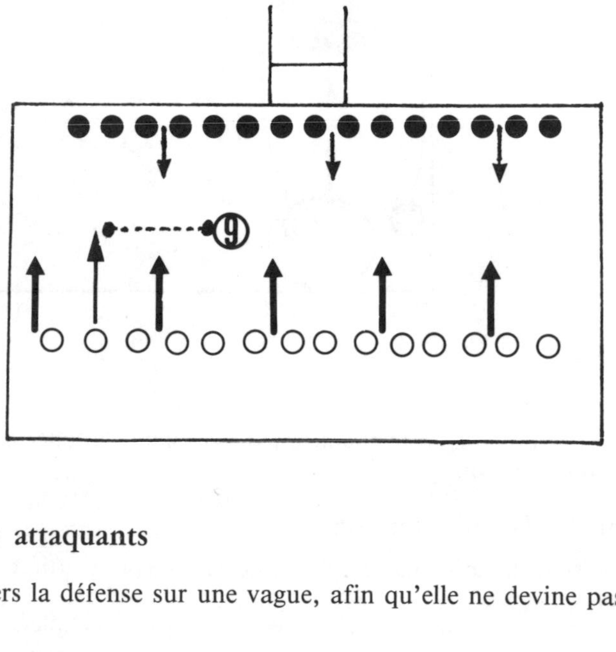

Objectif des attaquants

Avancer vers la défense sur une vague, afin qu'elle ne devine pas quel joueur sera servi.

Règles d'efficacité

Attaquants :

— Après avoir désigné le joueur qui recevra le ballon (opposer un joueur fort à un faible), le 9 lance la vague (frappe dans les mains par exemple) et dissimule le plus longtemps possible l'endroit où il fera la passe.

— Le joueur qui reçoit la balle arrive à « hauteur ».

— Faut-il marquer 4 points (essai en coin) ou 6 points (essai au milieu) ?

Défenseurs :

— Monter sur une vague en étant lancés et efficaces sur l'homme à homme ; opposer des défenseurs forts aux meilleurs attaquants.

Pénétration du 6

Lancement de l'exercice

Après révision de la combinaison à vide, mise en pratique en jeu réel 15 contre 15.

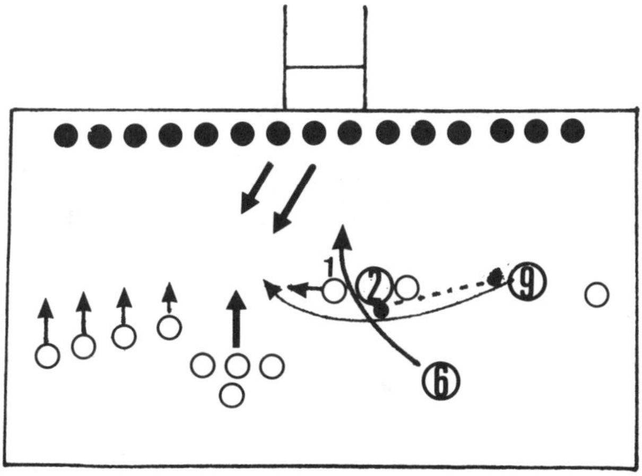

Objectif des attaquants

Entraîner la défense sur 4 joueurs groupés en feignant de les solliciter.

Déroulement de la combinaison

— Le 9 donne la balle au 2 qui est soutenu par ses deux piliers.

— Leurre : le 9 fait semblant de reprendre la balle pour servir 4 avants lancés et épaulés par la ligne de 3/4 ; la défense s'oriente vers ce mouvement de diversion.

— Le 1 avance légèrement (1 m), *le 6 lancé se saisit de la balle et perfore.*

Règles d'efficacité

Attaquants :
— Synchronisme 9, 2 et les 4 avants lancés.
— Timing et arrivée à vitesse maximale du 6 juste après le passage du 9.
Défenseurs:
— Rester sur une ligne et ne pas se laisser leurrer par les diversions.
— Avancer vers les attaquants.

Up and under

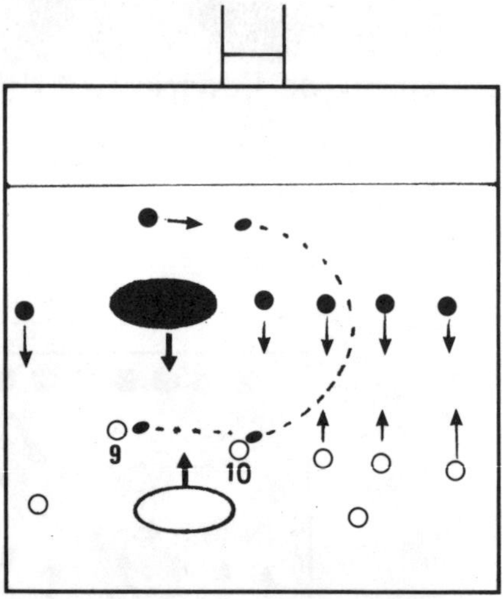

Lancement de l'exercice

Sur demi-terrain :

— Répétition de la combinaison en opposition raisonnée : étude précise sur le placement des joueurs.

— Le 9 joue la pénalité à la main, passe la balle au 10 qui botte un coup de pied dans l'axe :

— court lobé,

ou

— « up and under » — haut et devant.

Objectif

Faire monter la défense en jouant la pénalité à la main, puis la prendre à « contre-courant » en jouant au pied.

Règles d'efficacité

Attaque :

— Coup de pied devant les 22 m (éviter le « marque » de l'arrière).

— Récupération de la balle au point de chute ou placage explosif sur le réceptionneur.

Défense :

Se replier et se regrouper au point de chute.

Variante

Jeu réel.

C) LE JEU A PARTIR DES COUPS DE PIED D'ENVOI ET DE RENVOI

Le règlement prévoit deux situations types :

• *Coup de pied d'envoi ou de renvoi à partir du centre du terrain*

Ce cas de figure se produit en début de chaque mi-temps (le coup de pied est donné à partir d'un ballon posé au sol), ou encore après un essai marqué (le coup de pied s'effectue ballon posé si l'essai a été transformé, en drop si la transformation n'a pas été réussie).

Pour que le lancement de jeu soit déclaré valable, il faut que tous les joueurs de l'équipe qui bénéficie du coup d'envoi ou de renvoi, soient placés en arrière de la ligne des 50 mètres au moment de la frappe de balle et que l'équipe en situation de réception de balle soit derrière la ligne des 10 mètres. En outre, la balle doit franchir la ligne des 10 mètres avec ou sans rebond au sol. Le lancement de jeu pourra être toléré lors d'un coup de pied ne franchissant pas la ligne des 10 mètres, si le jeu qui découle bénéficie à l'équipe en position de réception.

• *Coup de pied de renvoi à partir de la ligne des 22 mètres*

Cette remise en jeu se produit dans le cas où un joueur touche dans son en-but (la balle y étant parvenue sur une action de l'adversaire), soit lorsque le ballon est sorti en « ballon mort ».

Le renvoi s'effectue par coup de pied tombé et il sera déclaré correct si, au moment de la frappe de balle, tous les joueurs de chacune des deux équipes se trouvent placés de part et d'autre de la ligne des 22 mètres et que la balle franchit cette ligne.

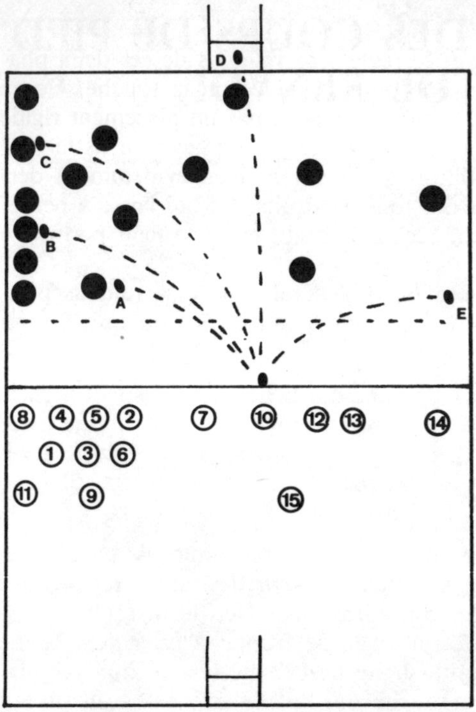

ENVOI
OU RENVOI

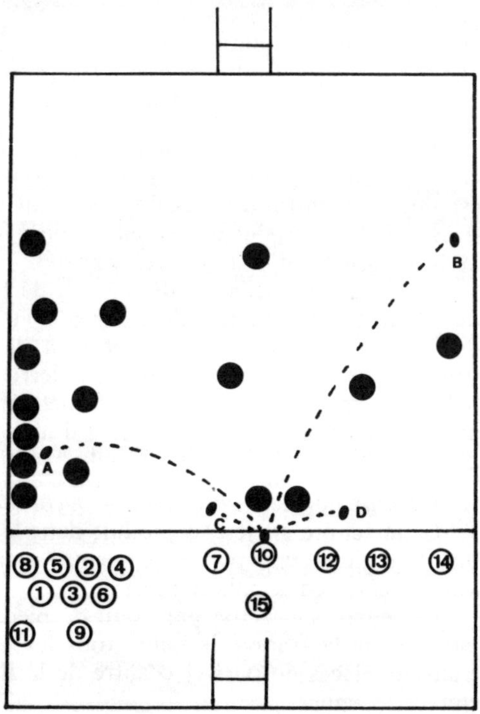

RENVOI
AUX 22 m

• *SUR LE PLAN TACTIQUE*

Il s'agit de remarquer tout d'abord que le règlement vis-à-vis de ces deux phases de lancement du jeu est moins strict que pour la mêlée ou la touche. Ce ne sont pas des phases ordonnées. En effet, celui-ci n'impose pas un placement rigide et conventionnel aux joueurs ; ceux-ci ont toute liberté de se placer où ils le veulent sur la largeur du terrain, à la condition qu'ils soient bien évidemment derrière la ligne. Hormis cette contrainte, ils ont tous les droits. Ce qui laisse à penser que dans un avenir plus ou moins proche, ces phases de jeu devraient permettre des innovations sur le plan tactique.

Quoi qu'il en soit, on peut dire d'une manière générale, qu'il existe deux principales stratégies, que ce soit sur un envoi ou renvoi au centre ou que ce soit sur un renvoi aux 22 mètres :

— *La première stratégie* consiste pour l'équipe qui bénéficie du renvoi à chercher une récupération de balle immédiate. Le coup de pied sera alors dirigé assez près de la ligne des 10 mètres ou des 22 mètres dans un souci de récupération ou de défi physique par le paquet d'avants ou par certains trois-quarts, dans ce cas essentiellement sur les renvois aux 22 mètres.

— *La seconde stratégie* consiste globalement à gagner le maximum de terrain par un coup de pied long qui sortira de l'aire de jeu (à partir des 50 mètres) ou qui cherchera un angle lointain du terrain, ce qui aura pour effet de forcer le réceptionneur adverse à botter en touche avec un angle de frappe relativement fermé ou de donner à un joueur placé derrière la ligne des 22 mètres, ce qui dans les 2 cas se traduira par un dégagement en touche qui ne reviendra pas au niveau où a été donné le coup de pied initial.

Dans le cas d'un renvoi aux 22 mètres, nous excluons un botté dans l'axe des poteaux qui aurait comme conséquence de donner beaucoup trop de choix de jeu à l'équipe qui réceptionne (contre-attaque après jeu en diversion, up and under devant la ligne des 22 pour éviter un marque, etc.).

Si, sur le plan tactique, les choix de jeu sont finalement assez simples, sur le plan technique il en est autrement. Il est nécessaire de posséder un très bon botteur d'une part et d'autre part de maîtriser individuellement et collectivement une récupération de balle haute en situation de rencontre frontale : difficulté technique et psychologique pour les joueurs qui bénéficient du renvoi de maîtriser une course axiale, un saut au contact et une captation ou une déviation en combat ; difficulté pour les joueurs qui reçoivent la balle de capter une balle haute pratiquement à l'arrêt tout en subissant la charge et l'impact adverse. Ces phases de jeu nécessitent donc de la part des deux équipes une grande maîtrise technique et psychologique tant il est vrai qu'en fonction de certains impératifs liés au score ou à l'enjeu, ces lancements peuvent relever d'un véritable défi physique au même titre que la première mêlée.

Pour notre part, nous sommes frappés de voir les progrès incontestables qui ont été effectués par les joueurs dans ce domaine, ce qui tendrait à démontrer, tout au moins au plus haut niveau, que les entraîneurs accordent une place de plus en plus importante à ces phases de jeu dans le travail global d'entraînement.

• *SUR LE PLAN PÉDAGOGIQUE*

En ce qui concerne l'amélioration de ces phases de lancement, l'accent sera porté sur l'organisation des joueurs à récupérer les balles hautes à partir d'un botté court, et ce essentiellement par le groupe des avants classiquement plus sollicité dans la réalité du jeu que les autres joueurs.

Les situations pédagogiques seront proposées selon deux modalités essentielles :

— Une première modalité destinée à faire travailler l'équipe placée en situation de réception.

— Une seconde modalité dont l'objectif sera de faire travailler de manière préférentielle l'équipe qui bénéficie du coup de pied.

L'amélioration de l'efficacité de la maîtrise de cette phase de jeu passe pour l'équipe qui bénéficie de la remise en jeu, par la précision du coup de pied du botteur et dans les deux cas par la maîtrise de la lutte aérienne dans le premier temps et l'organisation des soutiens immédiats dans le second temps de conservation de balle.

Sur le plan technique, la difficulté réside pour les joueurs en situation de conquête aérienne de capter le ballon à deux mains sans recourir à une éventuelle déviation vers les soutiens proches qui placent les joueurs adverses dans une situation favorable d'intervention par infiltration et permet ainsi de « presser » l'équipe qui, dans un premier temps a pris l'avantage. Cependant, il faut remarquer que ces déviations sont fréquentes, car le joueur qui veut s'approprier la balle haute voit souvent la trajectoire de son saut perturbée et déviée par le choc avec l'adversaire et n'a souvent plus comme ultime ressource que d'essayer de « volleyer » le ballon. Ceci implique une coordination interindividuelle sauteur-soutiens parfaite et donc la nécessité dans la situation d'entraînement d'imposer un type de récupération de balle à partir de déviations.

Enfin, il faut mentionner l'attention que doit porter l'entraîneur à l'organisation collective de l'équipe qui se trouve en situation de réception : celle-ci est amenée à subir l'impact physique de joueurs en course. Il s'agit donc de concilier l'impératif de conquête avec la contrainte de choc et de recul provoqué par le collectif adverse. C'est la raison pour laquelle, on voit de plus en plus de réceptions de balle à 3 joueurs liés pour en quelque sorte diminuer l'impact physique, cet amortissement se conjuguant souvent avec une « fuite » volontaire de ce bloc de trois joueurs afin de réduire un peu plus l'impact.

Quoi qu'il en soit de la technique, il faut remarquer que pour l'équipe en situation de réception donc la plus exposée, les qualités de courage et de solidarité sont ici indispensables.

Récupération de la balle

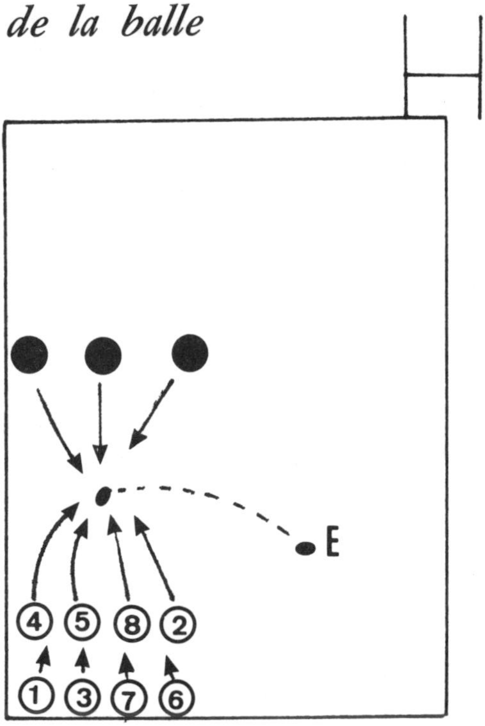

Lancement de l'exercice

— Sur 1/4 de terrain un pack de 8 joueurs affronte 3 défenseurs en opposition raisonnée ou réelle.

— L'éducateur lance la balle en l'air (au pied ou à la main pour plus de précision).

— Les attaquants sont placés sur deux vagues :

• une qui capte ou dévie (4, 5, 8, 2).

• une qui récupère ou soutient (1, 3, 7, 6).

Objectif

Amélioration :

— du captage des balles aériennes,

— de l'organisation collective autour du capteur.

Règles d'efficacité

— S'orienter collectivement et se regrouper vers le point de captage.

— Répartition des rôles : un ou deux joueurs tentent de capter la balle, les autres soutiennent (liaisons de bras, avancée axiale comme sur une protection en touche), ou récupèrent la balle déviée.

Variante

Augmentation du nombre de défenseurs, ils peuvent disputer la balle.

Réception des coups d'envois et de renvois

Lancement de l'exercice

Sur 1/4 de terrain, deux packs et deux 9 s'affrontent en opposition raisonnée ou réelle.

L'éducateur (placé assez près pour plus de précision), envoie une balle aérienne sur un pack organisé en réception.

Les défenseurs montent à chaque balle sur une vague de trois joueurs. Donc opposition de 8 attaquants plus un demi de mêlée (qui commande l'organisation : « garde » ou « écarte ») contre trois défenseurs.

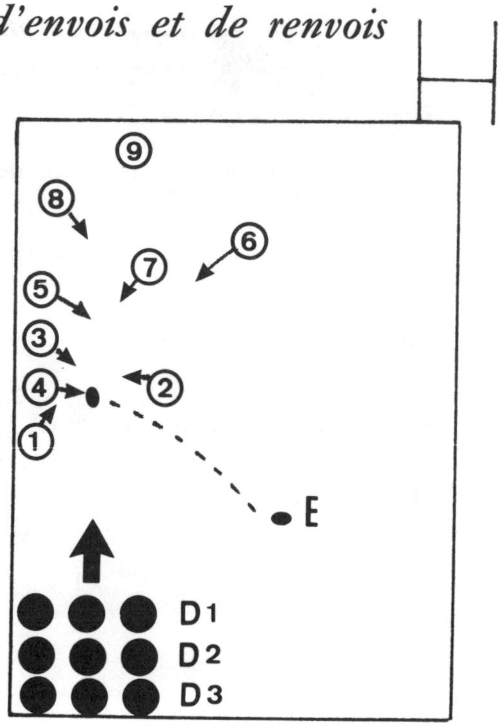

Objectif

S'organiser en réception ou récupération de balle haute.

Règles d'efficacité

— Le joueur sur la trajectoire de la balle s'annonce « Fred » (le 4 sur notre schéma). Ses partenaires le soutiennent dès qu'il est en l'air (1 et 3 puis 2, 5, 7, 8) pour former un maul dynamique.

— Si le coup de pied est long, les attaquants jouent sans fixation en relais dynamiques débordants vers le centre.

Variante

Augmentation du nombre de défenseurs, de la virulence de leur intervention.

D) LE JEU A PARTIR DES PHASES STATIQUES

1) MÉTHODOLOGIE

a) L'amélioration de l'attaque

Le jeu à partir des phases statiques est une troisième dimension fondamentale de l'entraînement en collectif total. Elle représente la forme la plus élaborée du travail à l'entraînement, car elle restitue à 80-90 % les réalités du match, à savoir la liaison nécessaire entre les exigences de la conquête de balle et son utilisation par la recherche de la continuité. A cet égard, ce domaine nous paraît tout aussi important que celui de la continuité. Au travail du plein mouvement à partir du « tourbillon de jeu » doit s'adjoindre inévitablement celui à partir de la « statique du jeu » ; celui à partir des phases de mêlée et de touche, qui ordonnent le jeu et structurent le rapport entre les hommes et l'espace en l'organisant en deux sous-systèmes prédéterminés : celui des avants directement concernés par la conquête de balle et celui des trois-quarts momentanément absents du premier temps des débats.

Classiquement, cette modalité en collectif total revêt trois formes en fonction des consignes données à la défense :

— *La première forme* consiste à déterminer de manière arbitraire l'équipe qui va bénéficier de la conquête. L'équipe qui n'a pas le ballon n'intervient donc pas dans la conquête proprement dite et ne gêne en aucun cas la conservation de balle. Le jeu réel d'opposition ne démarre que dans le déclenchement de l'utilisation de la balle. Ce qui peut se schématiser ainsi :

Attaque	←——→	Défense
oui	conquête	non
oui	conservation	non
oui	utilisation	oui

— *La seconde modalité* de travail consiste toujours à prédéterminer l'équipe qui va bénéficier de la conquête mais on demande à l'autre équipe d'intervenir dans la phase de conservation et bien sûr dans la phase d'utilisation, ce qui peut se schématiser ainsi :

Attaque	←——→	Défense
oui	conquête	non
oui	conservation	oui
oui	utilisation	oui

— *La troisième modalité* est celle qui se rapproche le plus des conditions de jeu réel car les deux équipes luttent pour la conquête de balle. Et, bien sûr, aux autres étapes de conservation et d'utilisation dans le premier temps. Ce qui peut se schématiser ainsi :

Attaque	←——→	Défense
oui	conquête	oui
oui	conservation	oui
oui	utilisation	oui

On l'aura compris, ce travail effectué selon les deux premières modalités n'a pas pour objectif prioritaire l'amélioration de la phase de conquête. De notre point de vue, ces deux formes de collectif total ont pour finalités :

— En premier, de systématiser un certain nombre de « possibles tactiques » en fonction de la situation spatiale de la phase de conquête, de sa spécificité (Touche ou Mêlée) et de la « présence défensive » sur les 2e et 3e temps de la conquête. Autrement dit, c'est le travail du 1er temps de l'utilisation de la balle à partir de la réalité du lancement de jeu qui est ici visé, c'est-à-dire quel type de jeu vais-je produire une fois la conquête effectivement assurée ? Il s'agit donc pour l'entraîneur de proposer en quelque sorte des « repères technico-tactiques » relatifs au premier temps d'utilisation à partir, nous semble-t-il, de deux éléments prépondérants :

• la situation spatiale de la phase de conquête,

• la réalité momentanée du rapport de forces, non seulement en termes de score mais aussi en termes de rapport de domination/infériorité dans les différents secteurs principaux du jeu.

— En second, d'affiner essentiellement le soutien offensif et défensif, autrement dit, de spécifier les trajectoires de course des joueurs et notamment, celles du groupe avant, en fonction du type de jeu en 1er temps et particulièrement sur le jeu au pied et le jeu déployé. En bref, il s'agit ici d'accentuer l'efficacité de la COMPLÉMENTARITÉ des lignes avants et arrières.

Ces deux modalités qui travestissent de manière importante la réalité de la conquête, sont proposées couramment, soit en échauffement, soit dans le corpus de l'entraînement.

La 3e forme qui restitue la réalité du jeu est, quant à elle, très souvent proposée dans le dernier temps de l'entraînement, après le travail séparé en collectif partiel qui aura permis aux avants d'améliorer les automatismes de la conquête. Le but est ici de faire revivre aux joueurs, la réalité de l'opposition aux deux pôles primordiaux et incontournables du jeu : la lutte pour la possession de la balle ET son utilisation à travers le mouvement de la balle et des joueurs.

Ceci étant dit, nous privilégierons, dans la partie pratique, les deux premières modalités qui constituent à nos yeux l'objectif majeur dans le cadre de ce chapitre.

En ce qui concerne donc les choix possibles pour l'équipe en possession de la balle, ceux-ci correspondent globalement aux 3 formes que revêt la triple variante fondamentale, à savoir jeu groupé, jeu au pied et jeu déployé (cf. schéma).

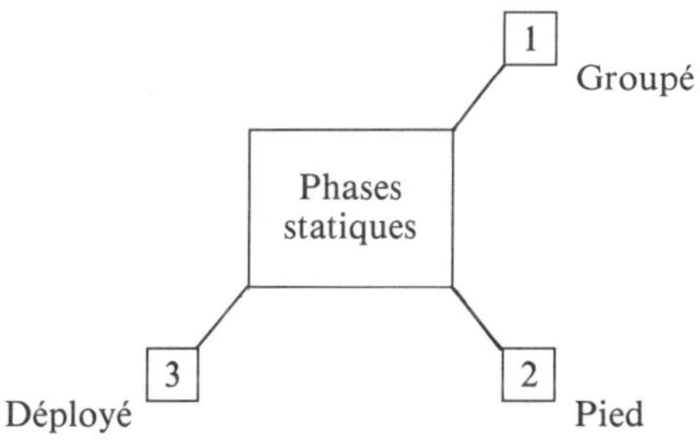

Il faut faire remarquer ici que certaines équipes systématisent leur premier temps de jeu à partir de la conquête de balle. Ainsi, l'équipe de Béziers de la grande époque, enchaînait très souvent un jeu groupé sur phases statiques en limitant son jeu au pied (défensif) dans les 30 mètres. Beaucoup d'équipes au plus haut niveau prennent l'option d'un premier lancement en jeu au pied. Quant à celles qui choisissent le jeu déployé, elles utilisent très souvent un déployé qui recherche la pénétration la plus rapide possible avec le souci immédiat du franchissement de la ligne d'avantage pour permettre une remise en jeu quasi immédiate des joueurs de soutien. Cette systématisation est à la base d'une définition d'un style de jeu le plus souvent lié à un critère de recherche de l'efficacité maximale en fonction des points forts du potentiel de l'équipe.

En ce qui nous concerne, il nous semble que la recherche de l'efficacité maximale passe par la possibilité d'utiliser les 3 registres, et ce, quelle que soit la situation spatiale de la phase de conquête. Cette capacité a pour conséquence de créer chez l'adversaire l'état d'incertitude maximale qui est un des principes clés de l'efficacité et de la réussite. Nous prendrons un seul exemple pour illustrer notre propos : une mêlée à 15 m de la ligne de but et 5 m de la ligne de touche. Il s'agit de pouvoir utiliser tous les possibles tactiques. Cette démarche doit pouvoir être utilisée quelle que soit la situation sur le terrain. L'incertitude liée au premier choix de jeu doit « peser » pour rendre encore plus difficile l'organisation défensive adverse.

— Jeu au pied drop ou Up facile (probabilité + + +) effet de surprise (– –).
— Jeu groupé droit assez facile (probabilité + +) effet de surprise (– –).
— Jeu groupé gauche assez difficile (probabilité +) effet de surprise (– – –).
— Jeu déployé gauche assez difficile (probabilité +) effet de surprise (– – –).
— Jeu déployé droit (probabilité + + +) effet de surprise (–).

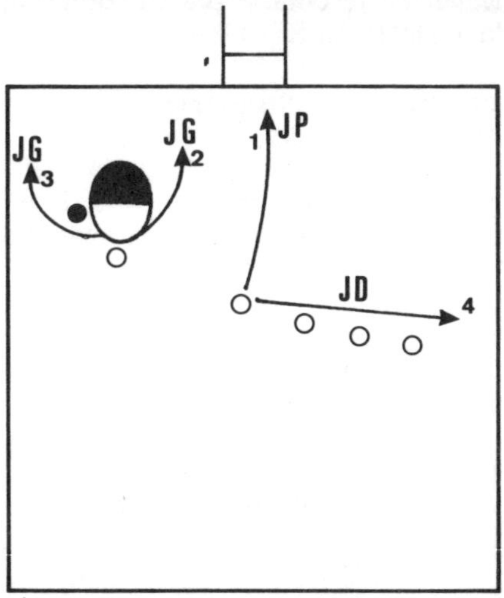

En clair, en terme de stratégie d'entraînement, il s'agit de mettre l'accent sur les probabilités de jeu les plus... improbables, tout en ne négligeant pas qu'il y a prise de risques. Le moindre risque (relatif) étant ici le jeu au pied drop ou up.

A ces 3 possibles de jeu en première main que nous développerons dans la partie pédagogique, il nous semble qu'il faut en ajouter un quatrième qui nous semble témoigner de l'évolution du jeu et être significatif du haut niveau : *c'est le jeu en diversion*, qui consiste à amorcer un type de jeu pour en déclencher un autre. Ainsi, par exemple effectuer un groupé fugitif côté fermé à partir d'une mêlée pour déployer de l'autre côté avec arrière intercalé. Ainsi la défense se trouve mobilisée dans le premier temps par une orientation de course inverse à celle que va prendre le transport de balle ultérieurement.

ex. du jeu en « diversion » qui dans ce cas précis a pour but d'éliminer la 3e ligne adverse dans son travail de soutien défensif.

Jeu groupé → Jeu déployé

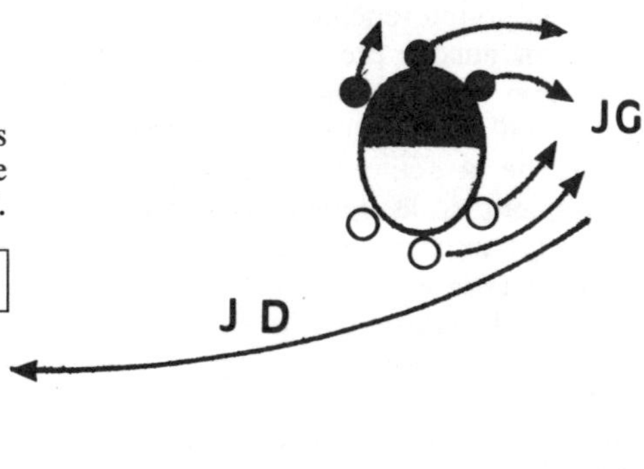

On pourrait donner un autre exemple à partir d'une mêlée à gauche du terrain avec un travail préparatoire de feinte de jeu déployé pour enchaîner sur du jeu groupé. Le 10 croise avec le 12, ce qui a pour effet de mobiliser la 3e ligne adverse, ce dont profite l'équipe attaquante pour pénétrer le dispositif adverse par sa 3e ligne.

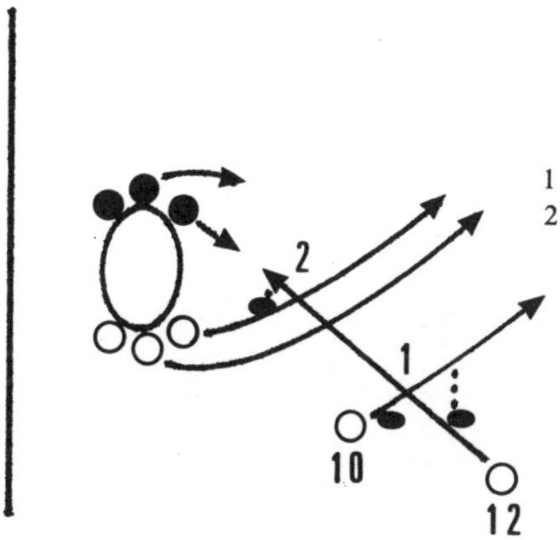

1 10 croise avec 12
2 12 croise avec 7.8

Double croisée

Jeu déployé →Jeu groupé

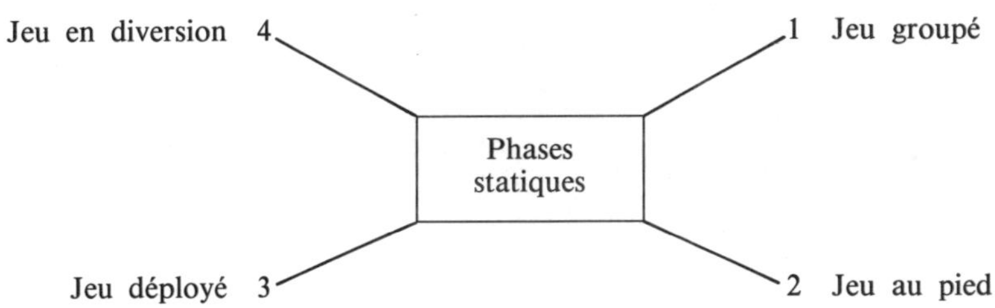

Ainsi donc le premier temps de jeu peut se construire à partir de 4 possibilités : celles liées à la triple variante fondamentale et celles liées au jeu en diversion dont le but est de donner des « fausses pistes » à l'adversaire.

b) Le travail de la défense : le quadrillage défensif

S'il semble tout à fait logique que la dimension de l'entraînement privilégie en quelque sorte l'amélioration du potentiel offensif, dans la mesure où le but du jeu est de gagner donc d'attaquer, il n'en demeure pas moins vrai que l'amélioration de l'attaque est conditionnée par le perfectionnement concommitant des stratégies défensives. Bref, c'est un lieu commun d'affirmer que l'on fait progresser l'attaque en faisant progresser la défense. C'est ce rapport dialectique ATTAQUE/DÉFENSE qui est au cœur de l'apprentissage et du progrès. Meilleure est la défense, plus l'attaque sera obligée de rechercher des solutions, plus elle sera amenée à affiner ses stratégies individuelles et collectives de même que ses comportements techniques. A l'inverse, meilleure sera l'attaque, plus la défense sera amenée à trouver et à affiner ses comportements et ses stratégies défensives, tant sur le plan individuel que collectif.

L'amélioration du dispositif défensif de l'équipe est donc décisif dans le processus d'entraînement car elle est une condition du progrès de l'équipe. Mais ce n'est pas là, la seule raison.

En effet, nous évoluons dans un système de performance, caractérisé par le souci essentiel de la victoire. Il s'agit donc de gagner. Mais, toute compétition implique *ipso facto* qu'il y ait un vainqueur et un vaincu. C'est sa raison d'être et son essence même. Entrer dans une dynamique compétitive implique l'acceptation de la loi, c'est-à-dire l'acceptation de la possibilité de perdre. Et cela n'a rien de déshonorant pour les joueurs ou pour l'équipe. Mieux vaut ne pas jouer si l'on refuse cette éventualité. Si perdre fait partie de la logique du jeu, par contre perdre par un grand écart de points est coûteux sur le plan psychologique. La défaite est acceptable si elle ne se conjugue pas avec le « carton ». Pour le joueur comme pour l'équipe, c'est « prendre des points » qui est terrible.

D'où notre conviction que le travail d'entraînement doit inclure une partie importante du temps à l'organisation et au quadrillage défensif, de manière à éviter la trop grande défaite et le coût psychologique qui en résulte, dans le but non seulement de sécuriser les joueurs (on peut perdre mais pas de beaucoup), mais aussi dans un souci d'efficacité tactique et de performance. En effet, une bonne organisation dans la mise en place des rideaux, leur restructuration permanente en fonction de l'évolution de l'attaque, la coordination interindividuelle dans les soutiens défensifs pour fermer les espaces libres sont autant d'éléments prépondérants qui faciliteront d'une part la récupération de balle, d'autre part une bonne organisation préalable pour lancer des contre-attaques. Et, à ce niveau, nous sommes en accord avec la conception de P. Villepreux, pour qui l'agressivité défensive est première et conditionne l'agressivité offensive.

Voyons donc maintenant quels sont les principes théoriques généraux qui président à l'organisation et au quadrillage défensif à partir des phases statiques de lancement du jeu.

1) Il est possible d'énoncer une définition très large du quadrillage défensif. Celle-ci répond de manière générale à ce que l'on appelle classiquement les fondamentaux du jeu.

Ainsi, défendre consiste à AVANCER ensemble de manière organisée afin de RÉCUPÉRER la balle pour pouvoir contre-attaquer et marquer, ceci en fonction de la triple possibilité de jeu des attaquants (Groupé-Déployé-Pied).

Deux éléments principaux à retenir :

— La défense cherche à avancer pour récupérer la balle. Il s'agit donc pour les joueurs d'être agressifs. Cette notion d'agressivité sous-entend un critère d'efficacité lié à la vitesse d'intervention.

La défense est organisée, c'est-à-dire que l'ensemble des joueurs doivent assumer des rôles bien précis.

Quelle est donc cette organisation ?

Classiquement, on distingue 3 rideaux.

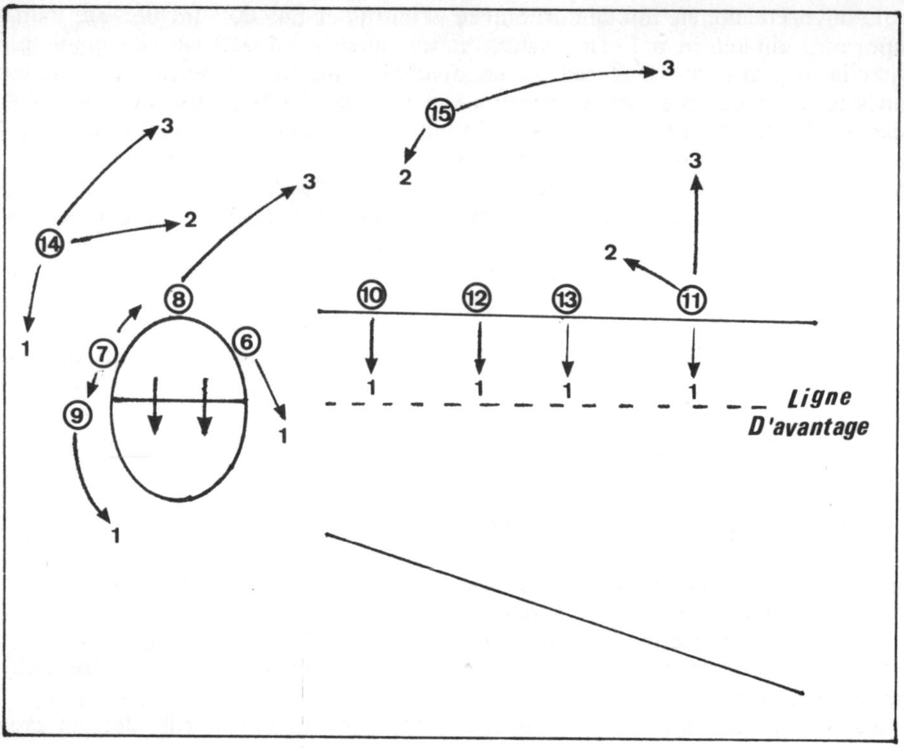

— Le premier rideau est constitué par un groupe de 5 joueurs : le 9 (et le 7 si le jeu se déroule petit côté), le 6 et la triplette centrale 10, 12, 13 auxquels on adjoint de plus en plus au haut niveau l'ailier grand côté. Ce premier rideau a pour objectif de gagner du terrain, de récupérer la balle ou de couper la circulation adverse.

— Le second rideau a pour objectif de contrer les pénétrations adverses qu'elles soient le fait d'une pénétration par ballon porté ou d'un franchissement par un jeu au pied court. Ce rôle peut être assumé par un certain nombre de joueurs : les deux ailiers et la troisième ligne voire le 9.

— Enfin, le troisième rideau a pour rôle de pallier les carences des deux premiers soit que ceux-ci aient été franchis par un joueur attaquant en possession du ballon, soit que l'équipe adverse ait pris l'option d'un jeu au pied long, croisé ou axial en « up ».

Cette analyse et cette distribution de rôles défensifs est purement théorique. En effet, s'il est nécessaire de prévoir une organisation défensive dans le premier temps de jeu, dès que celui-ci est lancé, les autres joueurs non concernés par la première montée peuvent intervenir indifféremment soit en second, soit en troisième rideau : c'est le cas du 9, du 14, du 11, du 7 et du 8.

C'est la réalité momentanée du rapport d'opposition qui commande les choix défensifs. Ce que l'on peut dire en tout cas pour situer une évolution, du moins en ce qui concerne le haut-niveau, c'est que les défenses deviennent de plus en plus agressives reléguant au rang d'ancêtre du jeu la notion de défense glissée (utilisée cependant en cas de surnombre offensif) et que de plus en plus l'ailier grand côté défend en premier rideau, dans la mesure où les joueurs actuels sont capables de faire parvenir très rapidement le ballon en bout de ligne. Ainsi, l'ancien placement profond devient caduque, l'ailier ne pouvant pas en cas de transmission rapide à l'aile, combler le décalage avec son centre. De même, l'ailier petit côté est de plus en plus souvent sollicité par des interventions en second rideau et des suppléances jadis réservées à la troisième ligne, et ce d'autant plus qu'à l'heure actuelle la morphologie de l'ailier moderne évolue vers des gabarits physiquement armés.

Ainsi, de notre point de vue, ce que l'on considérait jadis comme le troisième rideau 11-15-14 s'est plutôt transformé en 9-8-15.

Sur le plan pédagogique, le travail du quadrillage défensif peut s'organiser à partir d'une échelle de complexification (comme indiquée précédemment dans les principes pédagogiques).

1) Travail défensif sur groupé ou déployé systématique.

2) Travail défensif sur la double variante à la main (Groupé/Déployé).

3) Travail défensif sur la double variante main/pied (Groupé/Pied, Déployé/Pied).

4) Travail défensif sur la triple variante (Groupé/Déployé/Pied).

Nous allons donc maintenant illustrer cette analyse théorique par un ensemble de situations pédagogiques regroupées en deux volets :

— Le premier concerne l'amélioration des possibilités de jeu après conquête. Les exercices proposés visent donc le renforcement du potentiel offensif.

— Le second aborbe l'amélioration du quadrillage défensif, c'est-à-dire envisage un ensemble d'exercices susceptibles d'améliorer le dispositif de défense sur le plan collectif.

Nous n'aurons pas ici l'ambition d'être exhaustif. Nous essaierons plutôt de dégager un certain nombre de procédures et d'exercices repères dont le but est de constituer un canevas général susceptible d'être enrichi et amélioré en fonction de la sensibilité de chacun.

2) SITUATIONS PÉDAGOGIQUES

LE JEU A PARTIR DES PHASES STATIQUES

Le jeu groupé à partir de mêlées

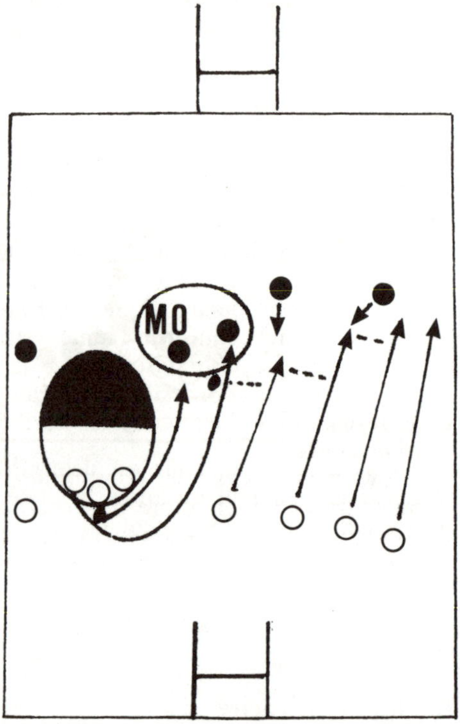

Lancement de l'exercice

Deux équipes s'opposent en jeu réel sur un grand terrain à partir de mêlées.

Objectif

Effectuer des départs efficaces en jeu groupé autour de la mêlée.

Consignes

— Il n'y a pas de lutte en mêlée :
— ni dans le gain de la balle,
— ni dans la poussée.
— Mobilisation des joueurs attaquants et défenseurs sur le jeu groupé à partir de la 3e ligne ou du 9.

Règles d'efficacité

Attaquants :
— Perforer au ras en créant la rupture défensive directe sans regroupement avec deux enchaînements efficaces possibles :
— déployé à hauteur,
— relais dynamiques pénétrants jusqu'au bout.
— Sur un joueur bloqué et plaqué, construire un regroupement dynamique pour un meilleur deuxième temps de jeu (MO sur notre schéma).
Défenseurs :
— Refouler le 1er attaquant au-delà de la ligne d'avantage.
— Isoler le porteur pour éviter les relais.
— Anticiper le 2e temps de jeu possible des adversaires.

Complexification

Lutte en conquête, en poussée, mêlées tournées.

LE JEU A PARTIR DES PHASES STATIQUES

Le jeu groupé sur touche

Lancement de l'exercice

Deux équipes de 15 joueurs évoluent sur un grand terrain.
Le lancement du jeu se fait à partir de la touche.

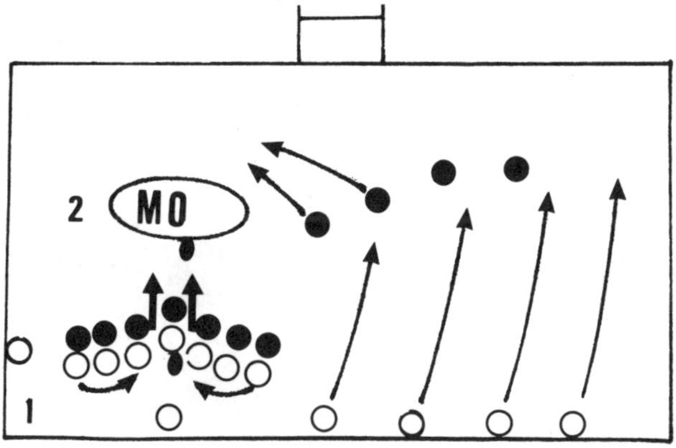

Consignes

— Le gain de la balle est déterminé par l'éducateur, les défenseurs n'interviennent en jeu réel qu'après la prise de balle.

— Les attaquants jouent en jeu groupé.

Objectifs

Perforer l'alignement adverse et destabiliser la défense en la refoulant dans son camp.

Règles d'efficacité

Respecter les fondamentaux :
Attaquants :
1) Jeu groupé en ballon porté (cf. maul pénétrant).
— Jeu en relais dynamiques pénétrants en fond de touche ou au couloir (peel-off).
2) Transformation du jeu idéale : déployé pénétrant.
Défenseurs :
— Lutte sur la ligne d'avantage en contrant le ballon porté (enfoncer le maul).
— Défense explosive sur le ou les premiers relais en peel-off.

Simplification de l'exercice

L'éducateur peut :

— Diminuer l'alignement défensif (4 à 5 joueurs) pour faciliter la tâche des attaquants.

— Imposer une opposition raisonnée dans le 1er temps puis réelle dans le 2e.

Le jeu au pied sur mêlée

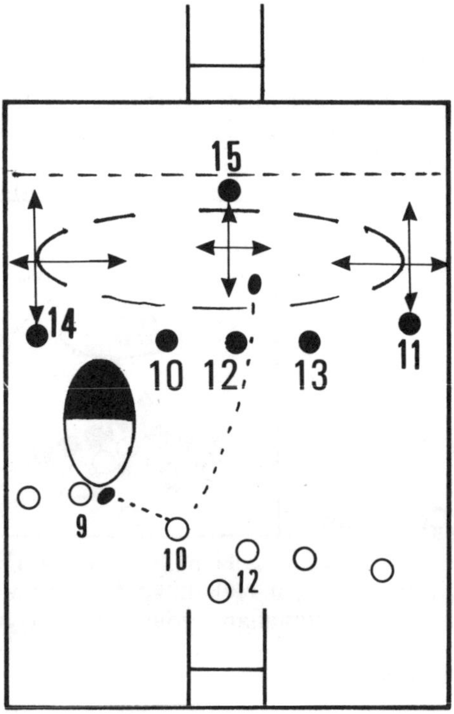

Lancement de l'exercice

Deux équipes de 15 joueurs évoluent sur un grand terrain.
Le jeu est lancé à partir de mêlées.

Objectif

Jeu au pied à partir des mêlées.

Consignes

— Le gain de la balle est déterminé par l'éducateur, les packs ne poussent pas.
— Le jeu au pied est imposé comme premier choix :
— jeu au pied offensif ou d'approche,
— jeu au pied du 9, du 10 ou du 12.
— La défense est réelle dès que 9 se saisit de la balle.

Règles d'efficacité

Attaquants :
— Jeu au pied offensif court ou long dans les « boîtes »
a) zone intermédiaire entre 15 et la ligne 10, 12, 13
b) derrière le 14
c) devant le 11 s'il est très en profondeur, derrière s'il est avancé.
— Récupérer la balle ou pousser la défense à la faute.
Défenseurs :
Organisation sur deux plans :
— Presser les attaquants sur le front de jeu (1er rideau).
— Couvrir les boîtes et relancer.

Simplification de l'exercice

Défense passive sur les botteurs.

Complexification

Lutte en poussée, désaxer les mêlées, défense agressive.

Le jeu au pied sur touche

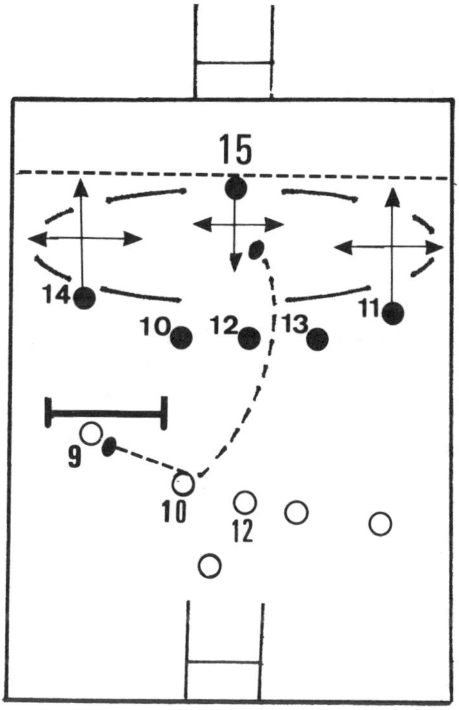

Lancement de l'exercice

Deux équipes de 15 joueurs évoluent sur un grand terrain.
Le jeu est lancé à partir de touches.

Objectif

Jeu au pied à partir des touches.

Consignes

— Le gain de la balle est déterminé par l'éducateur.
— Le jeu au pied du 9, du 10 ou du 12 est imposé comme premier choix.
— La défense est réelle dès que 9 se saisit de la balle. Respecter la ligne de hors-jeu (10 m).

Règles d'efficacité

Attaquants :
— Récupérer la balle bottée.
— Adaptation à la montée défensive :
SI montée agressive de 10, 12, 13 :
coup de pied lobant de 9 ou 10 (jeu à contre-courant axial : ↑ att, def↓) ou jeu en « up » sur le 15 esseulé.
SI montée lente de 10, 12, 13 :
déplacer le jeu en déployé et coup de pied rasant d'angle de 12 ou 13.
SI couverture anticipée de 14 :
coup de pied croisé du 10 ou du 12 (contre-courant latéral) → attaque ← défense
SI 11 à plat :
coup de pied d'avancée du 10, 12 ou 13 (touche indirecte).
Défenseurs :
— Efficacité de la réciprocité des deux courants défensifs
1) Pression sur attaquants (10-12-13 + 3e l).
2) Couverture des boîtes (9-3e l-11-15-14).

Le jeu en déployé pénétrant

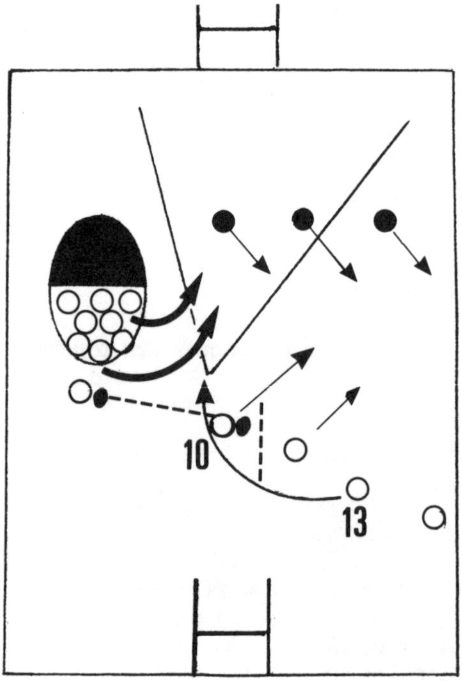

Lancement de l'exercice

Deux équipes évoluent sur un grand terrain.

Le jeu est lancé à partir de touches ou mêlées.

Opposition raisonnée ou réelle.

Consignes

Obligation de jouer en déployé pénétrant.

Objectif

Déstabiliser la défense par un déployé pénétrant.

Règles d'efficacité

— *Zone de rencontre* : le code de la combinaison ou l'endroit de la pénétration doit être connu de toute l'équipe. Ainsi tous les joueurs et particulièrement les avants connaîtront le lieu de la rencontre pour continuer le mouvement.

— Sur notre schéma, le 10 (avec la balle) court en travers avec le 12 et croise avec le 13 qui retrouve son pack.

— Les avants orientent leur course vers cette *zone*.

Simplification de l'exercice

— Répétition sans opposition
— Opposition raisonnée.

Le jeu en déployé contournant

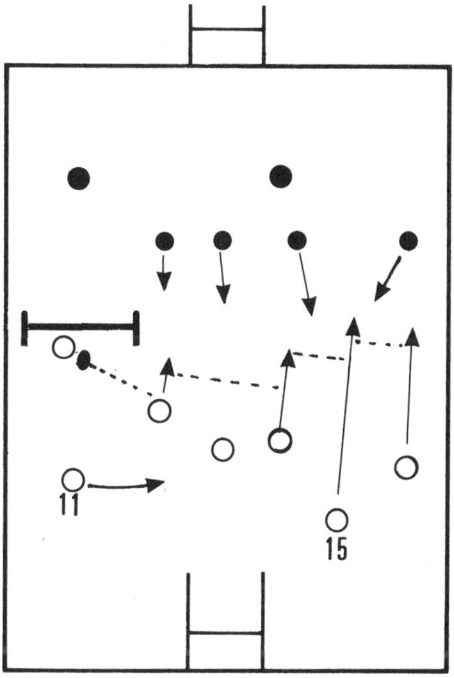

Lancement de l'exercice

— Deux équipes évoluent sur un grand terrain.
— Le jeu est lancé à partir de touches ou mêlées.

Consignes

— Obligation de jouer en déployé au large avec recherche de débordement.
— Opposition raisonnée.

Objectif

Déstabiliser la défense par un débordement à l'aile.

Règles d'efficacité

— *Le débordement en bout de ligne sera réalisé :*
— à partir d'actions individuelles (cadrage débordement, percée),
— par l'apport d'un joueur supplémentaire (11 ou 15).
— Toute l'équipe doit connaître le code de la combinaison et l'intention de jeu en débordement pour assurer le soutien et la continuité de l'action.
Sur notre schéma : circulation 9, 10 passe sautée à 13 qui donne à 15 intercalé lequel met son ailier en débordement.

Complexification

Défense réelle puis hyper agressive.
Jeu au pied en bout de ligne.

Le jeu en diversion

Lancement de l'exercice

— Deux équipes évoluent sur un demi-terrain.
— Le jeu est lancé à partir de touches et mêlées.
— La défense est raisonnée voire passive.

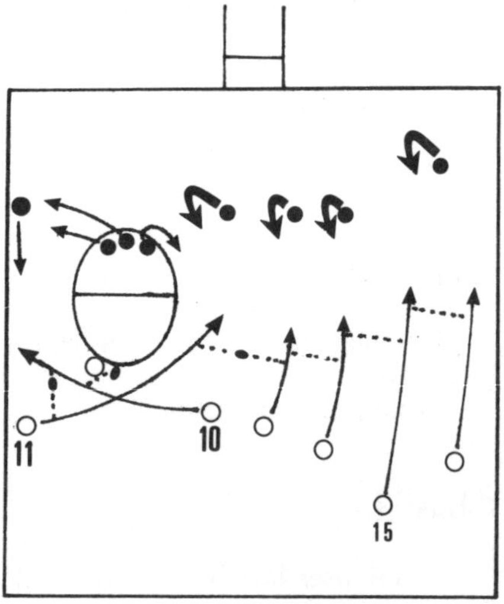

Objectif

Entraîner la défense sur une fausse piste : feindre un jeu groupé et jouer déployé, feindre un jeu déployé et jouer groupé, etc.

Sur notre schéma : à partir d'une mêlée le 10 feint un départ côté fermé où il entraîne une partie de la défense (3e ligne et rapprochement des 3/4). Il croise ensuite avec le 11 qui lance un jeu déployé grand côté avec le 15 intercalé.

Règles d'efficacité

— La stratégie doit être connue de toute l'équipe (nom de code) et répétée à vide auparavant. Chaque joueur a dans la combinaison un rôle précis (diversion, ou action réelle).
— Changement de rythme des attaquants. L'action décisive se fait à vitesse maximale.

Complexification

Jeu réel où les défenseurs cherchent à déjouer les pièges.

Le jeu en diversion

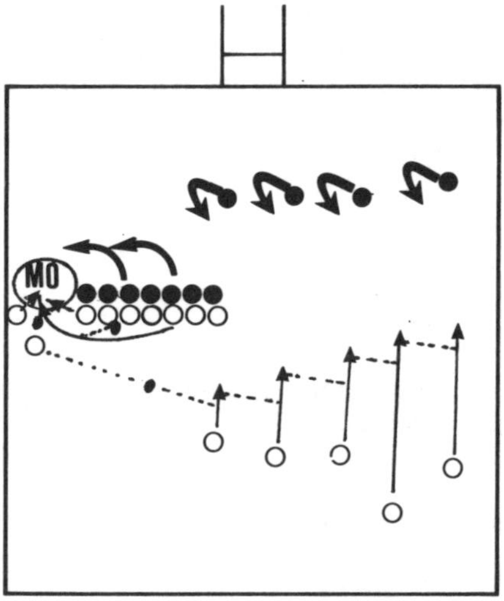

Lancement de l'exercice

— Deux équipes évoluent sur un demi-terrain.
— Le jeu est lancé à partir de touches et mêlées.

Consignes

— La défense est raisonnée voire passive.
— L'équipe qui aura la balle en conquête est désignée par l'éducateur.

Objectif

Orienter la défense sur une fausse piste pour l'entraîner dans une direction opposée à l'attaque choisie.

Sur notre schéma : A partir d'une prise de balle en touche, les avants feignent un départ groupé au couloir, puis à partir d'une mêlée ouverte rapide, le jeu rebondit en déployé à l'opposé.

Avants et 3/4 défenseurs se mobilisent par contre sur le groupé pénétrant et seront en retard sur le déployé à l'opposé.

Règles d'efficacité

Le mouvement de diversion doit induire la défense en erreur sur deux domaines :
— la direction,
— le choix de la variante (groupé, déployé, jeu au pied).

Complexification

Jeu réel.

LE QUADRILLAGE DÉFENSIF

Lancement de l'exercice

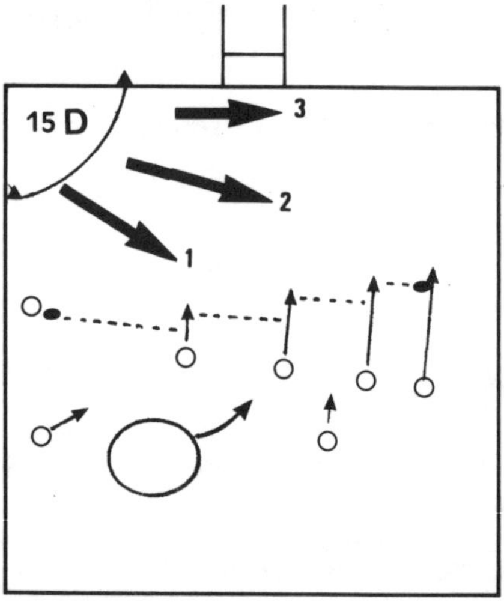

— Sur un demi-terrain, 2 équipes de 15 joueurs s'affrontent en jeu réel.
— Les défenseurs sont placés dans un coin de terrain limité par 2 plots.
— Les attaquants en deux structures : déployé et groupé.
— Le 9 ouvre sur le pack ou la ligne, le jeu commence.

Objectif

Occupation rapide des 3 rideaux défensifs 1-2-3.

Règles d'efficacité

Offensives :
— Jouer à plat pour déborder les défenseurs en retard.
— Croiser pour prendre à contre-courant les défenseurs lancés.
Défensives :
— Boucher le vide défensif à l'extérieur par les joueurs les plus rapides.
— Tisser un 1er rideau sans grands intervalles.
— Chasser en avançant (trajectoires de course plus courtes).
— Organiser un 2e et 3e rideau.

Variantes

— Répartition sur les rideaux imposée, exemple :
5 de devant en 1
3e ligne et demis en 2
Trois-quarts en 3
— Contre-attaque autorisée.

Les trois rideaux de défense
La contre-attaque

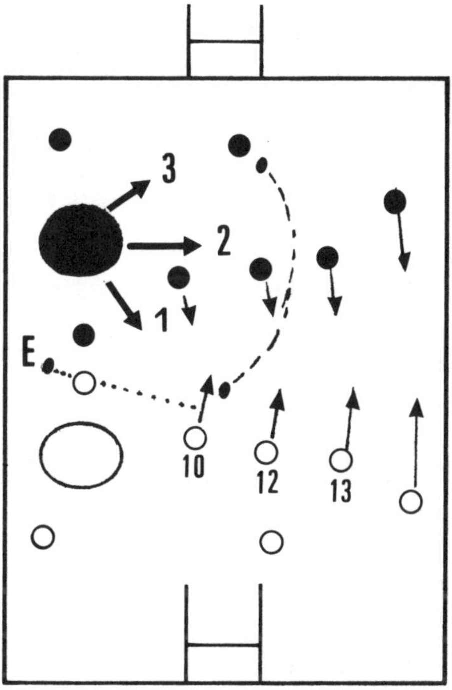

Lancement de l'exercice

— Deux équipes de 15 joueurs s'affrontent sur un grand terrain en jeu réel.

— Le jeu démarre selon le placement de notre schéma : l'éducateur, deux 1/2 de mêlée, deux packs, deux lignes.

— Le 10, le 12 ou le 13 jouent systématiquement au pied.

Objectifs

Améliorer :

— L'efficacité du quadrillage défensif pour relancer.

— Le jeu au pied dans les espaces libres.

Consignes

Défense :

— Se répartir en défense sur les trois rideaux.

Attaque :

— Récupérer la balle au point de chute ou contrer la relance.

Règles d'efficacité

Défense :

— Efficacité du système Pressing (rideau 1) et quadrillage (rideaux 2 et 3).

— Utilisation des joueurs rapides du pack pour « chasser » l'attaquant (rideau 1), couvrir au large (rideaux 2 et 3).

Attaque :

— Faire monter le 1er rideau et jouer dans son dos.

— Trouver les zones vulnérables.

— Récupérer la balle à son point de chute.

Variante

Simplification : Diminution du nombre de joueurs en couverture.

Quadrillage profond

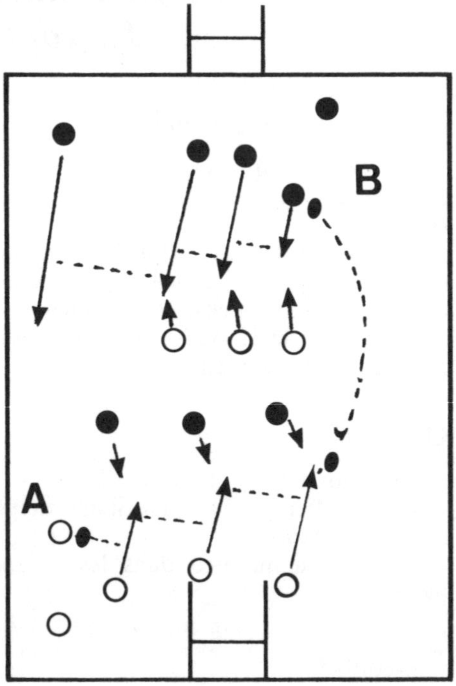

Lancement de l'exercice

— Deux équipes de 8 à 15 joueurs s'affrontent sur un grand terrain en jeu réel.

— En A, une équipe lance l'attaque, fait trois passes et botte. En B, récupération de la balle par les défenseurs (notre schéma) ; ils font 3 passes et bottent..., etc.

— 3 joueurs de part et d'autre pressent les attaquants.

Consignes

— Toutes les *3 passes :* jeu au pied obligatoire de *20 m minimum.*

— Respect strict de la règle des 10 m pour les défenseurs du 1er rideau.

Objectifs

— Améliorer la répartition des défenseurs entre le front de jeu (1er rideau) et la profondeur (3e rideau).

— Améliorer la qualité du jeu au pied.

Règles d'efficacité

Défenseurs :

— Presser au maximum sur le 1er rideau pour amoindrir la qualité du jeu au pied.

— Anticiper sur le point de chute de la balle : en général, dans le prolongement de la course du botteur.

Attaquants :

— Récupérer la balle bottée.

Variantes

Simplification : Jeu à toucher selon le même principe

Jeu au pied à chaque passe.

Complexification : Jeu au pied toutes les 4-5 passes.

Attaque en déployé, contre une défense déployée (A) puis contre une défense groupée (B)

Lancement de l'exercice

Une attaque en jeu déployé de 7 joueurs (6+ un demi de mêlée) affronte successivement une défense déployée de 4 joueurs, puis avec un 2e ballon, une défense groupée de 8 joueurs.

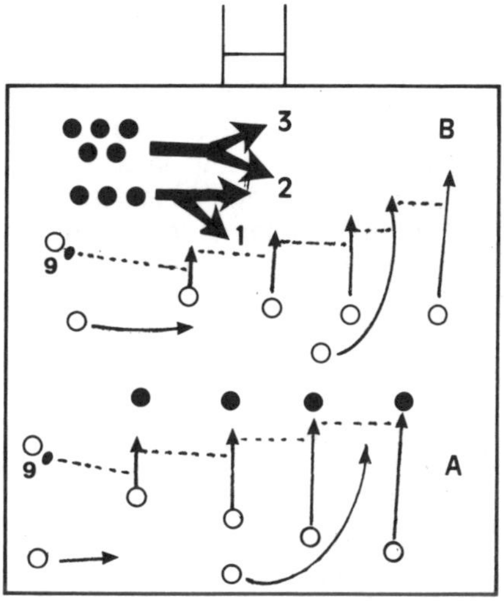

Objectifs

Attaquants :

— Franchir les 2 barrages (A et B) de défenseurs.

Défenseurs :

— S'organiser pour prendre le pas sur les attaquants. Apprentissage de la spécificité défensive en 1er, 2e et 3e rideau (B).

Consigne

Dialoguer :

— Faire une défense collective en se parlant.

Règles d'efficacité

Défensive :

— En A, l'infériorité numérique oblige une chasse défensive sur le 1er rideau.

— En B, les trois 3e lignes s'organisent en 1er rideau.

Le 5 de devant alimente 2e et 3e rideau ; ils doivent s'organiser pour ne pas être débordés, et garder un joueur pour surveiller l'intérieur.

Attaque en jeu groupé contre une défense groupée 1 puis contre une défense déployée 2

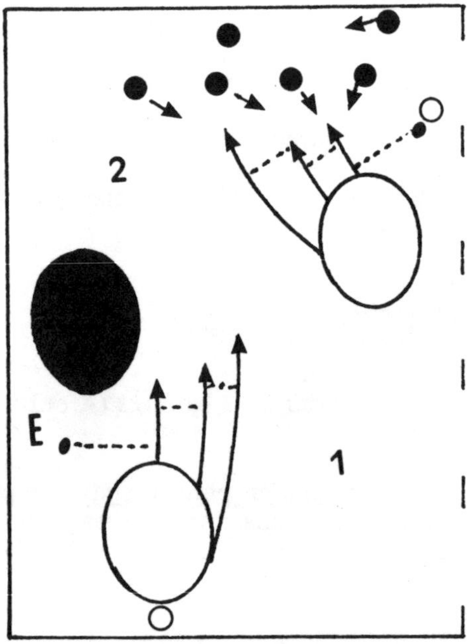

Lancement de l'exercice

Dans un couloir de 15 mètres.

1) Un pack de 8 joueurs affronte un autre pack de 8 joueurs, en relais dynamiques pénétrants sous la conduite du 9.

2) Au signal de l'éducateur (2e balle) le 9 va au 2e ballon et lance son pack qui affronte une défense déployée.

Objectifs

Attaquants :

— Franchir les deux barrages défensifs 1 et 2.

Défenseurs :

— S'organiser pour stopper le pack attaquant.

Consignes

Faire une défense collective. Ne pas se laisser battre en homme à homme.

Règles d'efficacité

Défensives :

— En 1 : Défendre aux jambes et en avançant. Plaquage virulent sur le porteur de balle pour anéantir l'attaque.

— En 2 : De la position déployée se condenser pour rétrécir les intervalles. Plaquer le porteur très bas aux jambes.

L'homme à homme

Lancement de l'exercice

— Des groupes de 4 à 7 joueurs s'opposent en jeu déployé dans les 22 m (sens normal).
— A chaque arrêt de l'éducateur, le jeu est lancé par un coup-franc joué à la main.

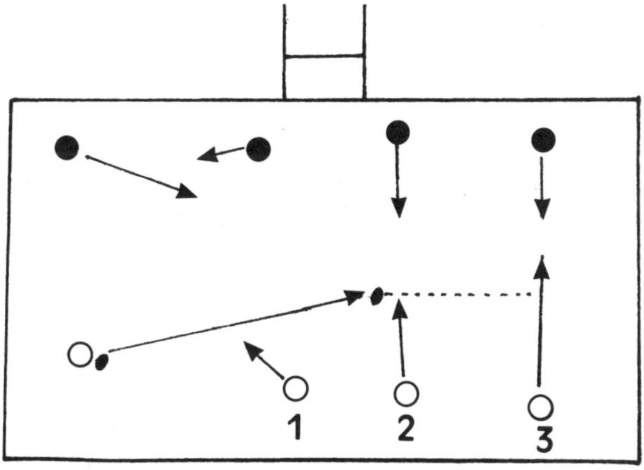

Consigne

Le joueur qui joue le coup-franc doit porter la balle latéralement et jouer ensuite avec ses partenaires.

Objectifs

Défense :
— Homme à homme stricte.
Attaque :
— Faire des appels de balle au porteur.

Règles d'efficacité (sur notre schéma)

Solutions : 1 croiser
2 à hauteur lancé au ras
3 à hauteur lancé au large.
Mais aussi de la part du porteur, feinte de passe ou jeu au pied.

Variantes

— Défense de zone en dialoguant « je l'ai » ou « prends-le », etc.

QUADRILLAGE DÉFENSIF

Lancement de l'exercice

— Sur un grand terrain deux équipes de 15 joueurs s'affrontent en jeu réel.

— Les deux équipes se répartissent de part et d'autre de l'éducateur comme sur notre schéma : 2 packs, 4 trois-quarts en deuxième rideau, 2 à 3 en troisième rideau.

— L'éducateur donne ou botte la balle 1 sur laquelle les 2 équipes s'affrontent. (Il peut botter sur le pack, le 2e ou 3e rideau).

— Au coup de sifflet, affrontement sur un 2e ballon (2) en un autre endroit, coup de sifflet affrontement sur un 3e ballon. Les séquences durent de 30 secondes à 2 minutes.

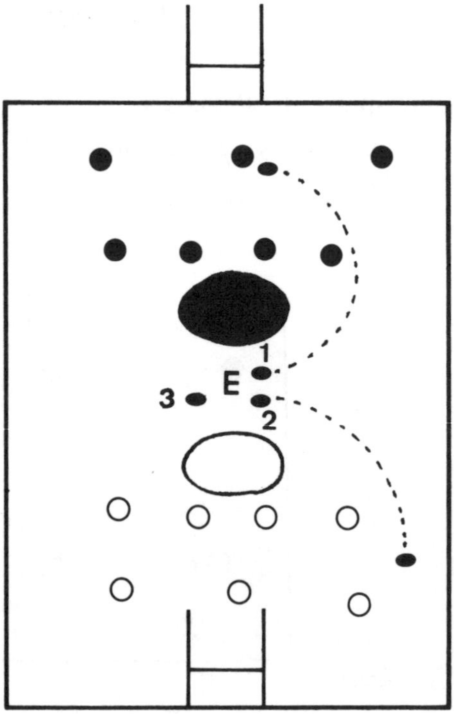

Objectifs

Défenseurs :

— Se structurer très rapidement sur les 3 rideaux défensifs.

Attaquants :

— Constituer une ligne d'attaque ou de relance très rapidement. Assurer une couverture d'attaque.

Consignes

Engagement physique total (course, lutte).
Équilibrer la répartition des joueurs sur le terrain.
— Défense sur 3 rideaux
— Attaque + soutien

Règles d'efficacité

— Adaptation très rapide à la situation nouvelle.
— Suppléance de postes et de rôles.

Variantes

Sur terrain étroit privilégier le combat.
Sur terrain large, l'évitement.

Le pressing

Lancement de l'exercice

— Dans les 22 m, dans le sens de la largeur, une défense de 4 joueurs affronte successivement deux lignes d'attaque de 4 joueurs.

— L'éducateur lance une 1re ligne d'attaque, lorsque la défense l'a stoppée il envoie un ballon plus en profondeur sur la 2e ligne qui attaque à son tour.

— La marque se fait sur la ligne des deux plots.

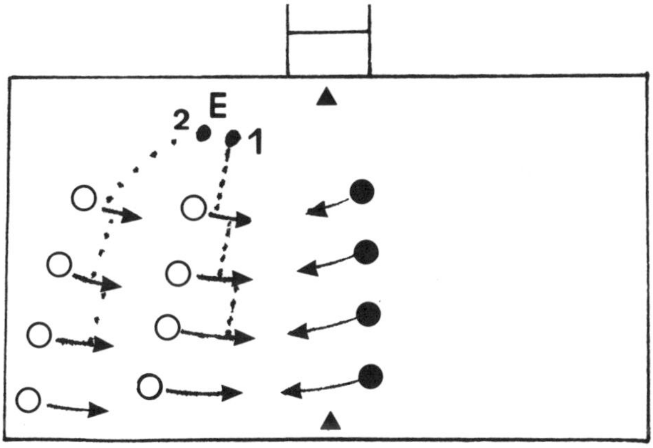

Consignes

Défensives :

— Avancer vers la 1re vague d'attaquants puis avancer encore vers la seconde vague.

Objectif

Améliorer le pressing défensif.

Règles d'efficacité

— Avancer vers les attaquants en restant strictement en ligne.

— Privilégier les placages frontaux explosifs (provoquer la perte de balle).

Variante

5 attaquants contre 4 défenseurs qui « chassent ».

DÉFENSE DE LIGNE - DÉFENSE HOMME A HOMME

Lancement de l'exercice

— Dans les 22 m deux lignes de 3/4 de 4 à 8 joueurs s'opposent en jeu réel.

— Dans un 1er temps la défense intervient avec des principes de ligne sur les attaquants (glisser, rester en ligne, etc.).

Au signal Homme à Homme, les joueurs ne s'occupent plus de la balle, et se défient en 1 contre 1 (les noirs défendent).

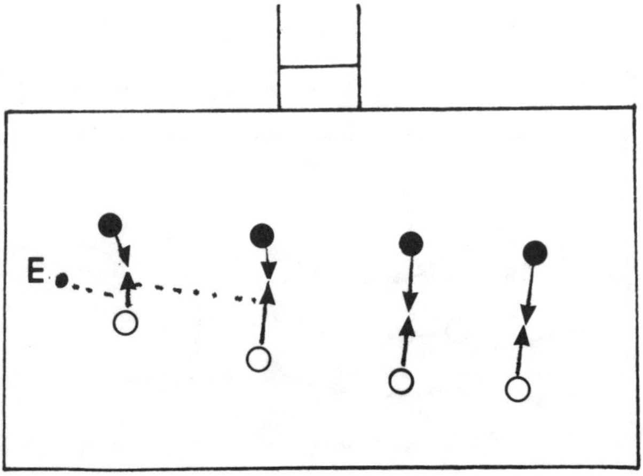

Objectif

Efficacité défensive en ligne, en homme à homme.

Consigne

Engagement physique et mental maximal en homme à homme.

Règles d'efficacité

Défensives :

— En défense de ligne : dialoguer (glisse, je l'ai...).

— En homme à homme, aller vers l'attaquant, régler sa vitesse sur celle de l'attaquant, accélérer au moment du placage, plaquer aux jambes.

Variante

Réduction de la largeur du terrain.

2

LE JEU EN COLLECTIF PARTIEL

A. LE JEU DES AVANTS
- Les phases de conquête : la mêlée et la touche.
- Le jeu groupé pénétrant et les regroupements.

B. LE JEU DES TROIS-QUARTS
- Le jeu à partir des phases statiques.
- La contre-attaque.

A. LE JEU DES AVANTS

1) LES PHASES DE CONQUÊTE

a) La mêlée

Nous avons choisi de placer en premier la mêlée, car celle-ci nous semble peut-être plus lourde de conséquences sur le déroulement du jeu que la touche proprement dite. Il nous revient à ce sujet une phrase de R. Barrière à propos de la mêlée : « Lorsque l'on avance en mêlée, on ne peut pas perdre. »

Il est vrai qu'une équipe dominatrice à ce niveau a de forte chances de voir cette domination s'étendre à l'ensemble des autres secteurs du jeu : jeu de mouvement et touche, tant il est vrai qu'un pack qui subit la pression adverse en mêlée a du mal à se « retrouver » dans les autres secteurs. La dépense énergétique est telle dans cette phase que le surplus d'efforts dispensés pour simplement ne pas reculer pour assurer ses propres conquêtes sur son introduction est de nature à perturber les qualités nécessaires en touche et ce, même si l'équipe dominée en mêlée dispose d'un potentiel supérieur en touche. Bref, le surcroît d'énergie dépensé en mêlée a non seulement un impact énorme dans le secteur de la touche mais aussi et encore sur le secteur du soutien au mouvement offensif ou défensif. C'est la raison pour laquelle, les joueurs du groupe avants redoutent la domination dans cette épreuve. A l'inverse, le pack qui prend le dessus se sent plus fort. On peut facilement imaginer aussi que le sauteur qui doit résister à une grosse pression en position de flexion des jambes en mêlée a de fortes chances de voir son rendement diminuer en touche, dans la mesure où le type d'effort demandé est un effort d'extension. Bref, la nature antagoniste des efforts Mêlée/Touche pour le sauteur, aurait pour effet de diminuer l'efficacité du saut et de la détente de façon proportionnelle à la pression subie dans l'épreuve de la mêlée (1).

L'efficacité en mêlée est la résultante de plusieurs types de facteurs :
— des facteurs d'ordre mécanique,
— des facteurs d'ordre psychologique,
— des facteurs d'ordre respiratoire,
— des facteurs d'ordre énergétique.

Les facteurs bio-mécaniques sont les plus évidents ; il s'agit de pouvoir projeter la force collective maximale sur le paquet adverse. Cette projection se réalise par flexion-extension des jambes sur les zones d'appuis supérieurs à la condition que les positions du dos soient parfaitement planes et rigides. D'autre part, cette projection additionnée des poussées individuelles doit se faire au même moment (coordination) : donc, en adéquation temporelle parfaite. Cette transmission collective de la puissance sera d'autant plus performante que les liaisons de bras et par conséquent la force des bras est une condition essentielle de la réussite, dans la mesure où, la confrontation des deux poussées collectives a pour

(1) Il serait d'ailleurs intéressant que des études puissent démontrer de manière scientifique (bio-mécanique ou énergétique) cette prise de position empirique.

effet de produire des forces qui ont tendance à séparer les joueurs les uns des autres (puisque ces forces s'exercent dans les intervalles), et ont tendance à disloquer l'agglomérat formé par les joueurs, à le faire éclater, à le fissurer, ceci ayant pour conséquences, la perte des zones de transmission de forces sur les appuis hauts. D'où l'expression très souvent employée par les entraîneurs : « faire bloc ». Ce bloc s'obtient par le travail de serrage de bras dont le but est d'assurer, non seulement les liaisons des joueurs entre eux, mais aussi et surtout d'éviter toute dislocation qui serait liée à la poussée adverse, tout en s'assurant d'une bonne transmission des forces individuelles sur le groupe adverse. Les espaces entre les joueurs doivent être comblés par le serrage de bras.

On peut donc considérer la mêlée comme une expression de la force collective qui nécessite individuellement force des jambes, force du dos (lombaires) et de la nuque, mais aussi force des bras. Ces qualités initiales obtenues, la condition conséquente est liée à la coordination temporelle des forces individuelles.

Nous ne nous étendrons pas sur *les facteurs psychologiques*, tant ceux-ci relèvent de l'originalité et de la spécificité de chaque joueur comme de chaque groupe de joueurs. Surtout en ce qui concerne ceux qui constituent la 1re ligne, qui sont en confrontation physique directe. Les composantes mentales sont à ce niveau tout aussi déterminantes que les composantes mécaniques. Les qualités morales de courage, d'abnégation, de sacrifice tout comme les qualités de concentration, de domination de soi et de son stress sont au rendez-vous de la mêlée et si nous ne doutons pas que ces qualités puissent se travailler, il ne fait pas de doute non plus qu'elles correspondent à des profils psychologiques bien particuliers, ce qui explique peut-être le milieu « à part » ; presque marginal, en tout cas très complice des combattants de la 1re ligne (2).

— *Les facteurs respiratoires* sont eux aussi déterminants. De notre point de vue, plus que le rôle énergétique que l'on veut bien leur prêter (flexion-inspiration-blocage, extension-expiration), la respiration a essentiellement une fonction de préparation à la concentration sur LE MOMENT PRÉCIS DU DÉCLENCHEMENT de la poussée. Elle a une fonction de remobilisation psychologique sur l'effort à venir. Elle est la transition nécessaire entre l'action passée et celle à venir. Pour nous, la respiration est un passage obligé de l'épreuve de la mêlée que l'on pourrait comparer aux objectifs de la sophrologie. Déconnexion de la phase précédente et reconnexion sur la phase à venir. C'est, par le biais respiratoire, être à l'écoute de l'autre, à l'écoute du groupe. La respiration est le moyen de se concentrer collectivement pour pousser collectivement au même moment. C'est la raison pour laquelle, le travail de la mêlée doit nécessairement inclure un travail préparatoire à la respiration. Respirer au même rythme, se fondre dans le même moule respiratoire correspond à un objectif prioritaire. La mêlée est un immense poumon.

Quant aux facteurs énergétiques, il s'agit non seulement de considérer les filières sollicitées (dans ce cas précis d'efforts brefs et intenses, la filière anaérobie alactique), mais aussi de resituer la dépense et la mobilisation énergétique dans l'ensemble de la performance physique globale du joueur et des différentes for-

(2) Nous renvoyons le lecteur à l'étude effectuée A. LEYMAT sur les profils psychologiques des rugbymen, à partir du QPS de Thill (questionnaire de personnalité du sportif), Mémoire B.E_3, I.N.S.E.P., 1985.

mes d'efforts spécifiques au poste. En bref, il s'agit de considérer la tâche physique du joueur, c'est-à-dire l'enchaînement des différents types d'efforts ainsi que la durée de ces enchaînements. C'est pourquoi, le travail dit « par séquences », nous semble être un complément incontournable et complémentaire aux aspects purement technico-tactiques en vue de l'amélioration de l'efficacité en mêlée.

Autrement dit, la mêlée nous semble être essentiellement énergétique plus que tactique ou du moins ses aspects tactiques se limitent à l'utilisation de certaines formations spécifiques (3-4-1, 3-3-2 ou 3-2-3) ou bien encore aux mêlées renforcées par 2 ou 3 joueurs supplémentaires dans le cas d'affrontement proche de la ligne de but, ou bien encore à la fameuse « bajadita ». Quoi qu'il en soit, plus qu'une expression tactique (au demeurant assez limitée), la mêlée représente par essence l'expression énergétique de la force.

Ainsi donc, sur le plan pédagogique, l'entraînement de la mêlée repose sur 4 principes qui sont à la base des situations pédagogiques que nous allons proposer :

1) L'efficacité est liée à des principes biomécaniques : placement des appuis supérieurs et inférieurs, serrage des bras en sont l'expression.

2) L'efficacité est liée aux qualités psychologiques et morales : travail de la concentration par la respiration, du courage et de l'abnégation par des fortes charges obtenues par la répétition et/ou le surnombre (8 c 10 par ex.).

3) L'efficacité est liée à l'énergétique musculaire : renforcement individuel de la puissance en relation non seulement avec la durée de la poussée mais aussi et surtout en relation avec la durée des enchaînements des différents types d'efforts. En clair, il s'agit de combiner et d'inclure le travail de poussée avec un travail qui précède et un travail qui suit la poussée proprement dite. Le travail par séquences s'avère ici indispensable (1).

Nous présenterons, après l'analyse de la touche une série de situations pédagogiques qui illustrent les principes essentiels que nous venons d'évoquer.

---

(1) Par exemple enchaîner : 1 course de soutien à 70/80 % de la vitesse maximum — 8 s
3 poussées enchaînées 3 × 5 s
jeu groupé au ras 8/9/7 5 s
soit 1 enchaînement de 30 secondes répété 5 à 6 fois après une récupération.

Pour plus de précisions, nous renvoyons le lecteur à « Rugby, entraînement physique ».

b) La touche

Si l'on peut dire et affirmer à quelques nuances près que la mêlée est faite pour être fort, on peut sans aucun doute exprimer qu'à contrario, la touche est faite pour être intelligent. Autant, finalement, les aspects tactiques de la mêlée sont réduits à la portion congrue (2), autant la touche peut être l'occasion pour une équipe d'exprimer des qualités d'intelligence et de capacités tactiques eu égard à la spécificité du rapport d'opposition.

Nous n'insisterons pas sur l'importance de la conquête en touche dans ses répercussions sur l'occupation du terrain. A l'heure actuelle, et ceci, malgré l'interdiction faite aux joueurs de botter directement en touche en dehors de leur 22 m, au niveau national et international, le jeu au pied devient tellement long et tellement précis, qu'il n'est pas rare de voir une équipe, après une prise de balle dans les 22 m se retrouver dans les 22 m adverses ; la reconquête de la balle, en cas de domination dans ce secteur, permet alors de marquer des points par drop ou du moins de faire évoluer le jeu près de la ligne de but adverse. C'est ce que l'on appelle occuper le camp adverse et son dérivé imagé « camper ». L'équipe qui a le monopole de la balle à ce niveau peut se permettre un jeu d'approche en toute sérénité qui se double de l'avantage psychologique de jouer chez l'adversaire.

Les conditions d'efficacité de la conquête de balle en touche sont multiples :

---

(2) Nous considérons ici simplement le pur aspect de la conquête et non pas l'*enchaînement tactique après conquête* (départs au ras).

Facteurs morphologiques et physiques : la combinaison taille/détente verticale est un atout non négligeable dans le gain du ballon.

Facteurs d'ordre technique : ces facteurs concernent en priorité toute la régulation fine entre le lanceur et le sauteur. Autrement dit, ce que l'on nomme classiquement la « coordination lanceur-sauteurs », qui est matérialisée par la rencontre entre la trajectoire de la balle (horizontale) et la trajectoire du sauteur (verticale) médiée par la cible symbolisée par les mains du preneur. Et même s'il n'est pratiquement pas besoin de sauter en cas de touches à effectif réduit, les principes de précision du lancer et d'adéquation temporelle avec les déplacements du sauteur restent valables.

Cet aspect primordial se double d'un aspect de technique collective. La prise de balle en effet n'est pas le fait d'un seul joueur, mais bien de 3 joueurs. Il s'agit d'une percussion à 3 dont le but est de prendre le couloir pour le sauteur, tout en éjectant le sauteur adverse. On assimile souvent la conquête de balle à un saut et à la qualité du saut. C'est plutôt d'une percussion dont il faut parler, d'un combat aérien qui mobilise une structure de base à 4 joueurs : le lanceur, le sauteur et les 2 soutiens.

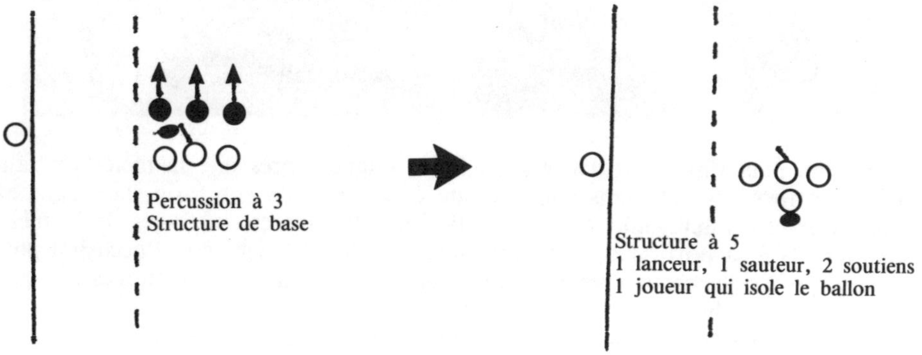

Cette structure à 4 joueurs doit très vite évoluer vers une structure à 5 : le lanceur, le preneur de balle, les 2 soutiens auxquels on ajoute un joueur dont le rôle est d'isoler le ballon de la ligne de front.

Les facteurs énergétiques sont à ne pas négliger : il s'agit comme pour la mêlée de resituer la performance en touche dans une perspective plus systémique d'enchaînements de jeu. A ce titre, nous renvoyons le lecteur à une interview de M. Palmié à laquelle nous adhérons (3), parce qu'il évoque le souci majeur de combiner le travail de touche avec d'autres types d'efforts comme les courses, les luttes ou les poussées. L'amélioration de ce secteur passe par l'amélioration des capacités énergétiques générales qui peut s'obtenir par le travail en séquences dont nous avons déjà parlé.

(3) Cette interview est parue dans *Libération* (31 mars 1985). D'autre part, le lecteur peut se rapporter à une étude prospective que nous avons réalisée à l'I.N.S.E.P., intitulée : « La performance en touche : Formation du joueur de haut niveau et propositions d'entraînement », 1986.

— Mais, comme nous l'avons déjà mentionné en introduction, la touche doit être l'occasion d'exprimer ses qualités tactiques, non pas dans ses aspects tactiques stéréotypés (touche en 1 dans ses 22 m, en 2 entre les 22 m et en 3 dans les 22 adverses), mais surtout dans la maîtrise du rapport d'opposition. Être capable d'observer les sauteurs adverses, trouver les sauteurs capables de dominer leurs vis-à-vis et lesquels, permuter, perturber, varier les lancers et les formes de touches, déjouer les stéréotypes, bref, s'adapter à la réalité du rapport de forces. Et, à cet égard, la touche et les aspects règlementaires qui la définissent sont riches de possibles tactiques, notamment à partir de ce que l'on appelle les touches à effectif réduit, qui, plus que les qualités de saut mettent en valeur les qualités d'intelligence de jeu et de démarquage. C'est la raison pour laquelle nous accorderons une attention toute particulière à ces formes de remise en jeu. Le secteur de la touche est, de notre point de vue, un secteur qui est loin d'avoir montré toute sa richesse, peut-être à cause de la somme de travail que celle-ci exige pour espérer obtenir des résultats observables, peut-être aussi à cause des nombreuses irrégularités qu'elle permet, peut-être aussi par excès de timidité en matière d'innovation et de réflexion.

Si l'on devait schématiser notre pensée en ce qui concerne les phases de conquête, on pourrait dire que l'intelligence devrait être à la touche ce que la force est à la mêlée.

Quoiqu'il en soit, le canevas de principes que nous venons d'énoncer, définit à lui-seul nos options en matière d'entraînement à la touche :

1) Un travail technique sans opposition dont le but est d'améliorer l'efficacité de la relation lanceur-sauteur, en combinant un travail individuel (lanceur-cibles et sauteur-cibles) et un travail en duo (lanceur-sauteur). A ce travail, nous y associons le travail en structure à 4 et 5 dans le but de renforcement des automatismes.

2) Un travail en opposition reprenant les mêmes structures.

3) Un travail de type énergétique sous forme de répétitions de séquences de jeu.

4) Un travail tactique de touches à effectif réduit, expression affinée de l'intelligence de jeu en conquête.

Sur la base de ces quelques orientations, nous allons maintenant proposer un ensemble de situations et de procédures dont l'objectif est d'améliorer la performance dans les secteurs de la mêlée et de la touche.

Pousser - enjamber la balle

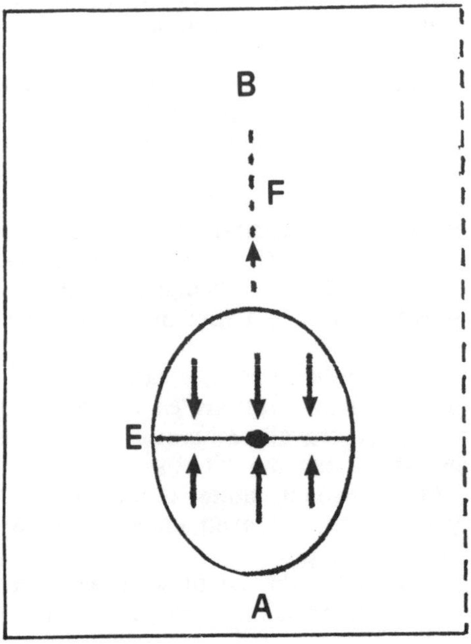

Lancement de l'exercice

— Dans le couloir des 5 m deux packs s'affrontent en mêlée (A).

— L'éducateur pose la balle au centre du couloir lorsque les packs sont stables : c'est le signal de la poussée qui continue jusqu'à ce que la balle soit enjambée par tout un pack.

— F : Footing de récupération.

— B : Répétition de l'exercice... 5 répétitions puis bilan.

Consignes

— Ne pas talonner la balle mais l'enjamber.

— Ne pas faire pivoter la mêlée.

Objectifs

Amélioration de la poussée (uniquement).
La « Bajadita » des Argentins : conquête par poussée à 8.

Règles d'efficacité

— Poussée : * voir exercice suivant.
— Regarder la balle pour l'enjamber.

Simplification

Poussées à effectif réduit 3-3, 5-5 et au joug.

Pousser - conserver la balle

Lancement de l'exercice

— Dans le couloir des 5 m deux packs s'affrontent en mêlée (A).

— L'éducateur place un ballon dans chaque pack entre les pieds de la 2e ligne et le n° 8 et commande la poussée. Les 2 packs poussent jusqu'au moment où ils ne gardent plus la maîtrise du ballon.

— F : Footing de récupération.

— B : Répétition de l'exercice... 5 répétitions puis bilan.

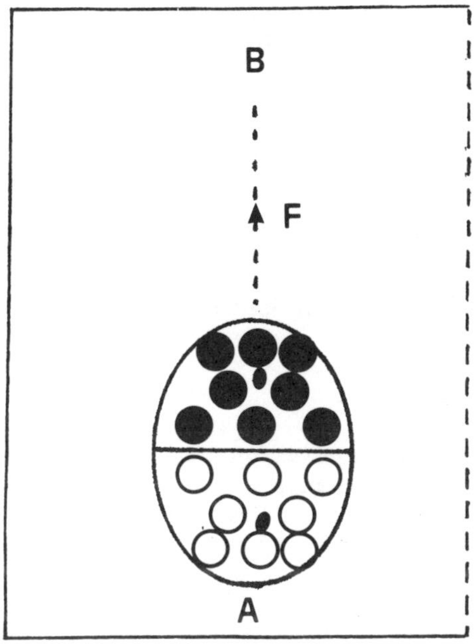

Consignes

— Ne pas faire pivoter la mêlée.

Objectifs

— Avancer en mêlée en conservant la balle dans son pack.

— Si le pack recule conserver tout de même la balle.

Règles d'efficacité

— A) De la poussée.
1) Domination de la 1re ligne sur les appuis têtes épaules.
2) Addition maximale des poussées individuelles.
— Alignement des dos 1er, 2e, 3e ligne.
— Serrage de bras.
3) Flexion-extension collective.
4) Placement des poussées en 3-4-1 (efficacité maximale).
— B) Garder la maîtrise des appuis et de la balle.
1) Difficile en reculant (allonger ses appuis vers l'arrière).
2) Difficile en avançant brusquement.

Sortie rapide de la balle

Lancement de l'exercice

— Dans le couloir des 5 m un pack de 8 joueurs affronte successivement 5 joueurs puis 6 jusqu'à 10 joueurs.

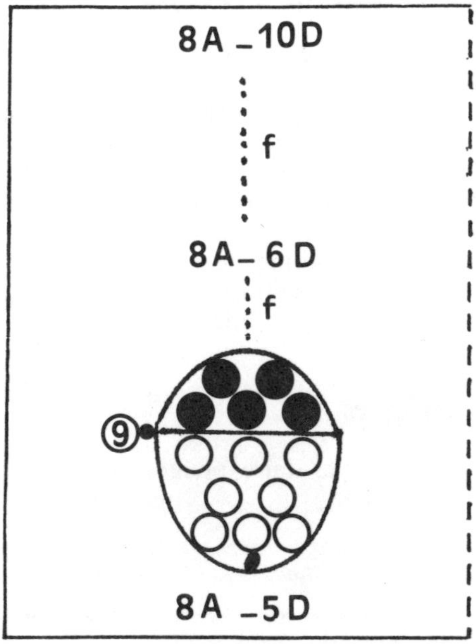

Consignes

— Aux défenseurs : maintenir la mêlée droite, ne rechercher que la poussée. Ne pousser qu'à l'introduction (surtout à 9 ou 10 joueurs).

Objectifs

— Conserver un couloir parfait de sortie de la balle.
— Améliorer le synchronisme : introduction sortie rapide.

Règles d'efficacité

— En conjuguant un excellent serrage de bras et un bon cramponnage au sol conserver un couloir de sortie impeccable.
— Lorsque le pack défenseur est nombreux introduire dès l'entrée en mêlée.
— Technique de talonnage du n° 2 parfaite (1er ou 2e pied).

Variante

Jeu autour de la mêlée.

La mêlée tournée - conserver la balle - jouer autour

Lancement de l'exercice

Dans le couloir des 15 m, deux packs de 8 joueurs et deux 1/2 de mêlée s'affrontent en opposition raisonnée ou réelle. f... footing. B. répétition de l'exercice.

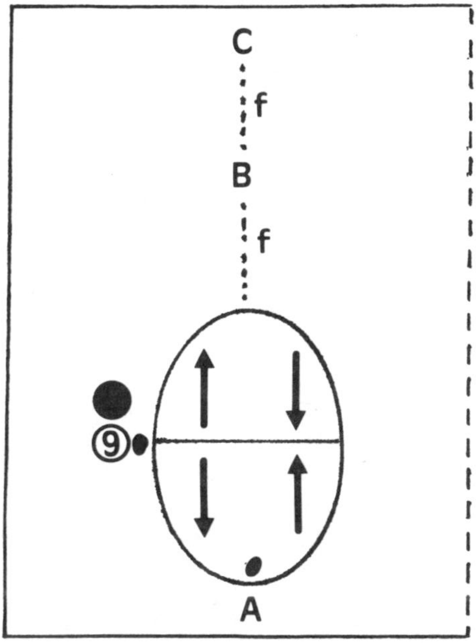

Consignes

Défenseurs : faire pivoter la mêlée pour perturber les sorties de balle adverses.

Rappel de la règle : mêlée tournée à 90°, à refaire.

Objectifs

Attaquants : lutter contre le désaxage ou en profiter pour déclencher des départs autour de la mêlée.

Défenseurs : amoindrir la qualité des balles de l'attaquant en faisant pivoter la mêlée.

Règles d'efficacité

Défenseurs : commandement du 9 (code) ; lâcher vivement d'un côté, pousser de l'autre. Le recul est plus facile à droite.

Attaquants : lutte contre la rotation en opposant une poussée égale (même attitude que son adversaire),

déclencher un départ autour du côté où la mêlée avance (éloignement des 3e lignes défenseurs).

Variantes

— Mêlée tournée en deux temps pour amoindrir au maximum la qualité de la balle :

a) rotation (les attaquants perdent la maîtrise des appuis),

b) enfoncer.

Étude tactique en collectif total, en fonction de la position des équipes sur le terrain, du jeu de l'adversaire.

Placement des dos - Serrage des bras

Lancement de l'exercice

— Deux packs de 8 joueurs s'emboîtent en poussée de mêlée.

— Sur la jointure des deux 1re lignes 3 joueurs sont assis (notre croquis).

Lorsque la mêlée est bien stable, l'éducateur demande aux deux packs d'effectuer sous son commandement des flexions-extensions des jambes de grande amplitude (4 à 6 répétitions) en accentuant aussi l'extension de la tête et le relèvement du buste.

Consignes

Les 3 joueurs se posent doucement sur la mêlée.

Objectifs

— Améliorer le placement et la puissance du dos et des jambes des joueurs de la 1re ligne.
— Améliorer le serrage des bras.

Règles d'efficacité

Si le joueur de la 1re ligne n'a pas le dos plat, le bassin en dessous du niveau des épaules, il s'effondre.
Si le serrage des bras manque de fermeté, le joueur assis augmente l'écartement entre les joueurs et passe à travers.

Recommandation importante

Cet exercice ne peut être pratiqué que par des seniors dont la musculature (du dos et des jambes) peut tolérer une telle charge.

Complexification

Ajouter deux joueurs sur chaque pack. Ils s'assoient sur la jointure 1re et 2e ligne.

Le serrage des bras, la respiration

Lancement de l'exercice

Les 8 joueurs du pack se placent en formation de mêlée sans opposition.

Objectif

Améliorer : les liaisons de bras et le serrage, le placement des épaules ; la respiration spécifique en mêlée.

Les liaisons

— **Le talonneur** se place en position très haute par rapport à ses piliers. Il passe ses mains sous l'aisselle des piliers et saisit leur maillot le plus loin possible ;

— **Les deux piliers** enserrent le talonneur avec le bras intérieur, la main saisissant l'extérieur de son short à la ceinture ;

— **Les 2e lignes** se lient entre-eux : prise de la main au niveau du short et à l'extérieur. L'avant-bras extérieur du 2e ligne passe entre les jambes du pilier, il lui saisit le maillot le plus haut possible avec la main. L'épaule extérieure s'appuie sur le pli fessier des 2e lignes ;

— **Le 3e ligne centre** saisit les 2e lignes à l'extérieur de leur short. Ses deux épaules s'appuient sur le pli fessier du pilier ;

— **Les 3e lignes aile** selon la formation adoptée en mêlée se lient :

au maillot du 2e ligne en 3-4-1 ;

au maillot du 8 en 3-2-3.

Ils poussent :

— sur le pli fessier du pilier en 3-4-1 ;

— sur le pli fessier du 2e ligne en 3-2-3.

En fait ils équilibrent et renforcent le « bloc » 6 de devant constitué par la 1re ligne, la 2e ligne et le n° 8.

Déroulement de l'exercice

Liaison respiration serrage des bras.

Lorsque les saisies sont convenables l'éducateur demande aux 8 joueurs d'effectuer :

— INSPIRATION **flexion des jambes** des 8 joueurs ;

— BLOCAGE RESPIRATOIRE et serrage des bras maximal (resserrement total des joueurs) ;

— EXPIRATION en maintenant les prises ;

Ce temps respiratoire correspond à **l'extension des jambes** et la poussée vers l'avant.

— RESPIRATION normale et relâchement des serrages de bras.

Répétition de la séquence.

3 à 6 répétitions puis récupération en footing.

Reprise de l'exercice.

Ce travail sera ensuite effectué en opposition à 8 contre 8 avec réalisation de l'extension des jambes.

Variante

Même exercice au joug.

Départ autour de la mêlée combinaison en jeu groupé

Lancement de l'exercice

— Deux packs, un 9, s'affrontent en opposition raisonnée pour étudier une combinaison en jeu groupé pénétrant.

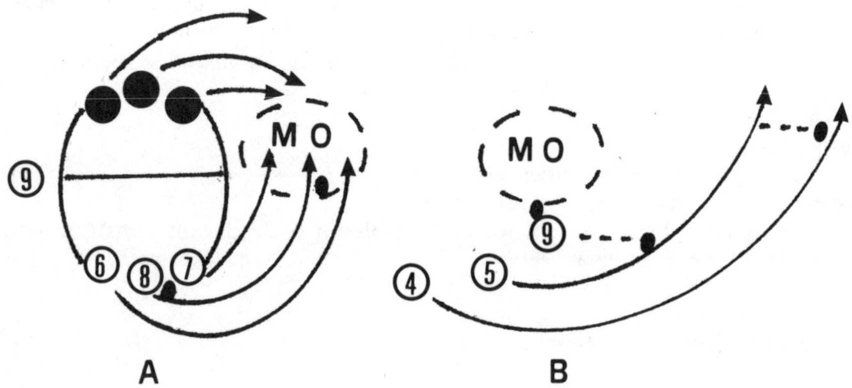

Description de la combinaison

A — Le 8 ramasse la balle et part côté opposé à l'introduction épaulé par le 7 à l'intérieur et le 6 à l'extérieur.
Ils provoquent une mêlée ouverte dynamique où ils fixent la 3e ligne adverse.

B — Le 9 ramasse la balle et lance à l'extérieur la 2e ligne (4 et 5) qui a anticipé le décrochage en mêlée. Puis la 1re ligne se joint au jeu dynamique.

Règles d'efficacité

— Stabilité et légère avancée en mêlée.
— Timing dans l'arrivée de la 2e ligne après la mêlée ouverte.

Variante

Jeu réel.

Départ autour de la mêlée

Lancement de l'exercice

— Dans le couloir des 15 m deux packs, deux 9, et deux ailiers s'affrontent en jeu réel à partir de départs autour de la mêlée.

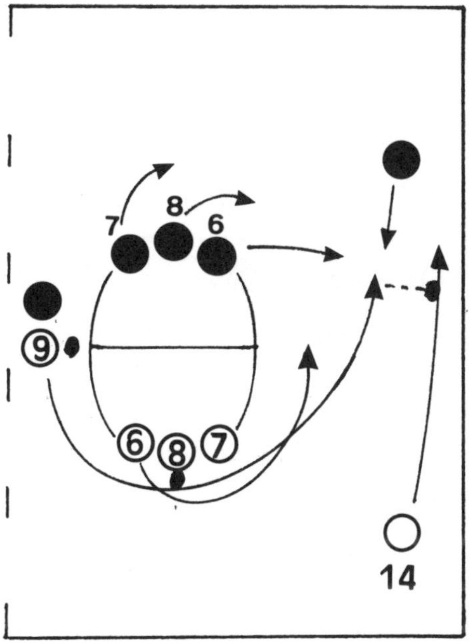

Consignes

— L'éducateur peut demander de ne pas pousser en mêlée afin de concentrer les énergies sur le jeu autour.

Objectifs

— A partir du gain de la balle, améliorer le jeu autour de la mêlée, improvisé ou combiné.

Sur notre schéma :

Les 9 part côté fermé, fixe l'ailier défenseur et décale son ailier 14. A son intérieur il avait un autre choix avec le 6.

Règles d'efficacité

Offensives :

— Départ favorable si la mêlée avance.

— Partir du côté où tourne la mêlée (éloignement des 3e lignes défenseurs.

Défensives :

En 3e ligne bien définir les rôles.

Exemple : le 6 prend l'extérieur, le 8 l'intérieur, le 7 couvre le côté fermé en 2e rideau.

Départ autour de la mêlée, côté introduction

Lancement de l'exercice

Dans le couloir des 15 m deux packs, deux 9 s'opposent en opposition raisonnée.

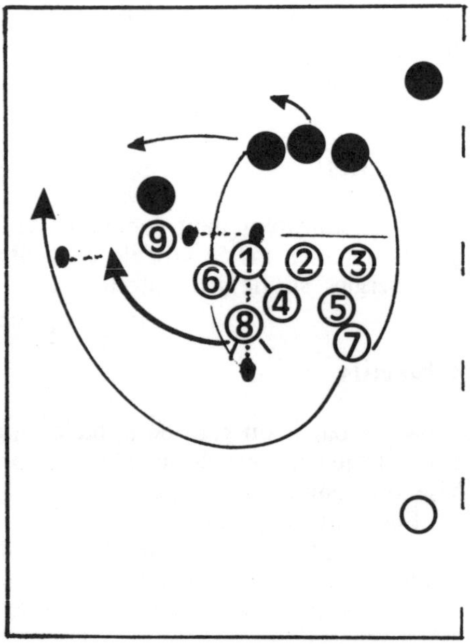

Consigne

Défense raisonnée.

Objectif

Apprentissage d'une combinaison autour de la mêlée avec la 3e ligne.

Description de la combinaison

Formation de la mêlée :
Le 6 pousse sur le pilier gauche 1.
Le 8 pousse sur 6 et 4.
Le 7 pousse sur le 5.
Le pilier gauche a les appuis allongés, jambes écartées, pieds à la même hauteur.
Sortie de la balle :
Le talonneur dirige la balle entre les pieds du 1.
La balle passe entre 4 et 6.
Enchaînement des actions :
Le 8 ramasse la balle et sert le 7 côté introduction.
Le 7 bénéficie de l'écran provoqué par son demi de mêlée sur le 9 et le 3e ligne aile défenseurs.

Règle d'efficacité

La sortie de balle très rapide est indispensable, en effet cette disposition en mêlée n'offre pas de garantie au niveau de la tenue.

Touche courte

Lancement de l'exercice

Deux packs complets s'opposent dans le couloir des 15 m en opposition raisonnée (laisser la balle au sauteur). Jeu réel à partir de la conquête.

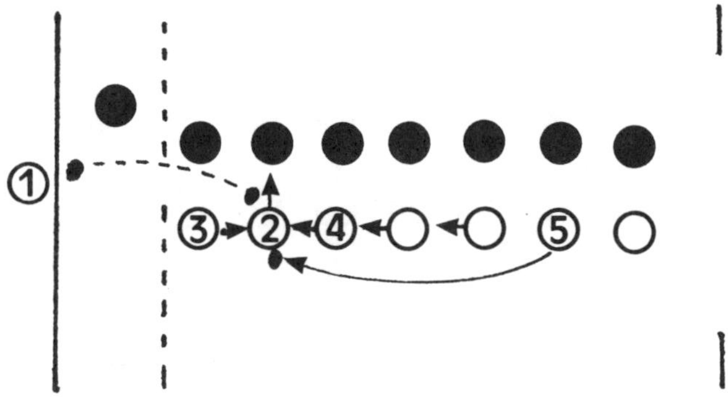

Objectif

Améliorer le synchronisme à 5 joueurs.

Enchaînements et règles d'efficacité

Attaquants :

— 1, lanceur : le plus habile du pack, de l'équipe (le 9, le 2, etc.). Lancer tendu synchronisé avec 2.

— 2, sauteur en courte : qualités de détente et puissance pour gagner le couloir et l'espace avant (devant son opposant).

— 3 et 4, protection : (en général, les piliers) *dès le commencement du saut.*

— 5, joueur qui isole la balle pour l'éloigner de l'adversaire, l'extraire.

— Les autres joueurs ferment les intervalles pour barrer les infiltrations.

Défenseurs :

— Sauteur : prendre un bras à son vis-à-vis (perte de balle), gagner le couloir et l'espace avant.

— Pour tous : enfoncer au cœur.

Variantes

— Jeu réel avec un 9 et déclenchement de départs autour.

— Saut décalé de diversion (type volley-ball) : 3 saute à vide ; lors de sa descente, 2 saute et prend la balle.

Touche au milieu de l'alignement

Lancement de l'exercice

Deux packs complets s'opposent dans le couloir des 15 m en opposition raisonnée (laisser la balle au sauteur, puis intervenir).

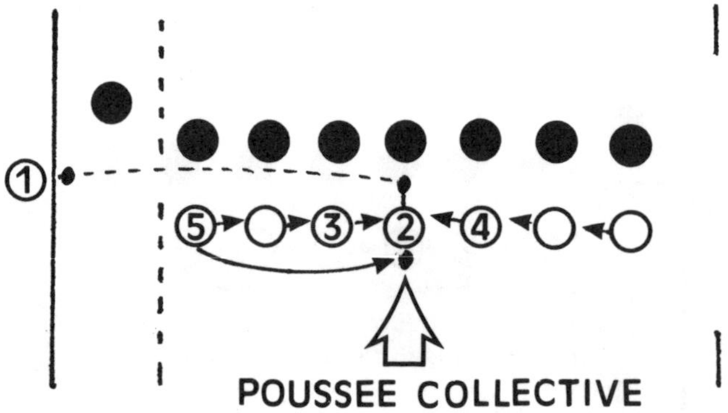

Objectif

Améliorer l'organisation du pack sur touche au milieu de l'alignement.

Enchaînements des actions et règles d'efficacité

Attaquants :
— 1, lanceur : précision du lancer (lobé, tendu, devant ou derrière le sauteur au plus haut niveau).
— 2, sauteur au milieu : joueur grand d'envergure (taille + longueur de bras) et doté d'une bonne détente ; saut dans le couloir ; prise de l'espace avant (se situer devant son adversaire dans le saut).
— 3 et 4, protection dès le commencement du saut.
— 5, isole, extrait la balle.
— Les autres joueurs ferment les intervalles.
— Poussée collective dirigée vers le « cœur » (dans l'axe de la balle).
Défenseurs :
— Sauteur : gagner le couloir, l'espace avant ou arrière, retourner son vis-à-vis ou lui prendre un bras s'il a la balle.
— Les autres : poussée axiale basse et coordonnée.

Variantes

— Jeu réel avec un 9.
— Déviations du sauteur.

Organisation collective sur une prise de balle en milieu d'alignement

— Le talonneur lance la balle.

— Le 2e ligne (n° 5) capte la balle à deux mains.

— Les deux joueurs 3 et 6 le protègent dès le début du saut : bras intérieur l'enserrant dans son dos, tête et buste engagés dans le couloir face à leurs adversaires. Ils constituent le 1er front du maul ; avec opposition ils s'accrocheront solidement à leurs opposants à l'aide de leur bras extérieur afin de consolider la tenue du maul.

— 7 ferme l'intervalle qui, sépare de 6, il pousse sur son pli fessier. 4 adopte le même placement sur 3.

7 et 4 constituent le 2e étage du maul. 8 vient s'appuyer sur eux pour accentuer **la pression axiale** (« au cœur »).

1 s'engage dans le couloir aménagé par ses partenaires et isole le ballon que lui présente le sauteur. Il réalise un double écran et éloigne la balle de l'adversaire.

Tous ces déplacements s'effectuent simultanément chaque joueur se positionnant avec le maximum de précision.

Touche au fond. Peel off (relais de fond de touche)

Lancement de l'exercice

Deux packs complets s'opposent dans le couloir des 15 m en opposition raisonnée.

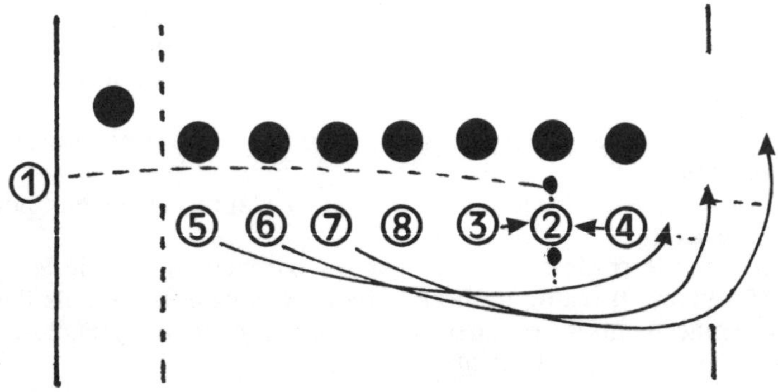

Objectifs

Améliorer les gains de balles en fond d'alignement.
Dynamiser le jeu en relais pénétrants ou débordants.

Enchaînements des actions et règles d'efficacité

Attaquants :

— 1, lanceur : difficulté d'un lancer long ; (lobé, tendu, devant ou derrière le sauteur, au plus haut niveau).

— 2, sauteur : nous le plaçons avant-dernier, car s'il saute en dernier de l'alignement et ne gagne pas la balle, sa mobilisation dans le saut l'empêche de défendre en fond d'alignement.

— 3 et 4 protègent.

— 5, 6 et 7 : ordre d'arrivée, mais le placement peut être diversifié ; courses incurvées, cadrer les défenseurs, pénétration en fond.

Défenseurs :

Défense de la ligne d'avantage : refouler l'attaquant vers son camp.

Variantes

Jeu réel avec un 9.
Saut du dernier.

Offensives en jeu groupé : Peel off ou Maul porté

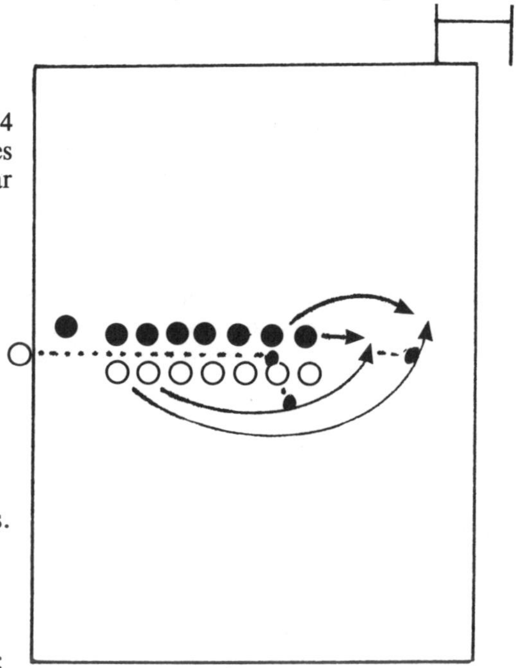

Lancement de l'exercice

2 packs complets s'affrontent sur 1/4 de terrain en jeu réel à partir de touches à 8. A chaque arrêt, le jeu reprend par une touche à 8 joueurs.

Consignes

Une équipe joue en **peel off**.
L'autre joue en **maul porté**.

Objectif

Marquer en respectant les consignes.

Règles d'efficacité

Incertitude du lieu d'affrontement :
— Peel off au couloir ou en fond de touche.
— Maul porté en touche courte, au milieu (le plus favorable) ou en fond (avant dernier de l'alignement).

Variantes

Deux 9 dirigent leur pack de la voix.
Simplification : infériorité numérique d'un pack.

Amélioration de la technique du saut en touche

1er croquis

Le bloc mousse de protection du poteau est hissé plus haut par rapport à sa position habituelle.

Le lanceur placé sur la ligne de but prend pour repère le poteau et le vise.

Le sauteur placé à 50 cm du poteau (largeur du couloir en match) se détend en percutant le bloc mousse et se saisit de la balle devant.

Il améliore ainsi sa détente, la synchronisation avec le lanceur, la prise de balle sur l'espace avant (démarquage des bras sur ceux de son vis-à-vis), et surtout la lutte en l'air avec son vis-à-vis ; c'est une « percussion aérienne ».

Le lancer peut être tendu ou haut.

Complexification

Deux sauteurs placés de part et d'autre du poteau peuvent lutter sur la prise de balle.

2e croquis

Un bloc de mousse (type bloc de réception de saut en hauteur) appuyé contre un mur ou maintenu par des joueurs.

Le sauteur, **sur notre croquis**, placé à l'extrémité du bloc le percute et saisit la balle sur « l'espace avant ».

Variantes

a) Le sauteur placé au milieu du bloc, le percute et prend la balle au-dessus.

b) Le bloc n'est plus contre un mur mais maintenu par deux joueurs placés derrière.

Le sauteur est encadré par deux joueurs qui protègent son saut, ils amorcent une poussée axiale sur la prise de balle.

Proposition d'un code

— D'une manière différente par rapport aux touches à 8 où le sauteur capte la balle en l'air, en touche à 2 le joueur de l'alignement peut se saisir de la balle simplement en se démarquant par rapport à son vis-à-vis, en restant au sol.

— Il est nécessaire que le choix du sauteur (1er ou second de l'alignement) puis l'endroit où celui-ci veut la balle (devant ou derrière) soient connus des 4 joueurs participant à la conquête (lanceur, deux sauteurs, relayeur).

— Le code choisi par l'équipe attaquante doit être simple et difficile à éventer par les défenseurs. Il peut être verbal ou par signaux gestuels.

Nous allons vous proposer un code simple à partir de signaux gestuels.

Le relayeur

Il indique avec un de ses bras plié le joueur qui sera sollicité. Le bras plié main en appui sur la hanche indique le sauteur du même côté.

1er croquis : 1er sauteur choisi.

2e croquis : 2e sauteur.

Le sauteur

Ensuite, **le Sauteur** désigné indique à son lanceur l'endroit où il désire le ballon :

— mains aux hanches : balle devant (1er croquis) ;

— bras tendus : balle derrière (2e croquis).

Le sauteur peut effectuer un déplacement de diversion à l'opposé de l'endroit où il recevra la balle.

La prise de balle peut s'effectuer en suspension ou simplement en se démarquant (en appuis au sol) par rapport à son vis-à-vis. Le sauteur devient simplement un capteur de balle.

La balle peut être déviée par ce même sauteur sur le relayeur, pour l'écarter rapidement sur les 3/4 ou le pack placés à 10 m.

1
2

Enchaînement, conquête, jeu groupé

Lancement de l'exercice

Deux équipes de 15 joueurs s'affrontent en jeu réel sur un demi-terrain à partir de touches à 2.

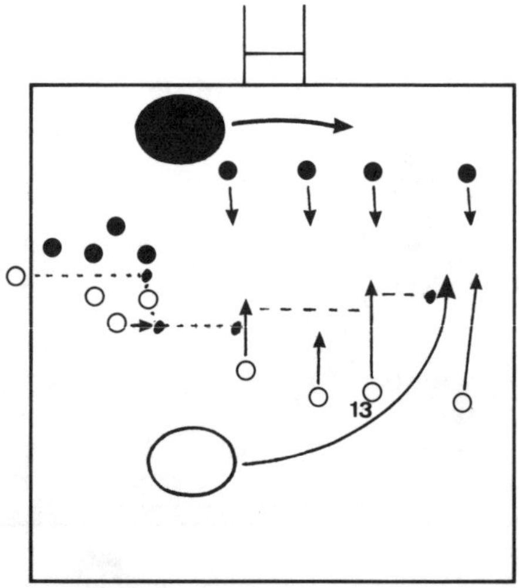

Consignes

Jeu groupé par les joueurs du pack non sollicités en touche, à n'importe quel niveau.

Objectif

Efficacité du jeu groupé pénétrant après touche à 2.

Sur notre schéma

Le pack affronte la défense après le 13.

Règles d'efficacité

— Anticipation du pack attaquant sur les défenseurs.
— Pénétration en formation très groupée : « rentrer chez l'adversaire à 8 joueurs ».
— Jouer très à plat (9, 10, 13), près de la ligne d'avantage.
— Appel de diversion d'un ou deux joueurs pour tromper la défense.

Variante

— Réglages : en galop d'équipe.
en opposition raisonnée.

Enchaînement, conquête, jeu au pied

Lancement de l'exercice

Deux équipes de 15 joueurs s'affrontent en jeu réel sur un demi-terrain, ou un grand terrain à partir de touches à 2.

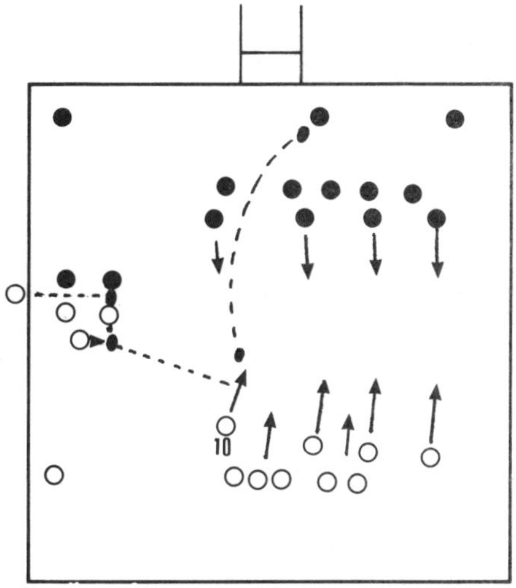

Consignes

Jeu au pied offensif du 9, 10 ou 12 obligatoire.

Objectifs

Attaquants : efficacité de la conquête en touche à 2.
efficacité du jeu au pied offensif et pressing.
Défenseurs : organisation défensive et relance.

Règles d'efficacité

Offensives : action du joueur au point de chute de la balle :
— attaquant en avance sur la réception : il va au-delà de la balle ;
— en même temps que la chute : il tente la récupération ;
— en retard par rapport à la chute : il ralentit sa course pour défendre.
Défensives : se regrouper au point de chute pour éviter la perte de balle.

Enchaînement, conquête, jeu déployé : combinaison tactique

Lancement de l'exercice

Deux équipe de 15 joueurs s'affrontent en jeu réel sur un 1/2, un 1/4 ou un grand terrain à partir de touches à 2.

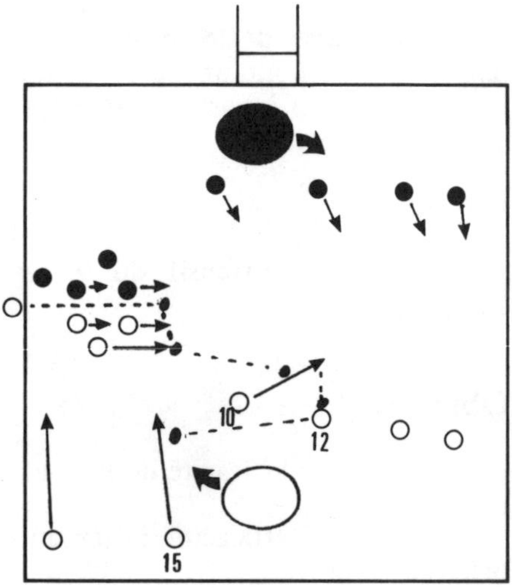

Consigne

Jeu déployé obligatoire avec ou sans combinaison.

Objectif

Déborder les défenseurs en jeu déployé, sans regroupement.

Sur notre schéma

Enchaînement en combinaison tactique.

Les joueurs de la touche reculent, le 9 sert le 10, celui-ci court latéralement et croise avec le 12. Le 12 renverse d'une longue passe vissée au 15 qui joue avec son ailier ou avec le pack à l'intérieur.

Règles d'efficacité

— Les attaquants (sauteurs, 9 et 10) par leurs courses latérales entraînent la défense dans un sens. La passe croisée prend la défense à contre-pied. La passe sautée éloigne la balle des défenseurs. C'est du jeu à contre-courant.

— Timing du 15.

Variante

Simplification.

Travail — en galop d'équipe pour un meilleur réglage,
— en opposition raisonnée.

3) LE JEU GROUPÉ PÉNÉTRANT LES REGROUPEMENTS

Le jeu groupé pénétrant est une des trois modalités d'avancée collective vers la ligne de but adverse. Cette forme de jeu se caractérise par une forte concentration de joueurs auprès du porteur de balle (ce qui rend difficile l'intervention de l'adversaire dans une optique de récupération de balle) et aussi par des formes de courses DIRECTES ou SEMI-DIRECTES.

Notamment lorsque le groupe de joueurs attaquant veut sortir des 5 mètres ou que la concentration défensive adverse est très forte sur la ligne de front. C'est une forme de jeu qui facilite la conservation de balle, dans la mesure où les joueurs sont très proches les uns des autres.

(4) On peut ainsi considérer qu'il existe en RUGBY trois modalités de transport du ballon vers la cible.

— *Une forme directe* où l'adversaire est relativement dispersé et donc les possibilités de jeu assez importantes.

— *Une forme semi-directe* où l'adversaire est relativement concentré et dense et donc les possibilités de jeu dans les intervalles assez réduites. Les courses sont *obliques* et on peut dire schématiquement que les points de repères visuels seront constitués par les drapeaux de touche. Dès que, l'orientation de la course sort de cet angle, il s'agit pour le joueur soit de bloquer le mouvement, soit de le transformer.

— *Une forme indirecte* qui revient au jeu déployé.

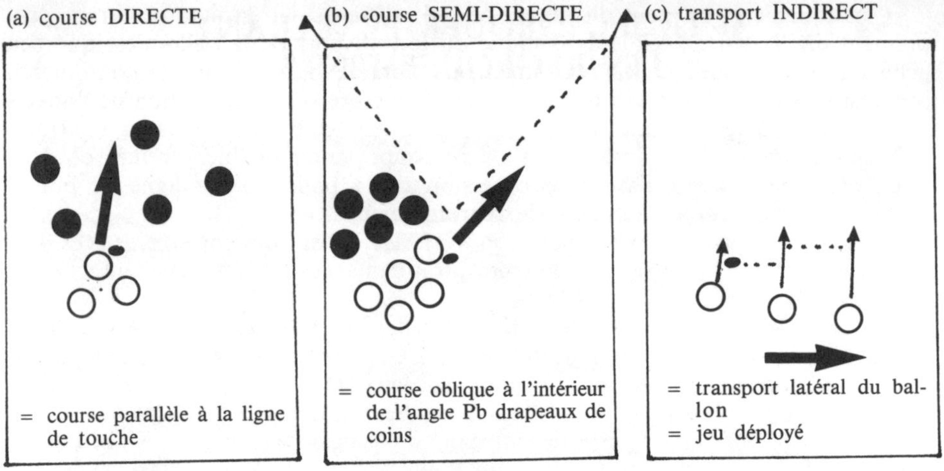
(a) course DIRECTE
= course parallèle à la ligne de touche
(b) course SEMI-DIRECTE
= course oblique à l'intérieur de l'angle Pb drapeaux de coins
(c) transport INDIRECT
= transport latéral du ballon
= jeu déployé

5

Classiquement, on peut distinguer ce qui relève du jeu groupé pénétrant proprement dit, le jeu en relais dynamique où le transport de la balle n'est que peu gêné par l'adversaire et les regroupements dont le but est soit de continuer à progresser, soit de conserver le ballon dans la mesure où l'intervention de l'adversaire est telle qu'elle nécessite une organisation collective en « liaisons interindividuelles ». Le jeu est, dans le cas de regroupements, ou bien freiné, ou bien momentanément arrêté dans la progression de la balle vers la ligne de but.

On distingue deux modalités de regroupement :

— Le regroupement ballon-porté ou « MAUL », qui devient effectif RÉGLEMENTAIREMENT, lorsque 2 joueurs attaquants et liés sont en contact avec 1 joueur adverse.

— La mêlée ouverte ou « RUCK », qui devient effective RÉGLEMENTAIREMENT, lorsque 1 joueur porteur de balle est au contact avec 1 joueur défenseur, le ballon étant posé au sol entre les deux (1).

— Si, sur le plan du jeu, on peut considérer que les regroupements se traduisent par une perte de vitesse de transport de la balle vers le but, ils ont l'avantage de concentrer l'adversaire dans un espace réduit, libérant par-là même des champs de jeu importants (cf. jeu de mouvement et continuité du jeu) et d'autre part de générer des lignes de hors-jeu qui empêchent l'adversaire battu par l'avancée dynamique de pouvoir intervenir (2b), ce qui lui est permis dans le jeu groupé dynamique (2a).

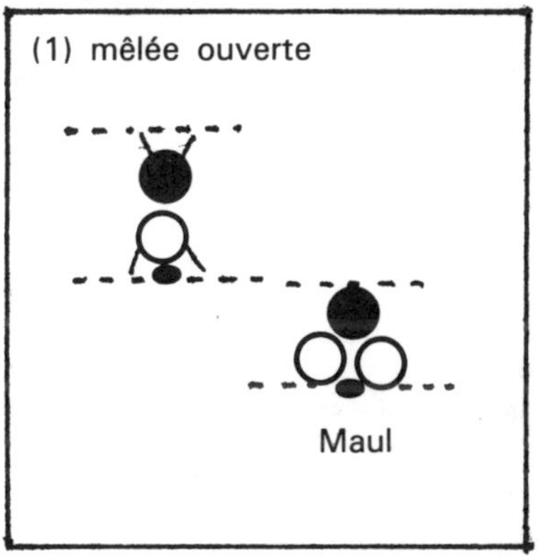

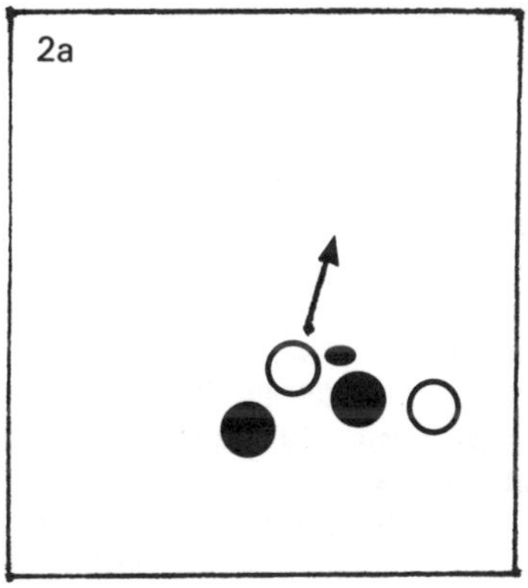

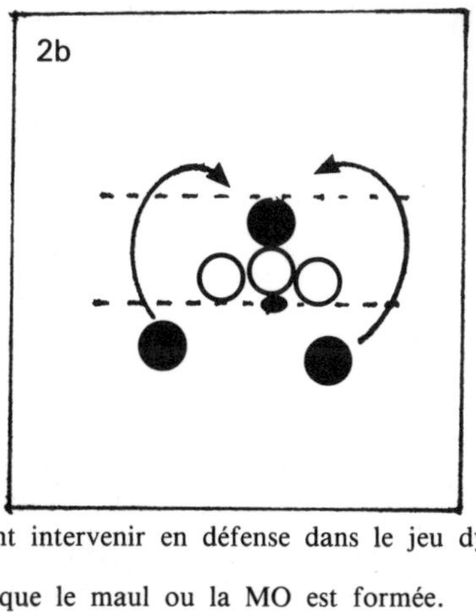

(1) mêlée ouverte = RUCK

ballon porté = MAUL

(a) Les 2 joueurs noirs peuvent intervenir en défense dans le jeu dynamique.

(b) Ils ne le peuvent plus lorsque le maul ou la MO est formée.

Certains entraîneurs ont des conceptions différentes en matière de jeu groupé. Ainsi, P. Villepreux à Toulouse préconise le jeu en relais dynamiques en demandant à ses joueurs de limiter au maximum les regroupements, considérés comme des « accidents de jeu » préjudiciables au jeu. A l'inverse, pour D. Herrero, le regroupement ballon-porté fait partie d'une stratégie de jeu, privilégiant l'avancée collective groupée avec l'objectif non seulement de ne pas être freiné mais aussi et surtout de trouver un point d'appui à une « énergétisation collective » se traduisant concrètement par une dynamisation du transport de balle. C'est la notion de « MAUL DYNAMIQUE ».

Ceci explique que les Toulousains, en jeu groupé pénétrant, jouent les INTERVALLES, alors qu'à l'inverse, les Toulonnais, en jeu groupé ont tendance à rechercher par l'intermédiaire du porteur de balle, l'affrontement et le défi physique, en prenant APPUI SUR l'adversaire direct, afin de créer le point originel de la constitution et de la construction du regroupement.

En ce qui nous concerne, il nous semble essentiel de privilégier le jeu en relais dyamiques, étant bien entendu que le but de ce jeu pénétrant est de déséquilibrer le dispositif adverse par le respect du principe de concentration/déconcentration, le choix de la modalité du regroupement étant fonction du rapport de force momentané des deux équipes, tant dans le rapport duel que dans le rapport du collectif partiel.

Il s'agit en fait de maîtriser à la fois le jeu dynamique mais aussi les deux ralentissements de jeu que sont le maul et la mêlée ouverte à partir du respect de deux conditions préalables.

1) La mobilisation des joueurs défenseurs doit au minimum être équivalente au nombre de joueurs attaquants en possession du ballon.

2) La libération de balle doit être en adéquation temporelle parfaite avec le moment précis du déséquilibre défensif.

Si ces deux conditions préalables ne sont pas respectées, le rapport d'opposition devient soit égal (c'est comme si l'on revenait à un lancement de jeu par phases statiques où chaque équipe est dans un rapport où A = D), soit s'inverse D prenant le pas sur A par surnombre défensif.

Nous allons donc maintenant présenter une série de situations pédagogiques regroupées en trois volets :

— Le jeu groupé dynamique.

— Le jeu groupé en ballon porté ou maul.

— Le jeu groupé balle au sol ou mêlée ouverte.

LE JEU EN RELAIS DYNAMIQUES PÉNÉTRANTS

Lancement de l'exercice

Deux packs s'affrontent dans le couloir des 15 mètres en jeu réel. Les défenseurs sont placés latéralement, donc en retard sur les attaquants.

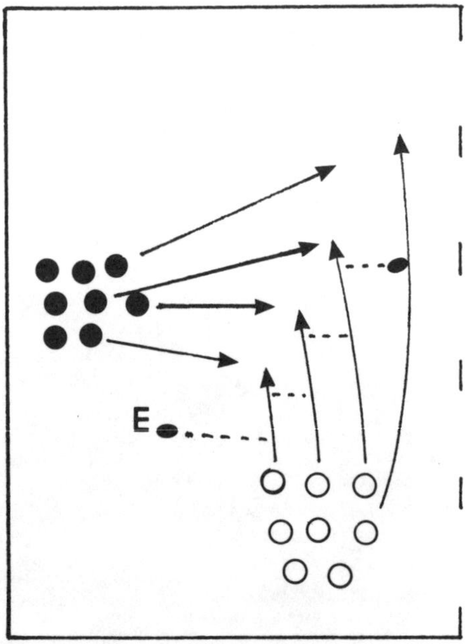

Objectif des attaquants

Déborder en relais dynamiques le pack défenseur et marquer.

Consignes

Les attaquants ne doivent jouer qu'en faisant des passes donc sans regroupement.

Règles d'efficacité

— Rester très groupés (une longueur de bras entre chaque joueur).
— Accélérer à chaque prise de balle.
— Ne pas changer de direction pour conserver le soutien.
— Attaquer la défense sur un flanc et « cadrer » par le premier et le deuxième attaquant.
— Exécuter percussion-passe ou plus simplement passe-percussion (passe avant le contact) pour assurer la conservation de la balle.

Simplification de l'exercice

Défense encore plus en retard et en opposition raisonnée.

Complexification

— Placement frontal et de plus en plus rapproché.
— Réalisation à partir de peel-off en touche, coup franc joué à la main, réception de coup d'envoi long.

LE JEU EN RELAIS DYNAMIQUES PÉNÉTRANTS
LE JEU EN RELAIS DANS LES INTERVALLES

Lancement de l'exercice

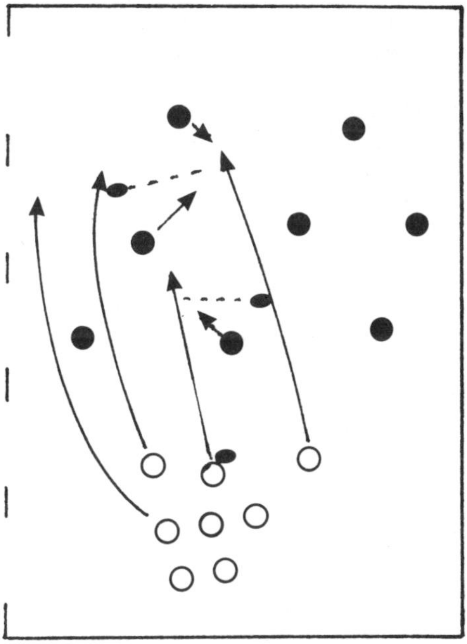

— Deux packs s'affrontent dans le couloir des 15 mètres.
— Les défenseurs sont dispersés avec de larges intervalles entre chaque joueur.
— L'éducateur donne la balle à un attaquant.

Objectif des attaquants

Percer cette défense et marquer.

Consignes

Les attaquants ne doivent jouer qu'en faisant des passes, sans provoquer de regroupement.

Règles d'efficacité

Offensives :
— Maîtriser les actions individuelles : accélération dans l'intervalle, raffut, passage des bras. Observation des courses des défenseurs pour déjouer leur action.
— Soutien extérieur « à niveau », intérieur en profondeur.
Défensives :
— Isoler le porteur du ballon, lui prendre les bras (perte de balle).

Simplification de l'exercice

— Opposition raisonnée.
— Défense réelle, mais laisser la balle aux attaquants.
— Éparpillement des défenseurs.

Complexification

Diminuer la largeur et concentrer davantage les défenseurs.

CONSIDÉRATION PARTICULIÈRE SUR LA NOTION DE SOUTIEN EN JEU GROUPE

Par rapport au porteur de balle, le soutien est axial et le plus près possible. On peut demander à tous les joueurs du pack d'être à une longueur de bras dans tous les exercices en jeu groupé.

La prise de balle à l'extérieur ou relais extérieur se fait à hauteur (limite de l'en avant) et à vitesse maximale (6).

Le relais intérieur (7) est profond car le défenseur débordé peut gêner la passe voire l'intercepter.

Le joueur qui a passé la balle (2) reste à l'intérieur pour soutenir le nouveau porteur et se lier à lui, en cas d'arrêt de ce dernier sur le défenseur.

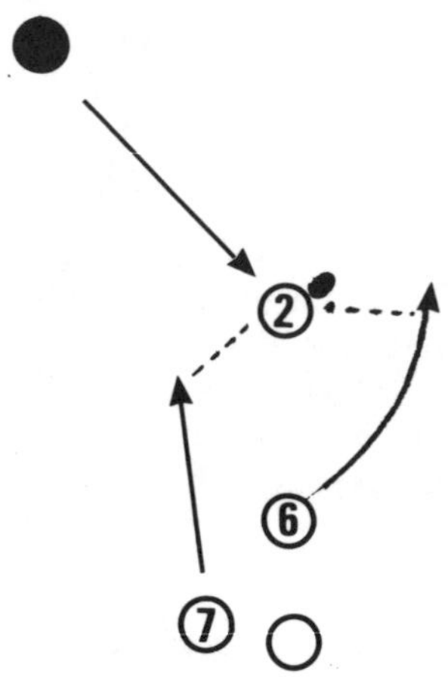

LE JEU GROUPÉ PÉNÉTRANT EN BALLON PORTE LA CONSERVATION DE LA BALLE EN MAUL

Lancement de l'exercice

— Deux packs très groupés se font face, espacés de 1 mètre, dans la zone des 22 mètres.

— L'éducateur envoie la balle sur un joueur d'un des deux packs qui à ce moment-là s'affrontent en jeu réel.

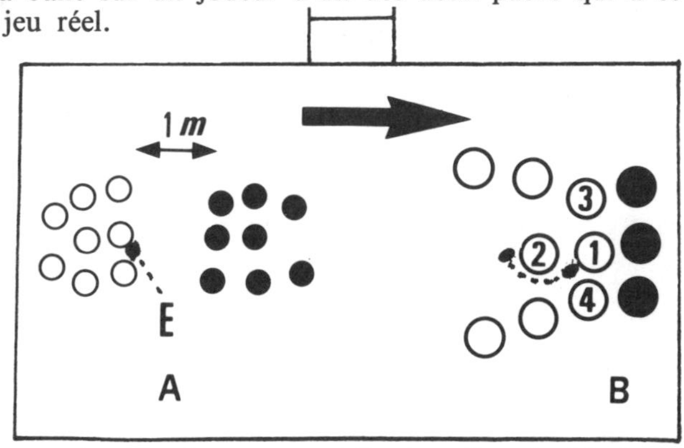

Objectif des attaquants

(A) Conserver la balle sous la pression défensive, puis faire avancer le maul (B).

Règles d'efficacité

Attaquants :

— Organisation stricte autour du réceptionneur et réalisation d'un double écran afin d'éloigner de la balle les bras et le buste des adversaires.

1er écran : le 1er joueur en possession du ballon, avec 3 et 4 (joueurs qui étayent).

3-4 : joueurs qui étayent.

2e écran : le 2 sur notre schéma : joueur qui isole le ballon.

— Les quatre autres joueurs peuvent consolider le maul en largeur ou profondeur.

— Si le joueur en possession de la balle (1) domine le ou les défenseurs, le joueur intervenant en premier isolera la balle (2). Dans le cas contraire, il le soutiendra.

— La poussée axiale « au cœur » ne commence que lorsque la structure est bien en place, sous la commande du 9.

— Slogan de l'entraîneur : « 1 s'appuie, 2 isole, 3-4 ferment et on pousse ».

Défenseurs :

— Enfoncer en poussant très bas « au cœur », s'infiltrer dans le maul adverse, rapprocher ses mains de la balle.

Variantes

— Augmenter ou diminuer le nombre de défenseurs.

— Limiter ou durcir l'intervention défensive.

Maul porté et relais dynamiques

Lancement de l'exercice

— Dans le couloir des 15 m, un pack de 8 joueurs affronte en jeu réel 6 défenseurs placés en 2 lignes de 3 joueurs espacées de 5 m environ.

— En A, le pack offensif enfonce le 1er rideau des défenseurs.

Lorsque le 2e rideau intervient et ralentit leur progression en maul porté, ils déclenchent des relais dynamiques B.

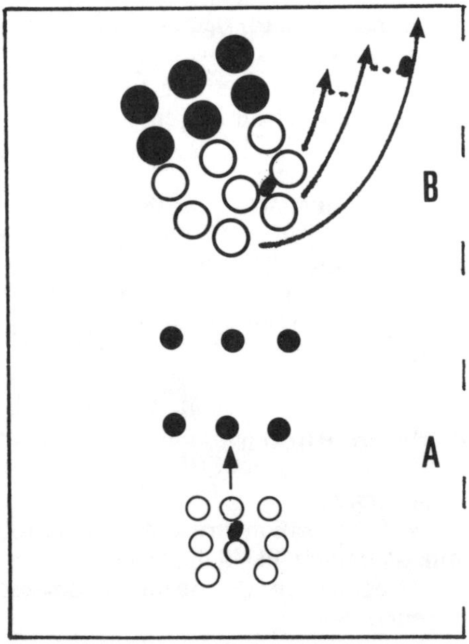

Objectifs

Améliorer le maul porté puis le déclenchement de relais dynamiques aux abords du maul.

Règles d'efficacité

— Organisation du maul.
— Fixer les 6 défenseurs en les enfonçant.
— Timing dans le départ en relais dynamiques.
— Maîtriser le pivotement du maul.

Variante

2 défenseurs supplémentaires défendent sur le jeu en relais dynamiques.

LE MAUL DYNAMIQUE

Lancement de l'exercice

Un pack de 8 joueurs affronte en ballon porté (maul) deux défenseurs dans le couloir des 15 mètres.

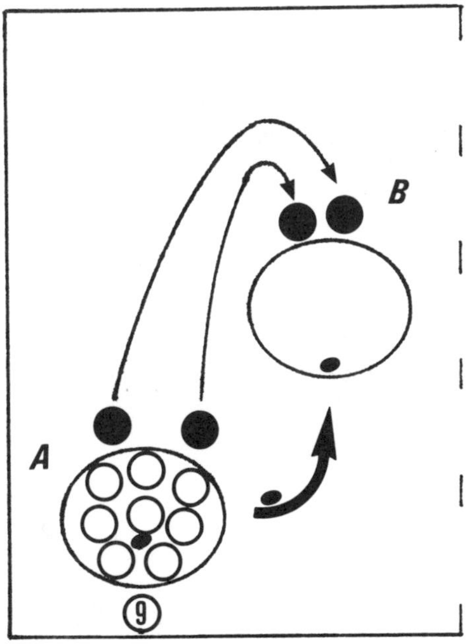

Objectifs

Des attaquants :
Imposer leur supériorité en nombre pour bousculer les deux défenseurs, puis faire pivoter le maul pour éliminer ces deux défenseurs.
Des défenseurs :
(A) Contenir la poussée des attaquants pousser le maul en touche. Les défenseurs battus se replient pour contenir le nouveau maul (B).

Règles d'efficacité

Attaquants :
— Respecter la répartition des rôles dans la construction du maul.
— Pousser dans l'axe, au niveau et très près de la balle.
— Dynamiser, c'est-à-dire accélérer l'avancée du maul.
— Desaxer le maul pour éviter la pression défensive.
— Commande du 9 en termes simples : « axe », « à droite », « à gauche » (c'est-à-dire, poussée en ces endroits), « isole » (rappel du double écran), etc.
Défenseurs :
— Bloquer l'avancée par une poussée très basse.
— S'agripper aux maillots des attaquants pour les empêcher de se mouvoir.
— Pousser le maul vers la touche.

Complexification

Augmentation du nombre de défenseurs.
Réduction de la largeur d'évolution.

DISPERSÉS : SE REGROUPER EN MAUL ORDONNÉ

Lancement de l'exercice

— Deux packs et deux demis de mêlée s'affrontent dans les 22 mètres en jeu réel, dans le sens de la largeur.
— Les joueurs trottinent dans leur moitié de terrain.
— L'éducateur tape un coup de pied en « Up » sur l'un des deux packs.

Objectifs

Des attaquants :
— S'organiser sur réception de balle haute en se regroupant.
— Contenir la pression défensive en construisant un maul.
— Déclencher un départ en relais au ras de ce maul.
Des défenseurs :
— Bousculer les attaquants à la réception et avant que le maul ne soit constitué.

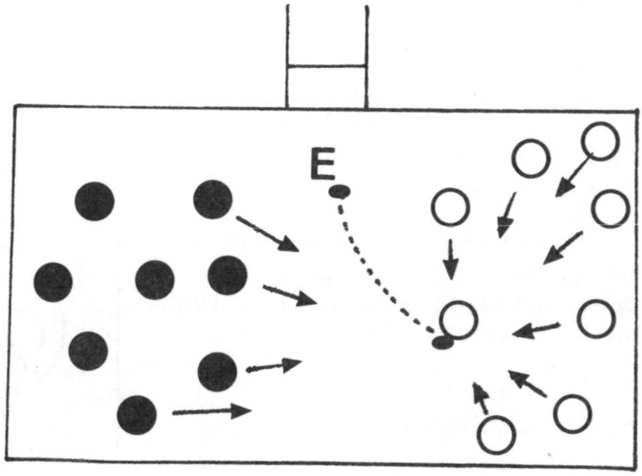

Règles d'efficacité

— Le joueur qui capte la balle s'annonce. « Michel » etc., mieux que « j'ai ».
— Ses partenaires viennent le soutenir de très près (cf. : conservation de la balle en maul).
— Les défenseurs doivent lutter pour dévier ou capter la balle haute ; s'ils ne l'ont pas, ils percutent ou plaquent le réceptionneur avant qu'il ne soit solidement épaulé.

Simplification

Diminuer le nombre de défenseurs ou les faire intervenir en opposition raisonnée.

Complexification

Espace plus grand donc plus grande dispersion.

LE JEU EN MAUL DYNAMIQUE APRÈS PHASE STATIQUE

Lancement de l'exercice

— Deux packs et deux neuf évoluent dans les 22 mètres dans le sens de la largeur, en jeu réel.
— L'éducateur demande aux attaquants de jouer en maul porté à partir de mêlée.

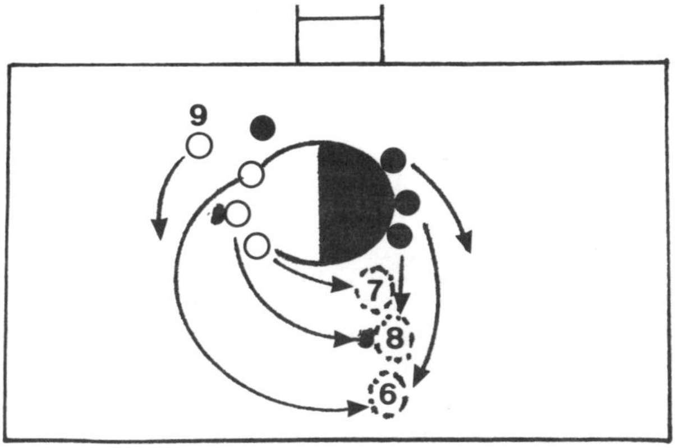

Objectif des attaquants

Partir autour de la mêlée à partir du 8 et jouer en maul dynamique.

Consignes

— Les attaquants sont obligés de ne jouer qu'en maul porté au sortir de la mêlée.
— Les défenseurs contiennent ce maul porté. Il leur est interdit (règlement) de l'écrouler. Seul le n° 8 peut être plaqué sur le premier contact avec le défenseur.

Règles d'efficacité

Attaquants :
— Soutenir immédiatement le 8 au contact du défenseur et constituer un maul (6 et 7 étant les mieux placés).
— Le 8 part du côté où la mêlée tourne (défense en retard).
— La deuxième ligne vient isoler la balle et pousser, suivie de la première ligne.
Défenseurs :
— Empêcher le maul d'avancer en poussant très bas et le plus possible chez l'adversaire (lutte pour la ligne d'avantage).

Simplification de l'exercice

Opposition raisonnée et retard défensif (laisser l'attaquant construire le maul).

Variante

Même travail à partir de touche, jeu en « Up and Under », réceptions de coups d'envois et renvois.

LE JEU GROUPÉ
ÉDUCATIF DE LA MÊLÉE OUVERTE

Lancement de l'exercice

— Deux groupes de 8 joueurs se font face dans les 22 mètres dans le sens de la largeur.

— L'éducateur donne la balle à un joueur qui se lance à pleine vitesse dans le cœur du pack adverse.

Consignes

Aux attaquants :

— Suivre de très près leur partenaire avec la balle.

Aux défenseurs :

Suivre l'attaquant sans le plaquer.

Au signal « jeu réel », les défenseurs interviennent sur l'attaquant.

L'attaquant crée une mêlée ouverte.

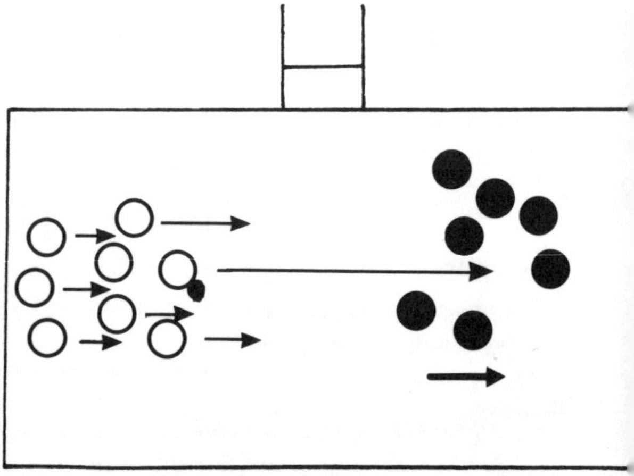

Objectifs

Apprentissage de la mêlée ouverte.

Règles d'efficacité

— Qualité de libération de la balle par l'attaquant :

— Il résiste au plaquage et libère la balle entre ses jambes en continuant d'avancer en s'accrochant à un adversaire (équilibre).

— Il est plaqué et libère la balle au creux de son buste (elle roule sur son grand axe).

— *Soutiens offensifs* : pour éviter la chute (pénalité) et être efficace :

— Ils sont très condensés.

— Balayent les défenseurs en accélérant à l'impact (percussion épaule moins dangereuse que tête).

— Liaisons de bras entre eux pour un meilleur équilibre.

— Enjambent balle et joueurs au sol.

— Balayent le plus grand nombre de défenseurs.

Simplification

Diminuer le nombre de défenseurs.

Complexification

Un défenseur « joker » reste hors-jeu et perturbe la sortie de balle (les attaquants doivent le refouler).

LE JEU GROUPÉ
RÉPÉTITION DE MÊLÉES OUVERTES

Lancement de l'exercice

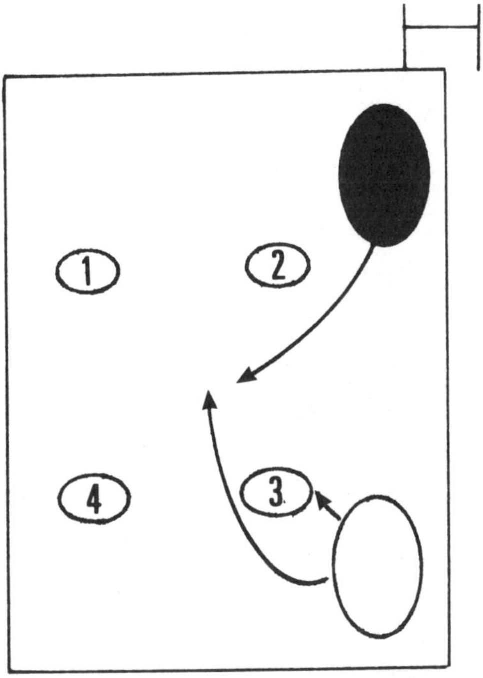

— Deux packs de huit joueurs s'affrontent dans un quart de terrain dans le sens longitudinal, en jeu réel.

— L'éducateur donne un numéro à chacun des quatre ballons posés sur le terrain.

— L'affrontement commence lorsque l'éducateur annonce un numéro de ballon.

Exemple sur le schéma : n° 3.

Objectif

Conserver la balle en mêlée ouverte en refoulant les défenseurs.

Consignes

— Le premier joueur qui arrive ramasse la balle et la donne à un partenaire qui affronte les défenseurs.

— La balle doit être libérée en mêlée ouverte (debout entre les jambes ou après le placage).

— L'éducateur peut alors donner un autre numéro de balle sur laquelle les deux packs s'opposent.

Règles d'efficacité

Attaquants :

— Attaquer le pack défenseur sur un flanc.

— Libérer convenablement la balle (posée et la faire légèrement rouler sur son grand axe).

— Soutiens proches et balayage des défenseurs.

Défenseurs :

— Placages explosifs sur l'attaquant pour qu'il perde la balle.

— Refouler les adversaires sur la mêlée ouverte.

Variante

— Sur le placement des packs A et B : rapprochés ou éloignés pour favoriser une équipe.

— Aire d'évolution réduite ou agrandie.

LE JEU GROUPÉ
MÊLÉE OUVERTE EN PROFONDEUR

Lancement de l'exercice

— Deux packs et deux 9 s'affrontent dans le couloir des 15 mètres.
— L'éducateur donne la balle à un des deux 9 qui lance son pack en relais débordants.

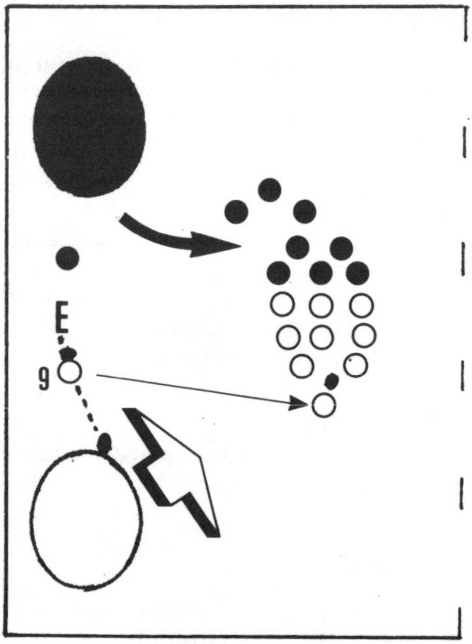

Consignes

— Lorsqu'un joueur est plaqué, les deux packs luttent en mêlée ouverte.
— Le 9 relance le jeu au ras avec les mêmes consignes.

Objectifs

Amélioration de la mêlée ouverte en profondeur.

Règles d'efficacité

— Le joueur plaqué fait un ultime effort d'avancée pour bonifier la balle (libération convenable).
— Pression axiale au niveau de la balle en mêlée ouverte pour attaquants et défenseurs.
— Se lier et percuter à vitesse maximale.
— Construction d'une mêlée ouverte à structure profonde à deux ou trois étages pour accentuer la pénétration axiale.
Les mêlées ouvertes qui se situent près du départ de l'action doivent avoir cette construction.

Simplification

Élargir l'espace, diminuer le nombre de défenseurs.

Complexification

— Réduire l'espace jusqu'à 5 mètres pour obtenir une opposition frontale.
— Autoriser un défenseur « joker » hors-jeu ; les attaquants doivent le refouler.

LE JEU GROUPÉ
LA MÊLÉE OUVERTE A FRONT LARGE

Lancement de l'exercice

— Deux packs et deux 9 s'affrontent dans le sens longitudinal des 22 mètres en jeu réel.
— Les deux packs et les deux 9 sont de part et d'autre de l'éducateur qui lance le jeu.

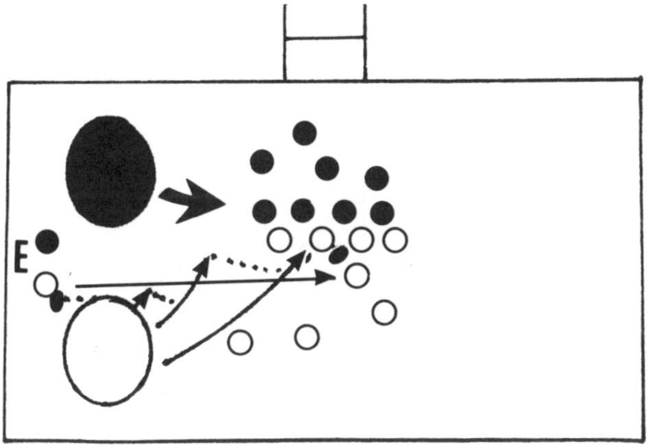

Objectifs des attaquants

— Éparpiller la défense par des relais débordants au large.
— Refouler les défenseurs dès la constitution d'une mêlée ouverte : constitution d'une mêlée ouverte à front large pour éliminer les défenseurs éparpillés.

Règles d'efficacité

Attaquants :
— S'éloigner le plus possible latéralement de la zone de départ pour disperser les défenseurs. Franchir la ligne d'avantage.
— Conserver autour du joueur qui provoque la mêlée ouverte beaucoup de soutien sur la largeur.
— Liaisons de bras très importantes (équilibre et transmission des forces).
— Mobiliser au moins autant de défenseurs que d'attaquants dans la mêlée ouverte.
Défenseurs :
— Plaquer et retourner dans son camp le joueur en possession de la balle (pas de soutien axial).
— Passer à travers les mailles de la mêlée ouverte.

Simplification

Diminuer le nombre de défenseurs.

Maul - Relais dynamiques - Maul

Lancement de l'exercice

— Dans les 22 m deux packs de huit joueurs s'affrontent en jeu réel ;
— En un, la balle est donnée aux attaquants qui cherchent à enfoncer les défenseurs en maul porté ;
— Au signal de l'éducateur « relais », les joueurs vont jouer en relais dynamiques sur la balle posée en deux (ils contournent le plot) ;
— Ils n'ont le droit de marquer qu'en maul porté en trois.

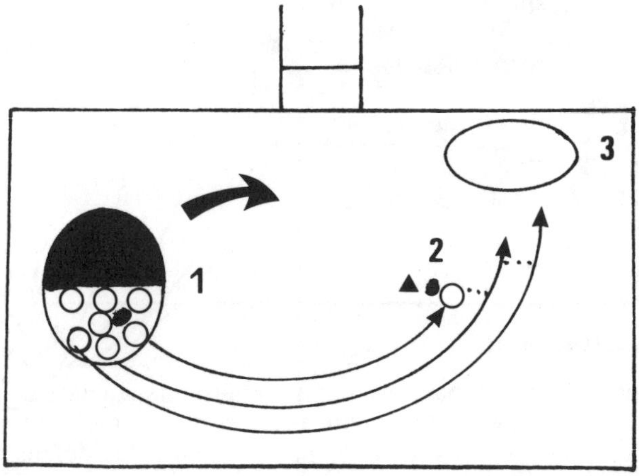

Objectifs

Enchaîner les phases de jeu d'avants :
— maul porté ;
— explosion en relais dynamiques ;
— se regrouper en maul porté.

Règles d'efficacité

Attaquants :
— Maîtrise de la technique et de l'organisation en maul porté ;
— Maîtrise technique dans le jeu en relais dynamiques : percussion passe ou passe avant le contact, cadrage ;
— Rester très groupés sur les trois actions.
Défenseurs :
— Se replacer plus vite et en plus grand nombre que les attaquants.

Variante

Simplification : opposition raisonnée.

Jeu en relais dynamiques

Lancement de l'exercice

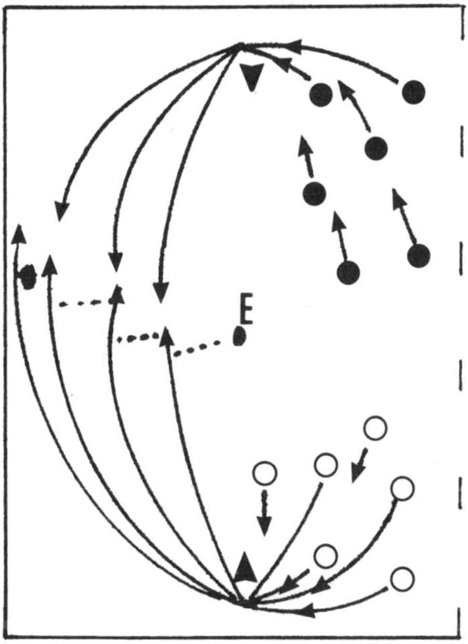

Deux packs de 8 joueurs s'affrontent en jeu réel dans le couloir des 15 m.

L'éducateur est au milieu avec un ballon.

De part et d'autre de l'éducateur, 2 plots placés à 10 m.

Les joueurs trottinent sur une moitié des 15 m.

Au signal « jeu » les joueurs contournent le plot situé vers leur camp.

Lorsqu'ils débouchent des plots, l'éducateur sert un joueur.

Objectifs

D'un placement désordonné se structurer en formation groupée pour enchaîner des relais dynamiques pénétrants.

Règles d'efficacité

Attaquants et défenseurs :
— Etre en surnombre au sortir des plots.
— Etre en formation très groupée.
Attaquants :
— Etre placés en premier pour déborder la défense.
— Recevoir la balle « à hauteur ».

Percussion-passe, passe-percussion

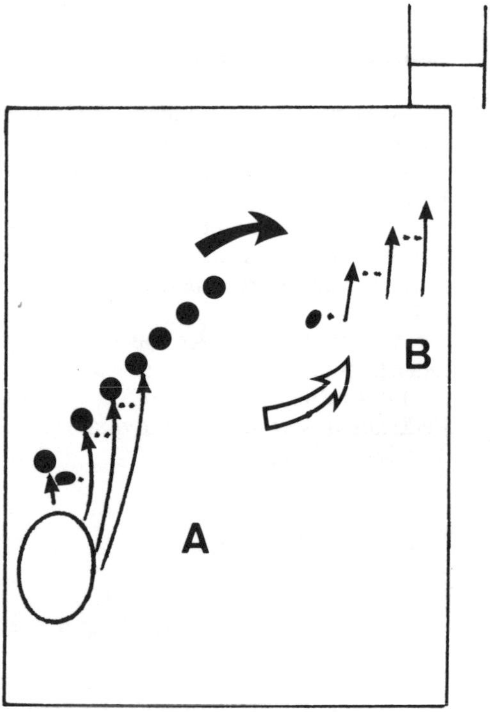

Lancement de l'exercice

Sur un quart de terrain, 2 packs de 8 joueurs s'affrontent :

en A, opposition raisonnée,

en B, jeu réel sur un 2ᵉ ballon.

Les défenseurs sont placés en profondeur et espacés de 2 m.

Les attaquants jouent en relais dynamiques puis se replacent en B où le jeu devient réel.

Consignes

Défenseurs :

— opposition raisonnée en A.

— garder le placement initial jusqu'à ce qu'ils soient percutés, se replacer ensuite pour défendre sur le 2ᵉ ballon.

Attaquants :

— en A percussion-passe ou passe-percussion pour tous (choix imposé par l'éducateur).

Objectifs

Apprentissage de la technique percussion-passe ou passe-percussion, le « cadrage en jeu d'avant ».

Règles d'efficacité

Attaquants :

— en A : • Adversaire direct et partenaire dans le même champ de vision.
• Balle tenue à 2 mains et vers l'extérieur, buste de profil, épaule en proue.

— en B : choix dans le rapport duel :
• Je suis plus fort que mon adversaire, opter pour la percussion-passe : fixation meilleure.
• Je suis moins fort : passe-percussion.

Variantes

En footing... à vitesse maximale.

Maul désaxé - Départs en relais dynamiques

Lancement de l'exercice

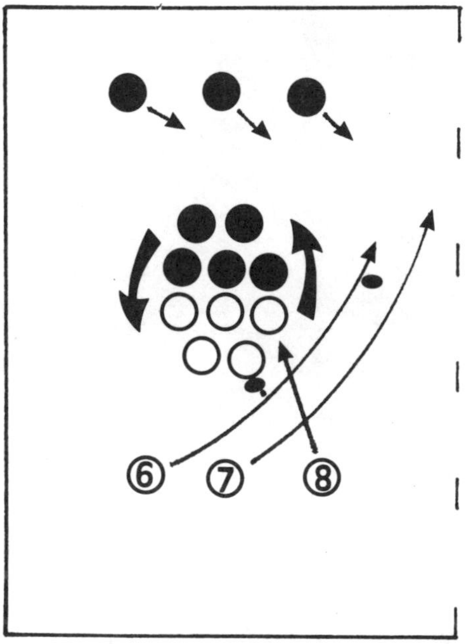

— Dans le couloir des 15 m, deux packs s'affrontent en jeu réel.

— Les deux 5 de devant luttent en maul porté (poussée axiale).

— Les 3e lignes détachés à 2 m environ font pivoter le maul *(flèches noires)* pour déclencher des départs autour.

Objectifs

Transformer un maul dynamique en relais pénétrants.

Règles d'efficacité

Offensives :

— départs plus favorables si le maul avance,

— pour le 5 de devant, accentuer le pivotement naturel (couple de rotation : pousser d'un côté, céder ou tirer de l'autre),

— accélérer par un ou deux 3e lignes la rotation puis déclencher le départ.

Défensives :

— enfoncer le maul dans l'axe, en s'accrochant aux maillots des défenseurs pour les empêcher de partir en relais.

— lutter contre la rotation.

— 3e lignes : défendre au ras du maul en avançant à la vitesse de l'attaquant.

Variantes

En collectif total :

Complexification : départs en relais sur le grand côté du terrain pour fixer les 3/4 adverses.

B. LE JEU DES TROIS-QUARTS

Classiquement, en ce qui concerne le travail spécifique des 3/4 en collectif partiel ou collectif de lignes, deux thèmes principaux sont généralement adoptés :

— Le jeu en première main, c'est-à-dire le jeu à partir des phases de conquête (mêlée ou touche).

— Le jeu en contre-attaque, que celle-ci soit du 1er, 2e ou 3e type. Pour ce qui est de ce thème, il est tout aussi habituel de le travailler avec l'effectif total.

1) LE JEU EN PREMIÈRE MAIN

Malgré l'évolution déjà ancienne du règlement (comme par exemple la mise en place de deux lignes de hors-jeu situées à 10 m de l'alignement en touche ou l'interdiction faite aux 3e lignes de suivre la progression de la balle en mêlée) on peut remarquer qu'il est de plus en plus rare de voir des équipes attaquer en première main. Le duo conquête-déployé fait de plus en plus figure d'ancêtre du Rugby. Certains invoquent la plus grande mobilité des joueurs dans le secteur défensif, d'autres encore les nécessités du résultat qui orientent le Rugby vers le jeu au pied haut et le refus d'une prise de risques à la main, d'autres encore la faiblesse technique de plus en plus évidente des joueurs des lignes arrières. Il y a peut-être un peu de vrai dans chacun de ces arguments. On peut constater effectivement qu'à partir des phases statiques, le lancement du jeu démarre de plus en plus par du jeu au pied ou par du jeu pénétrant dont le but est de franchir au plus vite la ligne d'avantage pour assurer le soutien et la continuité. On peut constater aussi que le véritable jeu déployé à la main se manifeste le plus souvent « dans la dynamique du mouvement » et dans le cadre du « tourbillon de jeu ».

Ceci étant dit, il est vrai que le jeu déployé après conquête nécessite de la part des lignes arrières une technique de circulation de balle très sûre, de même qu'une organisation collective de soutien par les joueurs impliqués dans la conquête, de manière à pallier une éventuelle défaillance. Nous sommes convaincus en tout cas qu'il existe des possibilités de jeu au large dans la zone des 15 m qui méritent d'être exploitées.

Quoi qu'il en soit, en ce qui concerne donc le travail des lignes arrières en première main, nous envisageons les situations pédagogiques de perfectionnement selon trois thèmes majeurs :

— Le jeu en circulation de balle : autrement dit, améliorer la capacité à transmettre le ballon vers les ailes, c'est-à-dire vers la zone des 15 m. C'est ce que nous appelons *le déployé contournant.*

— Le jeu en pénétration : autrement dit, le jeu dans les intervalles, c'est-à-dire l'amélioration de l'efficacité individuelle et collective dans la recherche et l'engagement à l'intérieur des intervalles du dispositif défensif. C'est ce que nous appelons *le déployé pénétrant.*

— Enfin, le jeu en récupération de balle : c'est-à-dire l'amélioration du jeu dans lequel interviennent toutes les formes de coup de pied. C'est ce que nous appelons le jeu *déployé en deux temps ou de récupération.*

Ce thème est un travail transitoire avec le thème de la contre-attaque.

a) Le déployé-contournant

L'objectif pédagogique est ici l'amélioration de la fluidité de la circulation de balle. Cette forme de travail s'effectue selon deux structures clés :

Une structure à 4 joueurs

1/2 ouverture, deux centres, ailier (carré d'as). Deux critères de réussite : balle à l'ailier en 1 contre 1 dans les 15 m (1) ; situation de 2 contre 1 dans les 15 m (2).

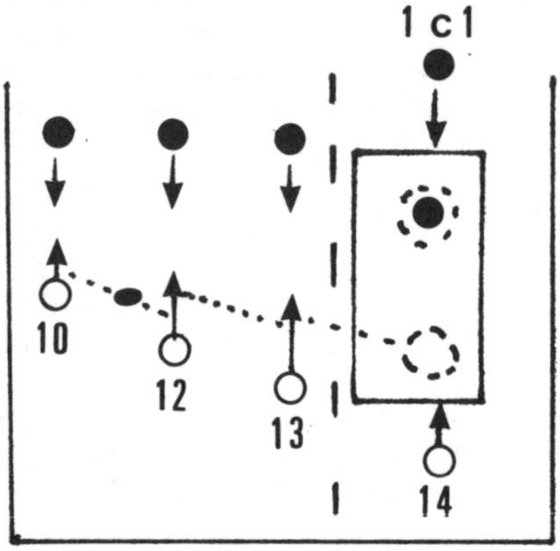

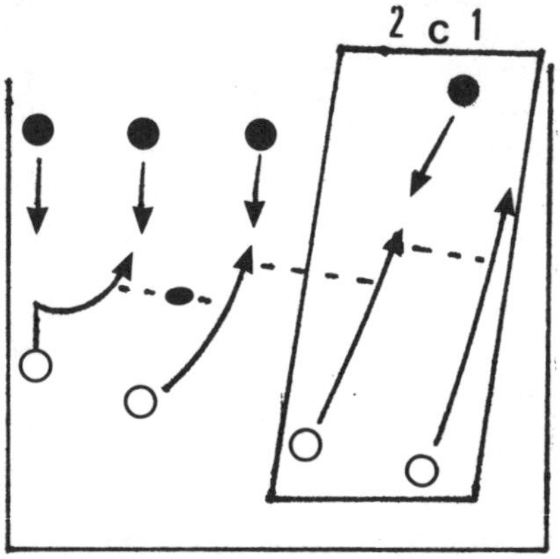

Cette structure à 4 joueurs nous paraît fondamentale pour remettre en valeur la prise d'initiative individuelle et la prise de risques. En effet, le « rapport duel » inévitable en sports collectifs nous semble quelque peu négligé à l'heure actuelle dans les procédures pédagogiques au détriment d'un jeu collectif de ligne dont le but est bien sûr la recherche du surnombre mais PAR LE BIAIS DE L'INTERVENTION D'UN JOUEUR SUPPLÉMENTAIRE DANS LA LIGNE. Ceci bien sûr au détriment de la prise de risque individuelle. En effet, en analysant le rugby comme un sport collectif et tactique, on a tendance un peu à oublier que, si le déséquilibre défensif s'obtient par des actions collectives dans lesquelles intervient un joueur supplémentaire pour créer le surnombre, celui-ci s'obtient aussi par la capacité qu'a UN joueur de créer un rapport de forces favorable en se montrant supérieur à son adversaire direct.

Si le déséquilibre défensif peut certes naître d'une combinaison tactique, il peut aussi plus banalement naître d'une situation de 1 contre 1 où le joueur attaquant domine son vis-à-vis. Il s'agit donc au travers de cette structure à 4 contre 4 de revaloriser la dimension de lutte individuelle homme à homme, de réclamer le droit à l'expression de chacun, de revendiquer la gestion du rapport duel. Telle est notre approche première du jeu des lignes arrières, qui est une manière de dire au joueur : « essaie de battre ton vis-à-vis » pour mettre les autres en situation favorable » et aux non porteurs de balle « adaptez-vous à la prise d'initiative individuelle ». Bref, on l'aura compris, le but est ici de conserver la structure clé du système (4 joueurs) pour en quelque sorte forcer chacun des joueurs à ne pas se cacher « derrière le moule du collectif », pour le mettre dans les conditions où il soit en demeure de s'exprimer en tant que joueur singulier par des techniques de courses et de menaces qui sont l'apanage des grands joueurs. Que l'on songe à notre patrimoine « artistique » d'internationaux que nous ont envié tant de nations : les Boniface, Maso, Trillo et autre Codorniou sacrifiés peut-être sur l'autel du collectif du jeu et du collectif tout court. L'expression collective ne doit en aucun cas être la négation de la personne-joueur comme de la personne dans toutes ses acceptions. Car, ce sont les personnes et les expressions personnelles qui sont à la base de toute innovation. Nous faisons totalement nôtre cette réflexion de J-Trillo : « En ce qui concerne l'apprentissage ou l'entraînement, je suis frappé de constater à quel point aujourd'hui, les notions d'inspiration, de technique individuelle et d'épanouissement de l'individu ont été banalisées au profit du collectif. Or ce sont des notions qui me paraissent prioritaires. »

Puissions-nous ne pas perdre ce qui a fait notre « culture rugbystique des lignes arrières ». Rendons donc la priorité à l'unicité et l'originalité DU joueur. Telle est en tout cas la signification profonde de la « structure à 4 » : valoriser la prise de risque individuelle sans altérer et décontextualiser la situation clé du collectif partiel de ligne.

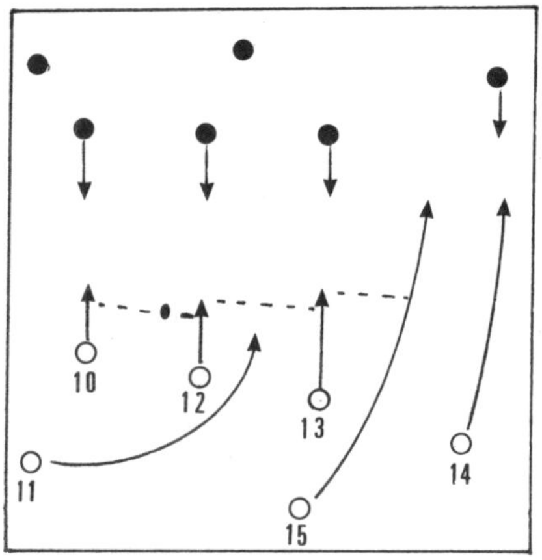

Une structure à 6 joueurs

1/2 ouverture, deux centres, ailier côté ouvert avec en plus ailier opposé et arrière (six majeur).

L'objectif de travail est ici la recherche du surnombre par incorporation d'un joueur étranger à la structure de base ou carré d'as. Cet apport d'un joueur en sus a pour but de créer une situation de surnombre favorable à la concrétisation du déséquilibre créé. Cette forme de jeu est, nous l'avons laissé entendre, la plus usitée. Et bien sûr, l'analyse précédente ne signifie en aucun cas le refus de cette modalité tactique. Loin de là. Ce serait détourner de manière schématique et caricaturale notre propos. Ce jeu en recherche de surnombre a pour objectif le jeu au large dans les 15 m, ceci afin d'éloigner le plus possible la balle de la zone de conquête, et faire bénéficier deux ou trois attaquants d'une grande liberté de manœuvre offensive liée au maximum d'espace d'évolution.

Conditions d'efficacité

L'efficacité de la circulation de balle est liée prioritairement à la qualité des transmissions, autrement dit, la qualité des savoir-faire techniques liés à la passe (la gestuelle), mais aussi et surtout à la qualité des DIFFÉRENTES FIXATIONS INDIVIDUELLES QUI SE SUCCÈDENT. Sans entrer dans des détails techniques que tout le monde connaît, rappelons simplement pour mémoire les règles d'action qui président à la fixation-passe, au cadrage-passe. La notion clé est pour nous la notion de MENACE. Menace de l'intervalle qui passe par le respect de 4 principes :

1) La direction de course dans l'intervalle intérieur de son opposant direct.
2) L'accélération vers l'intervalle intérieur.
3) Le regard vers le regard de l'adversaire.

Le respect de ces trois principes constitue la menace. Elle est une agression à distance. Il s'agit de faire douter l'adversaire au point de le mobiliser temporairement sur l'intérieur.

4) Le déclenchement de la transmission s'effectue au moment où le défenseur est en phase de suspension ou encore au moment où il se trouve sur l'appui extérieur, ce qui aboutit à une orientation du corps à l'inverse de la trajectoire que va prendre le ballon.

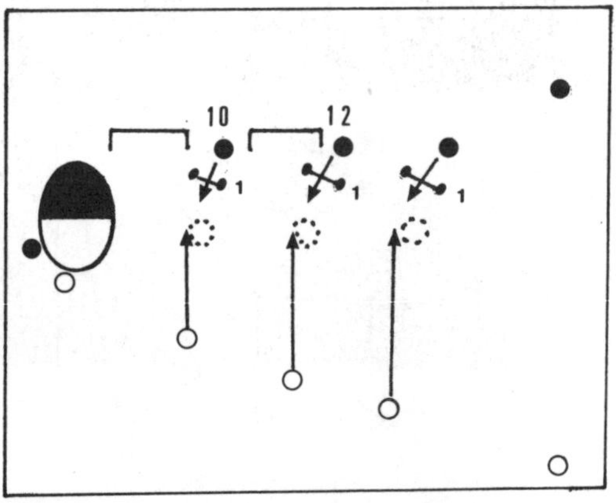

b) Le déployé-pénétrant

L'objectif pédagogique est ici l'amélioration du jeu dans les intervalles et la pénétration à l'intérieur du dispositif défensif adverse constitué par la ligne de montée défensive. L'objectif tactique est de franchir la ligne d'avantage le plus rapidement possible, pour permettre à la 3e ligne notamment d'être rapidement en soutien offensif afin d'assurer la continuité du jeu.

Si, dans le déployé débordant, l'objectif est la recherche du surnombre et d'une pénétration en bout de ligne dans la zone des 15 m (et donc les deux derniers intervalles constitués par l'intervalle intérieur et extérieur de l'ailier), dans le cas précis du déployé pénétrant, les cibles de pénétration sont généralement constituées par les 3 premiers intervalles de ligne : intervalle 9-10, intervalle 10-12 et intervalle 12-13 (cf. schéma).

13
15

11

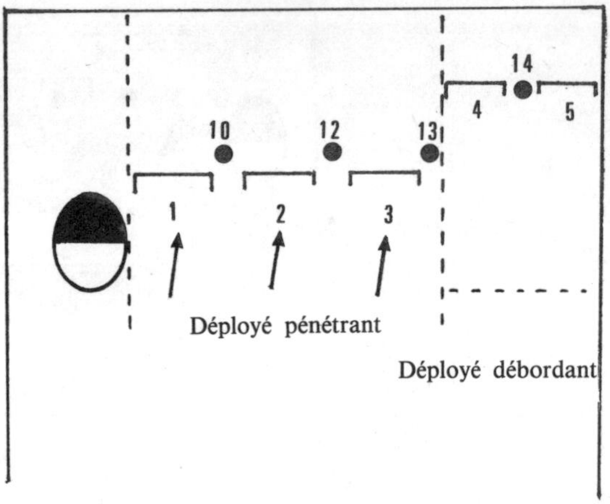

Cette recherche de la pénétration, du jeu direct, se justifie sur le plan théorique à partir de plusieurs arguments :

1) Le fait que plus l'on pénètre *rapidement et près* de la zone de conquête, plus le soutien au porteur de balle par la 3e ligne est facile à effectuer. A l'inverse, plus cette pénétration est lointaine comme dans le déployé débordant, plus elle est difficile à assurer.

2) L'argument de la distance se conjugue à l'argument de la ligne d'avantage. Assurer la circulation de balle revient dans le placement initial et le placement dans la réception en course à prendre une certaine profondeur qui éloigne les joueurs de la ligne d'avantage et force donc le soutien à adopter des trajectoires de course à contresens. Ce qui explique d'une certaine manière la prise de risque que constitue le jeu en déployé débordant en cas de perte de balle. A l'inverse, le déployé pénétrant permet un placement plus à plat notamment sur mêlée, favorable à la continuité et à l'efficacité en terme gain de terrain.

3) Ce jeu en pénétration permet des points de fixation ou du moins des mobilisations de joueurs temporaires qui sont des conditions favorables aux rebonds d'attaque dans le deuxième temps de jeu. Car s'engager dans l'intervalle, c'est de toute manière mobiliser sur le plan physique comme sur celui de la vigilance au minimum 2 joueurs-défenseurs.

4) Enfin, la vitesse d'intervention défensive ainsi que les distances qui séparent les deux structures en ligne à partir d'une mêlée, sont telles que la recherche d'un déployé-contournant est difficile et la circulation de balle aléatoire à moins d'adopter un placement offensif très en profondeur qui serait trop en contradiction avec la logique du jeu. En effet, cela aboutit au fait que l'équipe en défense avance à 15 alors que l'équipe en possession de la balle avance à 7 pendant que les 8 avants reculent. Ceci a amené certains entraîneurs à renoncer à un placement très en profondeur dans les années 75 (cf. schéma). Il nous faut cependant nuancer en faisant remarquer que l'agressivité défensive notamment à partir de mêlée peut être contrecarrée en partie par des schémas tactiques qui ont pour but d'accélérer les circulations de balle en « sautant » un voire même deux joueurs de la ligne (sautée simple ou double sautée).

Les conditions d'efficacité de ce jeu déployé-pénétrant sont liées aux qualités spécifiques des joueurs (vitesse d'engagement, masse physique : F. Mesnel par ex.), aux automatismes des schémas tactiques, et surtout à la gestion du jeu dans l'inter-

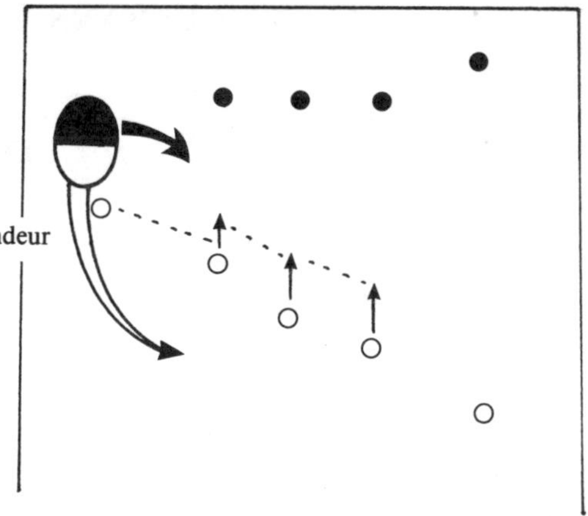

valle par le joueur pénétrant, c'est-à-dire la capacité à résister à la lutte homme à homme, la capacité à maîtriser le stress que constitue parfois le retard momentané du soutien, la capacité à défier physiquement l'adversaire sans perdre le ballon.

Les modalités de travail sont les mêmes que pour le déployé-contournant :

— *Un travail à partir d'une structure à 4*, dont le but est la prise de risque individuelle et la coordination inter-individuelle sur la base d'une initiative personnelle.

— *Une structure à 6*, où la pénétration et la perturbation défensive seront recherchées à partir de l'intervention de l'ailier opposé ou de l'arrière dans l'un des trois intervalles précédemment mentionnés.

Ces deux modalités seront abordées dans la partie pratique qui suit. Il nous faut cependant mentionner une 3e modalité qui inclue aux deux lignes de 3/4, la présence de la 3e ligne pour des raisons qui découlent de ce que nous avons dit précédemment. Cette modalité sera abordée dans le chapitre 3, qui concerne le travail des liaisons auquel nous renvoyons le lecteur.

c) Le déployé en deux temps

L'objectif pédagogique de ce troisième thème de travail est l'amélioration de l'utilisation du jeu au pied par les lignes arrières et ce, dans une optique de récupération de balle. L'autre modalité de jeu au pied, le jeu d'approche sera essentiellement travaillée dans des formes à effectif total ou complet : deux objectifs donc pour ce travail de ligne : récupérer ou marquer. Ceci implique que le jeu au pied sera restrictif dans le sens où sera occultée la notion de gain de terrain. Coups de pied « up » ou coups de pied courts au-dessus ou dans l'intervalle seront donc les formes privilégiées de ce jeu. C'est donc la capacité de récupération de balle et d'enchaînement qui est ici l'objectif prioritaire, en attaque comme en défense.

Les modalités de travail seront les mêmes que précédemment, en structure à 4 et structure à 6.

Nous allons donc présenter maintenant un ensemble de situations correspondant aux trois axes de travail que nous venons succinctement d'évoquer, en précisant à chaque exercice les points techniques et tactiques que nous avons volontairement occultés de manière à ne pas trop alourdir la partie théorique.

2) SITUATIONS PÉDAGOGIQUES

LE JEU DÉPLOYÉ

Jeu en première main sur touche et mêlée

Lancement de l'exercice

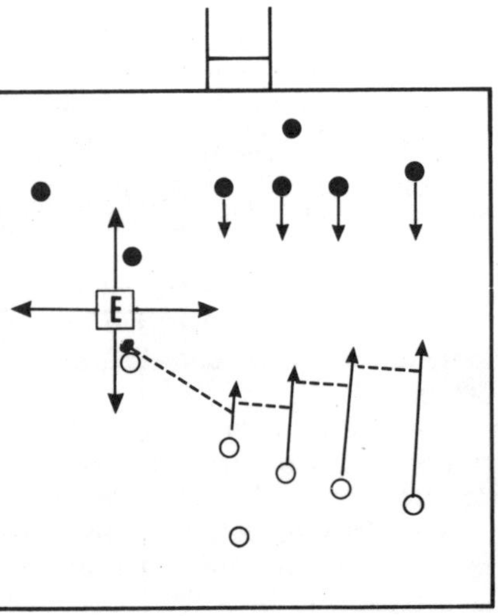

— 2 lignes de 3/4 sur un 1/2 terrain s'affrontent en jeu réel.

— L'éducateur resitue le contexte du match :

— en précisant s'il s'agit d'une attaque sur touche ou mêlée (sur notre schéma : touche) et il place donc la défense à distance adéquate ;

— il mime par son déplacement axial ou latéral les déplacements du pack en match ;

— le jeu commence lorsqu'il donne la balle au 9.

Objectifs

Attaquer la défense en déployé pénétrant ou contournant.

Consignes

Respect strict des lignes de hors-jeu sur phases statiques.

Règles d'efficacité

Attaque favorable si E avance → attaque à plat.
Attaque difficile si E recule → attaque en profondeur.

Variantes

— Autorisation ou interdiction du jeu au pied.
— Incertitude sur le 9 qui aura la balle.
— Montée défensive retardée (quand le 10 a la balle).

Déployé pénétrant puis contournant

Lancement de l'exercice

— 2 lignes d'attaque de 4 joueurs.
— 1 ligne de défense de 4 joueurs.
Dans les 22 m, sens longitudinal.

1) L'éducateur lance la première ligne d'attaque d'un côté (il pousse la balle au pied en direction de l'attaque).

Jouer en déployé pénétrant (jeu dans les intervalles).

2) Au signal, replacement : les 4 défenseurs se replacent et défendent sur la deuxième ligne qui cherche à les déborder.

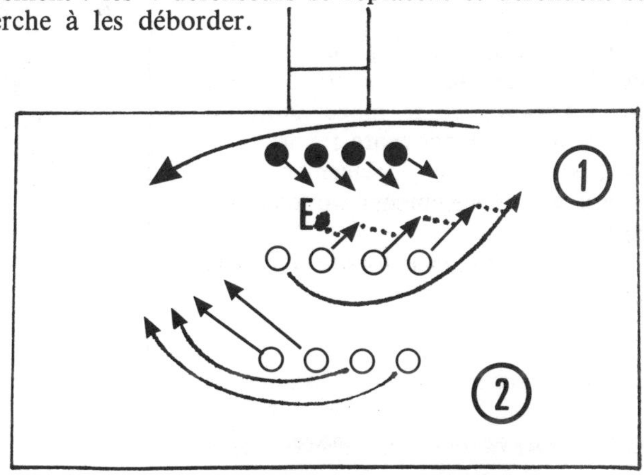

Objectifs

— Attaquer et défendre en déployé pénétrant et contournant.
— Se replacer très vite en défense ; rattraper le retard (chasser).

Consignes

Effort défensif maximal sur les deux temps.

Règles d'efficacité

Défenseurs :
— En 1) : aller vers les attaquants.
— En 2) : la chasse s'effectue par une course latérale mais *en avançant*.
Attaquants :
— En 1) : perforer les intervalles réduits et donner à hauteur.
— En 2) : attaquer à plat, « cadrer » et déborder en bout de ligne.

Marquer en surnombre

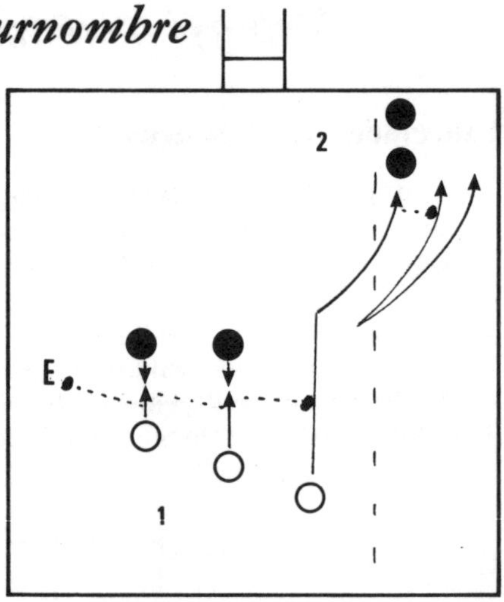

Lancement de l'exercice

Dans un 1/2 terrain.

1) 3 attaquants contre 2 défenseurs puis 2 autres dans l'espace limité par le couloir des 15 mètres.

2) Les attaquants s'ils passent en (1) affrontent 2 défenseurs placés verticalement (2).

Objectifs

— Réussir un surnombre frontal (1er rideau).

— Réussir un surnombre vertical (2e, 3e rideaux).

Consignes

1) Les défenseurs partent lorsque E lance l'attaque.

2) En défense : « chasser », défendre sur les intervalles, sur la balle, pas sur l'homme pour ne pas être cadré.

Variantes

— Diminuer ou agrandir l'espace.

— Éloigner ou rapprocher les défenseurs.

Déployé pénétrant - puis contournant

Lancement de l'exercice

Deux lignes de joueurs évoluent sur un demi-terrain (4 à 7 joueurs).

Le terrain est divisé en 2 zones (au 2/3).

L'éducateur lance le jeu en zone étroite 1, puis lorsqu'il juge la première phase morte, il compte à haute voix 5 secondes et envoie la 2e balle en zone large (2).

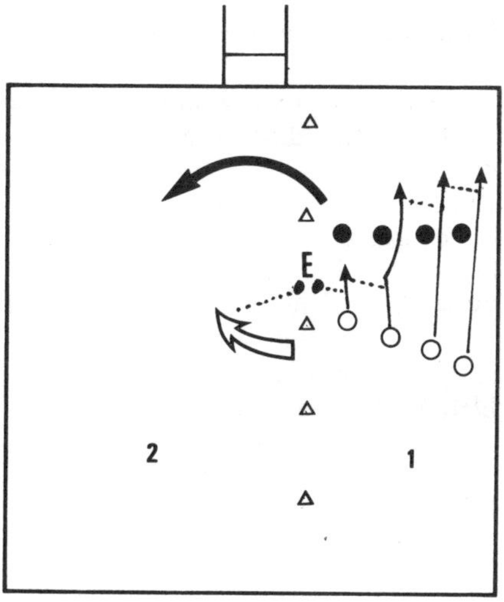

Consignes

Jeu réel

— Jouer en déployé pénétrant en zone étroite (1).

— Jouer en déployé débordant en zone plus grande (2).

Objectifs

— Attaquer et défendre en déployé pénétrant.
— Se replacer.
— Attaquer et défendre en déployé débordant.

Règles d'efficacité

En attaque :

— **En 1** efficacité en homme à homme, et jeu dans les intervalles (relations à 2 joueurs).

— **En 2** se replacer très vite dans la zone large, s'écarter le plus possible et déborder la défense par des grandes passes.

En défense :

— **En 1** homme à homme strict.

— **En 2** chasser en dialoguant « J'ai ! » « Prends-le » etc.

Variantes

— Éloigner ou rapprocher les défenseurs.
— Jouer avec 2 lignes de 3/4 complètes (7 contre 7).

Déployé pénétrant

Lancement de l'exercice

Deux lignes de 4 joueurs s'opposent dans la zone des 15 m.

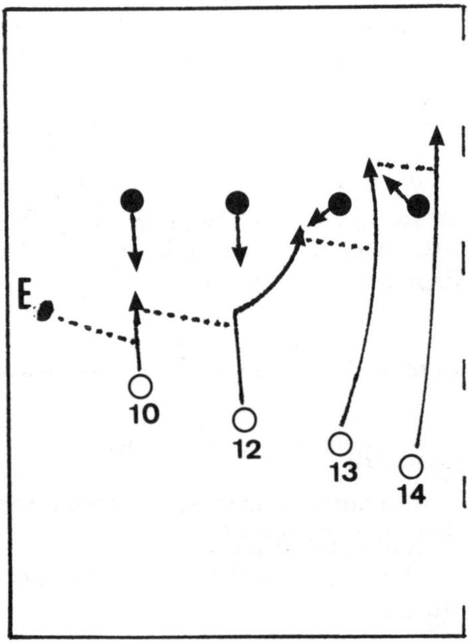

Consignes

— Une ligne attaque, l'autre défend.
— La même ligne attaque 5 fois d'affilée pour mieux résoudre le problème posé par la défense.

Objectifs

Un joueur attaquant doit battre son vis-à-vis pour pénétrer dans un intervalle et créer la rupture.

Règles d'efficacité

Dans le duel homme à homme :
Si le défenseur monte vite, l'attaquant prend l'intérieur (crochet intérieur, feinte de passe) ;
— Si le défenseur monte lentement, l'attaquant le déborde : cadrage débordement, raffût, changement d'allure (accélérer dans l'intervalle).
Dans le jeu relationnel des attaquants :
Sur l'attaquant qui prend un intervalle, venir à hauteur (« passage des bras de l'attaquant »).
Sur notre schéma : cadrage débordement de 12, jeu dans l'intervalle de 13 (passage des bras passe à hauteur à 14).

Variantes

— Rétrécir ou élargir le terrain.
— Montées défensives variées : lente, rapide, inversée (défenseur extérieur en avance sur le précédent).

Déployé contournant

Lancement de l'exercice

Deux lignes complètes (7 joueurs) s'affrontent dans les 22 mètres.

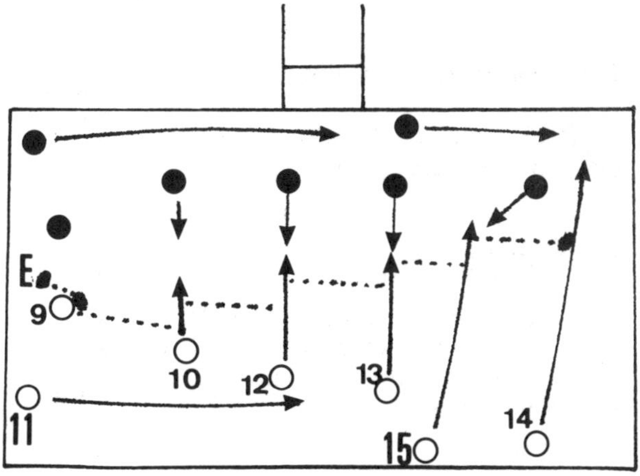

Consignes

— Jouer sans combinaison tactique, mais utiliser l'appui du 11 et du 15 à n'importe quel niveau.
— Défense et contre-attaque des défenseurs.

Objectifs

Déborder la défense en créant un surnombre, marquer.

Sur notre schéma
Circulation 9-10-12-13, 15 intercalé fixe le dernier défenseur, débordement de 14.

Règles d'efficacité

Attaquants :
— Efficacité du cadrage de près et de loin.
— Intervention du 11 ou du 15 (garder un joueur en couverture pour parer aux contres).
— Jeu à haut risque, intervention des deux.
— Le joueur qui intervient dans la ligne doit dissimuler le plus longtemps possible l'endroit de son intervention.
Défenseurs :
— Chasser sur le 15 intercalé.
— L'ailier fermé suit son ailier.

Variantes

Simplification :
Ralentir la vitesse de montée des défenseurs, les éloigner.
Complexification :
Vitesse maximale de montée, pressing défensif.

Lancement de l'exercice

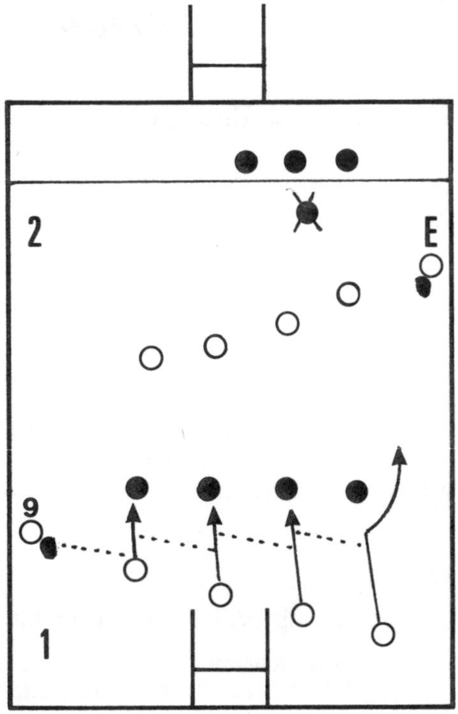

— Deux lignes de 4 joueurs s'affrontent sur un grand terrain.
— En (1), un demi de mêlée lance l'attaque au niveau des 22 mètres.
— Au signal « 2e balle », l'éducateur stoppe la première action et appelle tous les joueurs.
— En (2), l'éducateur lance les mêmes attaquants au niveau des 22 mètres avec un deuxième ballon.

Consignes

Tous les défenseurs qui ne sont pas placés derrière la ligne des 22 mètres n'ont pas le droit de défendre (sur notre schéma).

Objectifs

Attaquants :
— Efficacité du jeu en 1er et 2e temps.
Défenseurs :
— Se replacer très vite au-delà des lignes de hors-jeu. En match ce sont les lignes de hors-jeu créées par des regroupements.

Règles d'efficacité

Attaquants :
— Investissement total dans la première action puis replacement très rapide pour être en surnombre.
Défenseurs :
Plaquer en première phase puis se replier très rapidement en observant le dispositif d'attaque adverse.

Variante

7 contre 7.

Déployé et jeu au pied

Lancement de l'exercice

Deux lignes de 3/4 de 6 joueurs et deux demis de mêlée s'affrontent dans les 22 mètres. La même équipe attaque 4 fois à la suite.

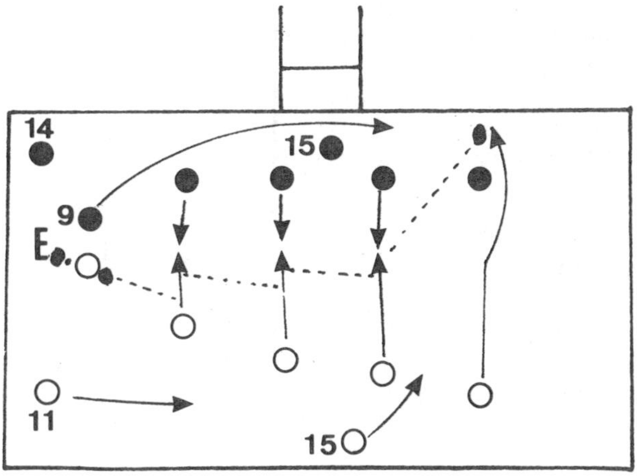

Consignes

Autorisation de jouer à la main et au pied.

Objectifs

Être efficace en attaque en faisant peser la double menace, jeu à la main, jeu au pied.

Règles d'efficacité

En attaque :
— Si la défense est passive : jeu à la main en attaquant dans les intervalles ou en créant un surnombre avec 11 et 15.
— Si la défense est agressive : jeu au pied rasant (notre schéma), ou lobé par dessus.
— Faire monter la défense en déployant puis botter dans son dos.

En défense :
— Rigueur du 1er rideau sur déployé.
— Couverture 9-14-15.

Variantes

Régulation par l'éducateur de la vitesse de montée défensive. De très lente à très agressive, voire « inversée ».

Déployé débordant

Lancement de l'exercice

— Deux lignes de 4 à 6 joueurs placées en file indienne de part et d'autre de l'éducateur.

— L'éducateur indique avec un bras l'équipe qui aura la balle et la direction de l'attaque (flèche).

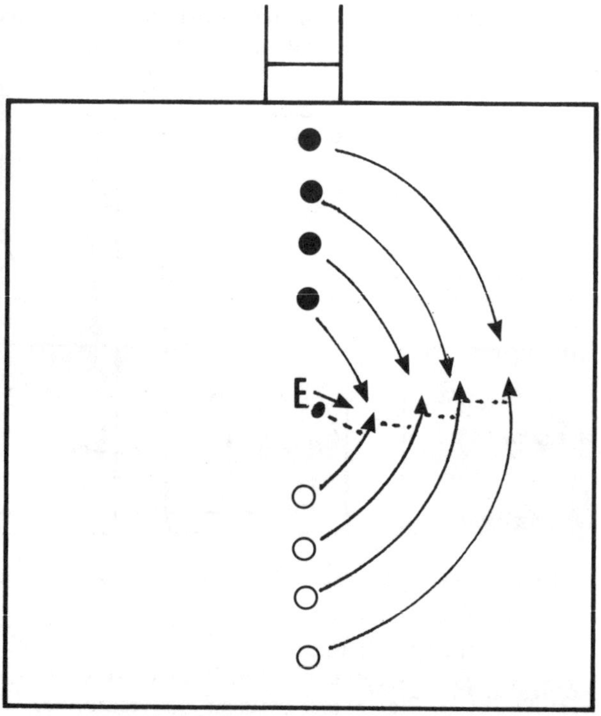

Consignes

Les joueurs (attaquants et défenseurs) se lancent au signal du bras de l'éducateur.

Objectifs

Se déployer le plus rapidement possible sur la largeur pour être en supériorité numérique.

Règles d'efficacité

En attaque :

— Occuper rapidement l'espace et redresser sa course (cadrage).

— Règler la profondeur d'attaque en fonction de la vitesse de montée des défenseurs.

En défense :

— Occuper la largeur et avancer vers les attaquants.

Variante

Complexification défensive : infériorité numérique des défenseurs qui « chassent ».

Jeu relationnel

Lancement de l'exercice

— Des carrés de 10 mètres délimités par des plots.
— Les joueurs s'y affrontent en 2 contre 2.

A

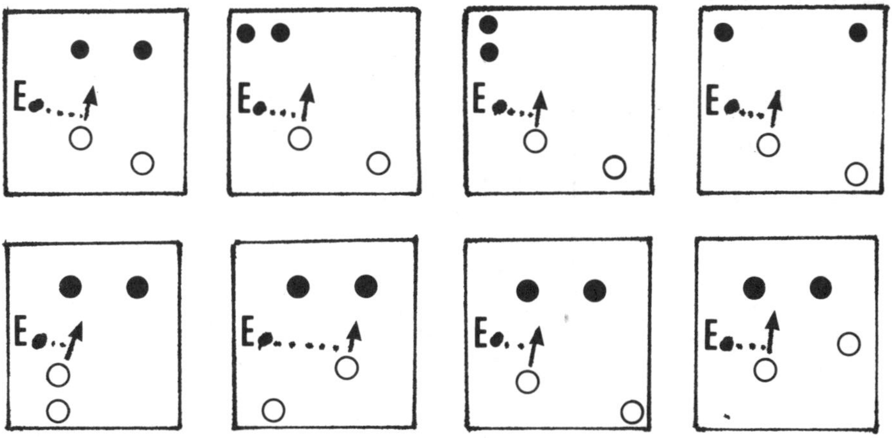

B

Consignes

— Respecter le placement imposé par l'éducateur.
— Sur notre schéma :
— En A : Placement défensif non conventionnel.
Placement offensif conventionnel.
— En B : Placement défensif conventionnel.
Placement offensif non conventionnel.

Objectifs

• Dans la relation à deux joueurs.
— Efficacité offensive : marquer.
— Efficacité défensive et contre-attaquer.

Règles d'efficacité

Attaquants et défenseurs :
— Retrouver rapidement un placement efficace.
— S'organiser pour obtenir une grande efficacité dans la relation à 2 joueurs : parler le même langage.

Déployé pénétrant ou contournant

Lancement de l'exercice

— Deux lignes de 3/4 de 4 joueurs s'opposent dans les 22 m.
— Les 22 m sont partagés par des plots en 4 zones.
— L'éducateur, en donnant la balle aux attaquants, annonce le nombre de zones à utiliser. « 2 » sur notre schéma.

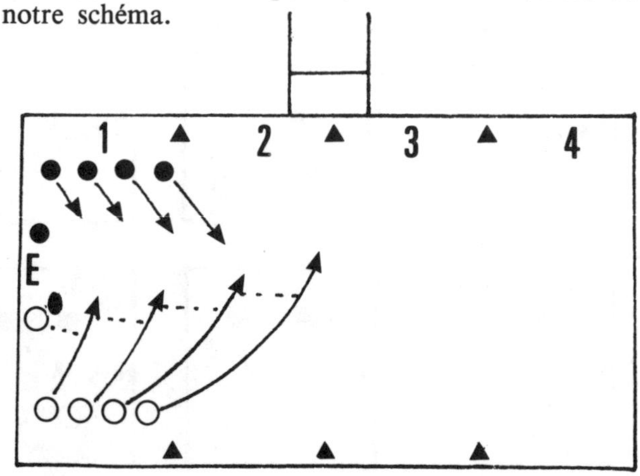

Consignes

Jouer dans les zones autorisées.

Objectifs

— Attaquer en déployé pénétrant sur zone étroite.
— Attaquer en déployé contournant sur les zones larges.

Règles d'efficacité

Attaquants et défenseurs :
— Occuper la largeur les premiers pour être en surnombre, mais aussi pour pouvoir courir droit avant son adversaire.

Variantes

Défensive :
— La défense ne monte que lorsque le premier attaquant a la balle.
Offensive :
— Autoriser les passes sautées.

Deux balles en même temps

Lancement de l'exercice

Dans les 22 m deux lignes de 6 joueurs s'affrontent en jeu réel. Elles sont placées face à face.

L'éducateur envoie 1 balle à chaque équipe au même moment.

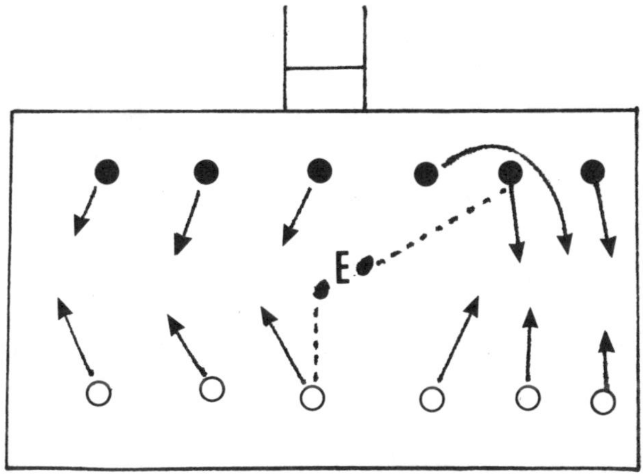

Consignes

Se répartir dans chaque ligne en attaquant ou défenseur.

Objectifs

Efficacité offensive et défensive. Répartition judicieuse des rôles (offensifs, défensifs).

Variante

L'éducateur peut envoyer les deux balles à la même équipe.

Replacement

Lancement de l'exercice

— Deux groupes de 6 à 8 joueurs trottinent dans les 22 m en désordre, puis s'opposent en jeu réel.

— Les lignes de marque sont soit la longueur — pour les noirs, ▬ pour les blancs), soit la largeur (| pour les noirs ▮ pour les blancs).

— L'éducateur envoie la balle à un joueur en disant « longueur » (sur notre schéma), ou « largeur », pour donner la direction d'attaque.

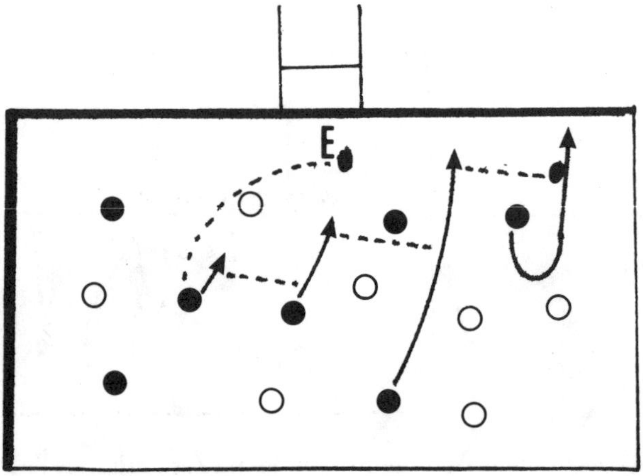

Objectifs

Constituer une ligne offensive et défensive le plus rapidement possible pour être efficace.

Consignes

Effort maximal de replacement offensif et défensif.

Règles d'efficacité

Attaquants :

— Orientation judicieuse du 1er joueur :

- surnombre évident,
- servir un partenaire lancé.

— Course de diversion d'un joueur sans ballon pour perturber la défense.

Défenseurs :

— Défendre dans les intervalles (isoler le porteur).

— « Chasser ».

Variante

Complexification : Un « joker » n'a pas le droit d'être plaqué. Les défenseurs l'isolent pour qu'il n'ait pas la balle.

Jeu déployé contournant

Lancement de l'exercice

— Dans les 22 m, 4 attaquants contre 4 défenseurs placés latéralement (en retard) s'affrontent en jeu réel ;
— L'éducateur passe la balle et lance l'attaque.

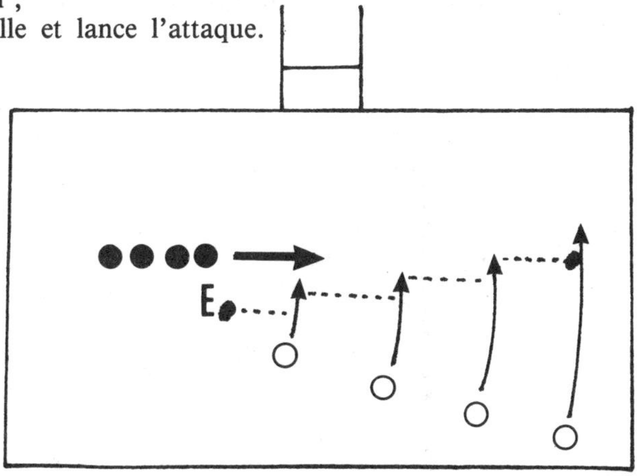

Objectifs

Attaquants :
— Déborder une défense en retard ou la passer dans les intervalles.
Défenseurs :
— Rattraper le retard défensif.

Règles d'efficacité

Attaquants :
— Cadrer le ou les défenseurs (c'est-à-dire stopper leur déplacement latéral en redressant sa course). Pour cadrer avec efficacité, il faut redresser sa course avant de recevoir la balle ;
— Feinter la passe et accélérer dans l'intervalle si le défenseur n'est pas cadré ;
— Attaquer avec très peu de profondeur.
Défenseurs :
— Ne pas se laisser cadrer et rattraper l'avantage positionnel des attaquants (chasser) ;
— Courir latéralement mais en avançant vers les attaquants ;
— Dialoguer « laisse-le à l'intérieur », « prends-le » etc.

Variante

Diminuer le nombre de défenseurs, éloigner encore les défenseurs.

Déployé contournant

Lancement de l'exercice

— Dans les 22 m, 4 attaquants contre 3 défenseurs placés verticalement (espacés de 5 m environ) s'affrontent en jeu réel. L'éducateur lance l'attaque.

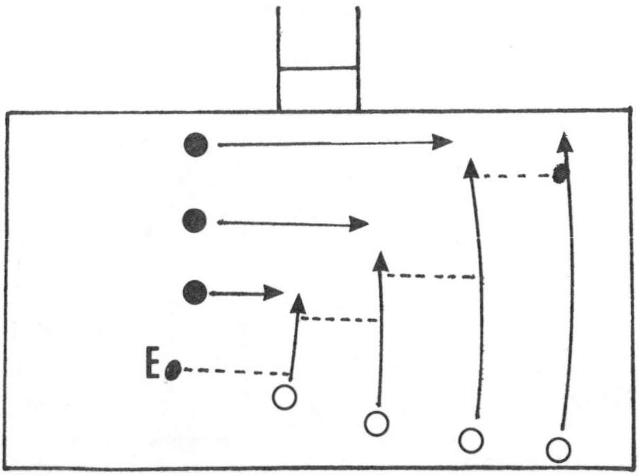

Consignes

Les défenseurs interviennent par des courses obligatoirement parallèles à la ligne d'essai.

Objectifs

— Concrétiser un 4 contre 1 sur chaque rideau ;
— Cadrer ou feinter la passe en crochetant le défenseur à l'intérieur.

Règles d'efficacité

Attaquants :
— Observer la course et l'attitude du défenseur « va-t-il poursuivre sa course vers l'extérieur ou venir me plaquer ? » ;
— Redresser sa course pour obliger le défenseur à un choix précis (chasser ou plaquer) ;
— Attaquant sans ballon : jouer à plat (minimum de profondeur) accélérer à la prise de balle et redresser sa course vers le défenseur suivant.
Défenseurs :
Induire l'attaquant en erreur. Feindre le placage et poursuivre sa course ou le contraire.

Variante

Complexification : Le défenseur battu par son vis-à-vis vient aider ses partenaires en défense.

Structuration des lignes

Lancement de l'exercice

— 2 groupes de 6 joueurs trottinent dans leur moitié de terrain à l'intérieur des 22 m. Jeu dans le sens de la largeur.

— Au signal « jeu », ils passent à toute vitesse derrière le poteau le plus proche (effet de désorganisation dans l'orientation de la course et le placement en déployé).

— L'éducateur sert une des deux équipes qui cherche à battre les défenseurs en jeu déployé.

Objectifs

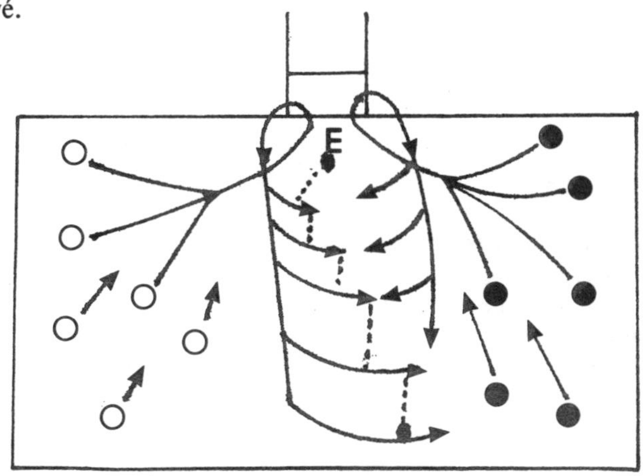

Formation d'une structure ordonnée en jeu déployé à partir d'un placement désordonné.

Consignes

Investissement physique total en attaque et en défense.

Règles d'efficacité

Attaquants :

— Être les plus prompts pour être en surnombre.

— Jouer à plat, cadrer

— Jouer à « contre-courant » : crochet intérieur, feinte de passe sur des défenseurs lancés latéralement.

Défenseurs :

Chasser en avançant.

Variantes

Complexifier en plaçant des plots à l'opposé et jouer sur une 2e balle au signal de l'éducateur.

Déployé débordant

Lancement de l'exercice

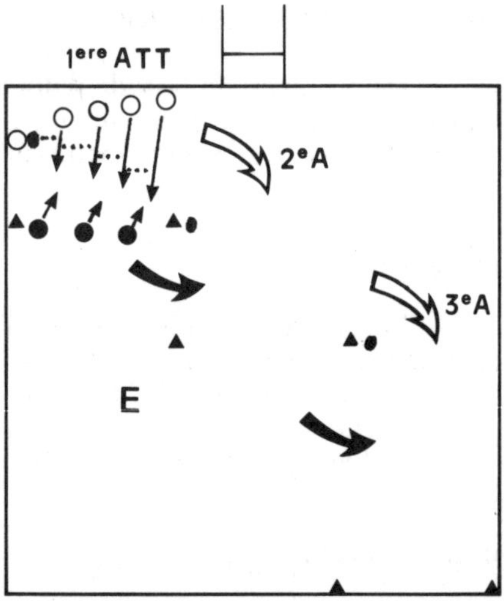

Sur un demi-terrain aménagé avec des plots (comme sur notre schéma) 4 attaquants et un demi de mêlée affrontent 3 défenseurs en jeu réel.

— Le demi de mêlée relance le jeu avec une autre balle sur la 2e attaque, puis encore sur la 3e attaque.

Consignes

Marquer sur la ligne des plots, puis se replacer à l'extérieur pour jouer vers la 2e ligne de marque, puis la 3e ; les défenseurs passent derrière le plot (flèche noire).

Objectifs

Amélioration : du déployé débordant ; du replacement à l'extérieur pour déborder encore la défense.

Règles d'efficacité

Attaquants et défenseurs :
— Se replacer le plus rapidement possible à l'extérieur.
Attaquants :
— Résoudre le surnombre initial (cadrer ou feinter la passe) et le perpétuer.
Défenseurs :
— « chasser » pour rattraper les décalages, plaquer durement pour provoquer la perte de balle, se replacer très vite.

Variante

Diminution ou augmentation du nombre de défenseurs.

Combinaison pénétrante de l'ailier côté ouvert

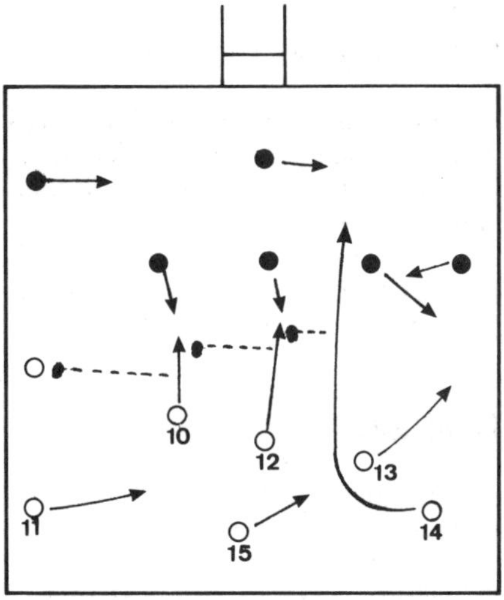

Lancement de l'exercice

— Deux lignes de 3/4 de 6 joueurs, un demi de mêlée évoluent sur un demi-terrain (espace très grand facilitant).

Objectifs

— Percer le 1er rideau défensif en combinaison déployée pénétrante par l'ailier ouvert (14) entre les deux centres.

Consignes :

— Défense raisonnée ou réelle.

Règles d'efficacité

— Précision dans l'orientation des courses, le timing.

— Cadrage de leurs vis-à-vis par 10 et 12.

— Leurre du 13 qui en s'écartant entraîne son vis-à-vis à l'extérieur et ouvre la brèche.

— Course arrondie puis rectiligne du 14 qui prend la balle à pleine vitesse.

— Couverture de soutien offensif de 11 et 15.

Évolution de l'exercice

Simplification : Étude à vide ou en opposition réduite (4 défenseurs) et raisonnée.

Complexification : Jeu réel en collectif partiel (ligne contre ligne) puis total (sur touche et mêlée). Réduction de la largeur : 1/4 de terrain.

Combinaison pénétrante avec l'ailier côté fermé

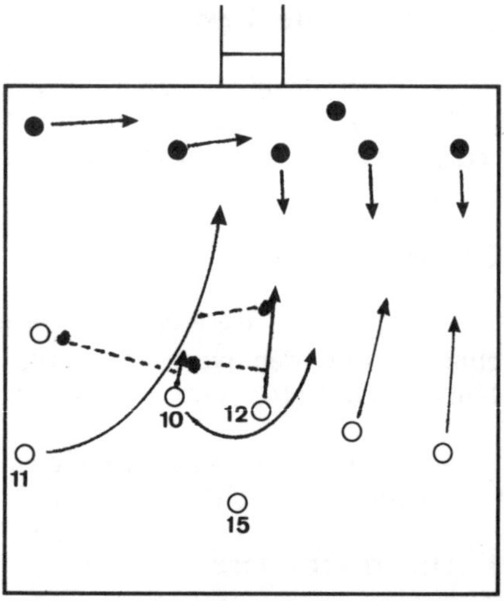

Lancement de l'exercice

Deux lignes de 3/4 de 6 joueurs, un demi de mêlée, évoluent sur un demi-terrain (espace très grand facilitant).

Objectifs

Percer le 1er rideau défensif en combinaison déployée pénétrante par l'ailier fermé (11) à l'intérieur du 10.

Consignes

Défense raisonnée ou réelle.

Règles d'efficacité

— Précision dans l'orientation des courses, le timing.
— Passe sur un pas de 10 à 12, course rectiligne de celui-ci avec feinte de passe au 10 qui le redouble, puis service à l'intérieur au 11.
— Le redoublement du 10 provoque la course latérale de son vis-à-vis et l'ouverture d'une brèche à l'intérieur.
— Importance du réglage de la course de 11 pour arriver à pleine vitesse et à plat.
— Couverture et soutien du 15.

Évolution de l'exercice

Simplification : Étude à vide ou en opposition raisonnée.
Complexification : Jeu réel en collectif partiel (ligne contre ligne) puis total sur touche, mêlée et à partir de regroupements. Réduction de la largeur : 1/4 de terrain.

Combinaison pénétrante avec le 2e centre

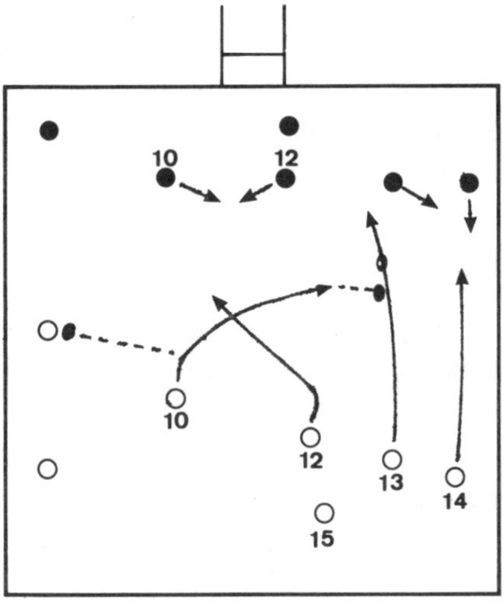

Lancement de l'exercice

Deux lignes de 3/4 de 6 joueurs, un demi de mêlée évoluent sur un demi-terrain (espace très grand facilitant).

Objectifs

Percer le 1er rideau défensif en combinaison déployée pénétrante par le 2e centre (13).

Consignes

Défense raisonnée ou réelle.

Règles d'efficacité

— Précision dans les courses, timing.
— Course latérale du 10 qui porte la balle suivi par son vis-à-vis.
— Leurre du 12 qui feinte « la croisée », suivi par son vis-à-vis.
— Arrivée au ras du 10, à pleine vitesse et à hauteur, du 13 qui s'engage dans l'intervalle.
— Couverture axiale du 15.

Évolution de l'exercice

Simplification :
— Étude à vide ou en opposition raisonnée.
Complexification :
— Jeu réel en collectif partiel, puis total.

Combinaison pénétrante avec le 2e centre

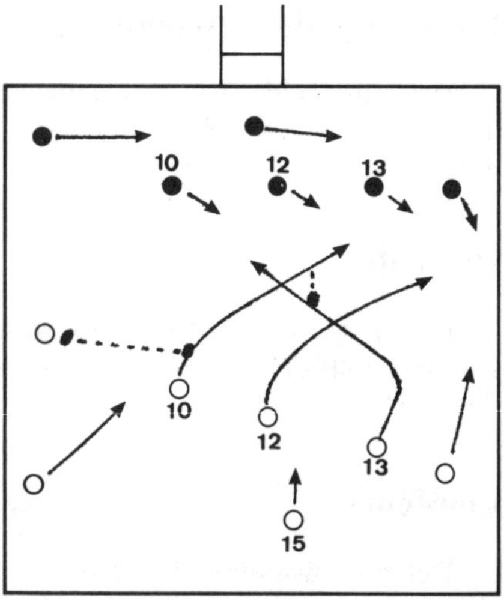

Lancement de l'exercice

Deux lignes de 3/4 de 6 joueurs, un demi de mêlée évoluent sur un demi-terrain (espace très grand facilitant).

Objectifs

Percer le 1er rideau défensif en combinaison déployée pénétrante par le 2e centre.

Consignes

Défense raisonnée ou réelle.

Règles d'efficacité

— Précision dans l'orientation des courses, le timing.
— Course latérale du 10 avec la balle, de 12 sans la balle. Leurs vis-à-vis les suivent.
— Course dans le même sens puis croisée du 13 qui reçoit la balle du 10. Il s'engage dans l'espace libre.
— Couverture axiale du 15.

Évolution de l'exercice

Simplification : Étude à vide ou en opposition raisonnée.
Complexification : Jeu réel en collectif partiel puis total.

Combinaison débordante : l'arrière intercalé

Lancement de l'exercice

Deux lignes de 3/4 de 6 joueurs, un demi de mêlée évoluent sur un demi-terrain.

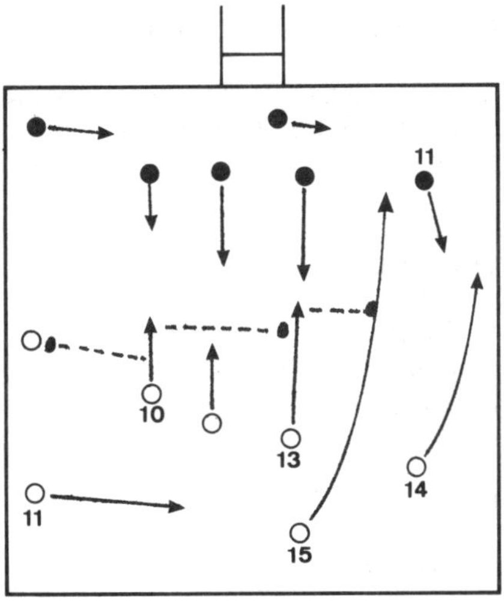

Objectifs

Déborder le 1er rideau défensif en combinaison débordante en intercalant l'arrière.

Consignes

Défense raisonnée ou réelle.

Règles d'efficacité

— Précision dans les courses, le timing, les passes.
— Passe sautée du 10 au 13, cadrage du 13 qui sert le 15 à pleine vitesse.
— L'arrière et l'ailier se retrouvent en position de 2 contre 1 (avec le 11 défenseur).
— Couverture de l'ailier fermé 11.

Évolution de l'exercice

Simplification : Étude à vide ou en opposition raisonnée.
Complexification : Jeu réel en collectif partiel, puis total.

Combinaison débordante : double sautée

Lancement de l'exercice

Deux lignes de 3/4 de 6 joueurs, un demi de mêlée évoluent sur un demi-terrain.

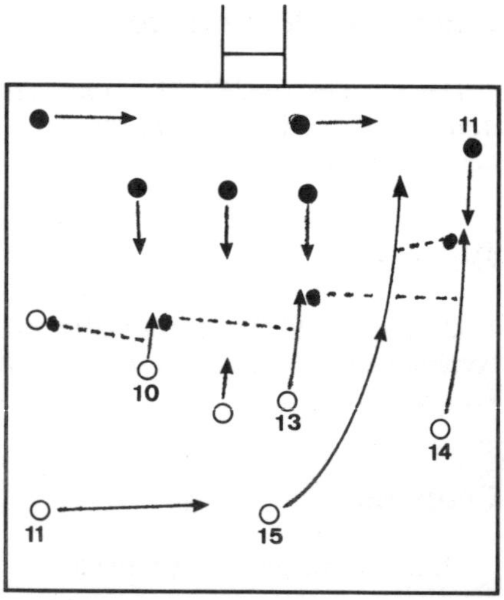

Objectifs

Déborder le 1er rideau défensif en combinaison débordante avec l'arrière intercalé.

Consignes

Défense raisonnée ou réelle.

Règles d'efficacité

— Précision dans les passes, le timing.
— Passe sautée du 10 à 13, puis passe sautée du 13 à 14.
— L'arrière intercalé perturbe la défense du 11 qui choisit, soit d'anticiper sur la montée du 15, soit de prendre son vis-à-vis (notre schéma).
— Couverture de l'ailier fermé 11.

Évolution de l'exercice

Simplification : Étude à vide ou en opposition raisonnée.
Complexification : Jeu réel en collectif partiel, puis total.

Combinaison débordante : l'arrière côté fermé

Lancement de l'exercice

Deux lignes de 3/4 de 6 joueurs, un demi de mêlée, deux packs évoluent sur un demi-terrain.

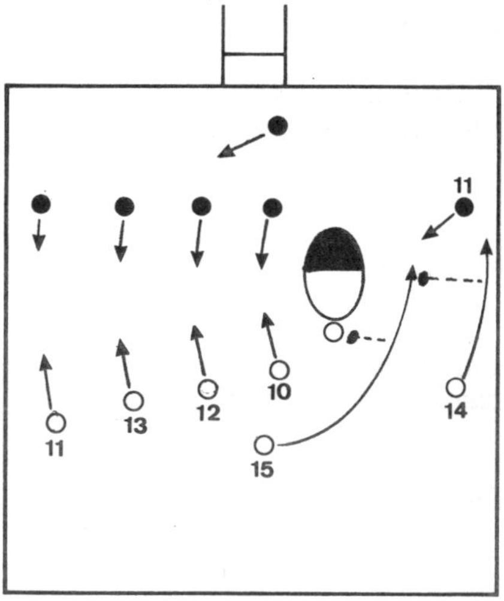

Objectifs

Déborder le 1er rideau défensif en combinaison débordante avec l'arrière dans le côté fermé.

Consignes

Défense raisonnée ou réelle.

Règles d'efficacité

— Leurre de la ligne 10-12-13-11 qui s'élance côté ouvert orientant la défense dans ce sens.
— L'arrière se dissimule puis surgit côté fermé.
— Le 9 le sert à niveau.
— Résolution du 2 contre 1 : 15 + 14 contre 11.

Évolution de l'exercice

Simplification : Étude à vide ou en opposition raisonnée.
Complexification : Jeu réel en collectif partiel puis total (notre schéma).

Combinaison débordante : le centre 1er attaquant

Lancement de l'exercice

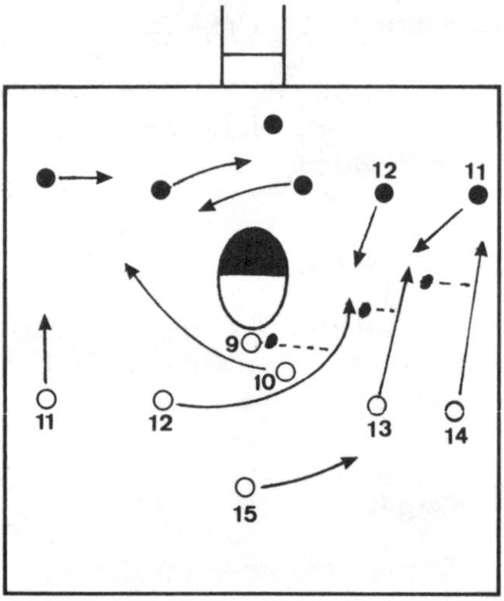

Deux équipes de 15 joueurs évoluent sur un demi-terrain.

Objectifs

A partir d'une mêlée centrale (ou d'un regroupement), déborder le 1er rideau défensif en combinaison débordante avec le centre 1er attaquant.

Consignes

Défense raisonnée puis réelle.

Règles d'efficacité

— Leurre du 10 qui s'élance côté gauche, orientant la défense vers lui.
— Le centre 12 s'élance après lui côté droit, recevant la balle du 9 à niveau.
— Résolution du 3 contre 2 : 12-13-14 contre 12-11.
— Couverture du 15.

Évolution de l'exercice

Simplification : Étude à vide ou en opposition raisonnée.
Complexification : Jeu réel.

3) LE JEU EN CONTRE-ATTAQUE

Dans les pratiques d'entraînement, le thème de la contre-attaque se travaille essentiellement en liaison avec le jeu au pied et souvent en collectif total d'opposition. C'est en effet le plus sûr moyen de retrouver les conditions de contre-attaque qui se rapprochent le plus des réalités du jeu, car le collectif total permet la mise en place réelle des 3 courants défensifs et donc de travailler sur les 3 formes que celle-ci peut revêtir :

— Contre-attaque du 1er type : c'est celle qui trouve son point de départ au niveau d'un des joueurs du premier rideau.

— Contre-attaque du 2e type : c'est celle qui prend son origine à partir d'un des joueurs qui compose le second rideau défensif.

— Contre-attaque du 3e type : c'est celle qui démarre à partir d'un défenseur du 3e rideau.

A ces trois formes, nous ajouterons la contre-attaque qui trouve son origine à partir d'une pénalité donc d'un tir au but.

Nous avons déjà exposé ce type de travail et les principes qui le régissent dans le chapitre 1, en faisant remarquer que ce thème est le second thème du jeu à partir des phases statiques. Nous n'y reviendrons pas. Nous voudrions simplement réaffirmer son importance dans la globalité de l'entraînement.

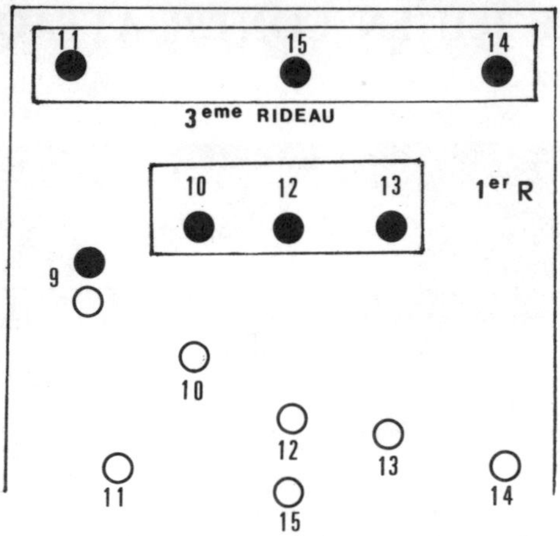

Cependant, ce thème est intéressant à travailler dans le cadre du collectif partiel à plusieurs titres :

1) Il est facilitant pour les joueurs, car les espaces sont plus grands et les informations sur les montées défensives plus faciles à décoder car moins nombreuses : la tâche des joueurs placés en situation de contre-attaque est moins complexe sur le plan des solutions à traiter. C'est donc un bon moyen pour l'entraîneur de proposer en quelque sorte un type de situation intermédiaire de contre-attaques ni trop simplificatrices, ni trop complexes. Ce travail peut être considéré à cet égard comme un passage transitoire ou aménagé vers l'étude plus complexe à effectif total.

2) C'est un travail très énergétique : du fait même de l'absence des joueurs de la ligne avant, cet exercice de contre-attaque exclue, au niveau de la consigne, le jeu au pied et privilégie le jeu à la main, donc les courses de replacement et de soutien offensif.

3) Dans un but de restitution des réalités du jeu, il est possible de faire intervenir en second rideau le surplus de joueurs trois-quarts, ce qui est une manière d'appréhender d'autres rôles et surtout de restituer une dimension physique de la contre-attaque sous forme de lutte pour la conservation de balle (cf. schéma).

Autrement dit, on peut faire évoluer les formes de travail à partir de 3 structures :

— Une structure à 7 joueurs pour travailler les CA du 1er et du 3e type.

— Une structure à 10 joueurs pour travailler les 3 formes de CA, les 3 joueurs supplémentaires jouant le rôle de la 3e ligne.

— Des structures encore plus simples à 2 ou 3 joueurs.

C'est ce que nous allons présenter maintenant.

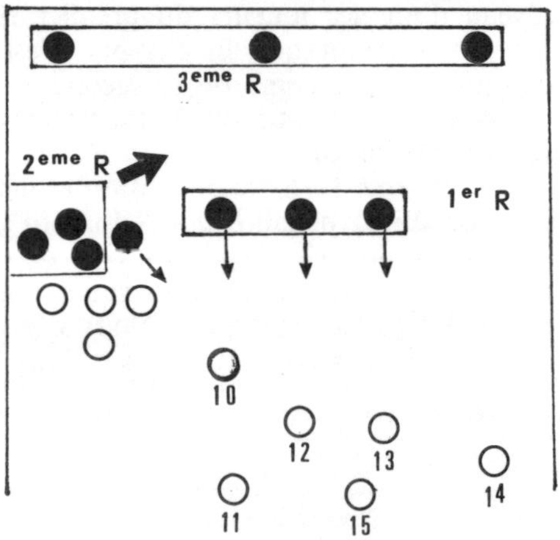

Contre-attaque individuelle

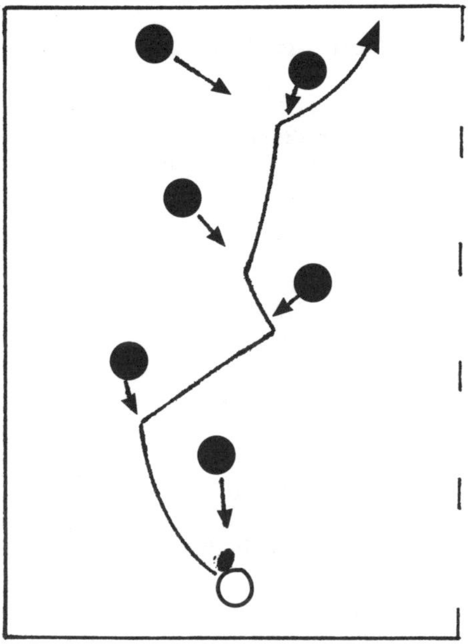

Lancement de l'exercice

1 attaquant et 4 ou 5 défenseurs s'opposent dans le couloir des 15 m.

Consignes

Les défenseurs sont espacés et ne vont vers l'attaquant que lorsque celui-ci a franchi le défenseur précédent.

Objectifs

Éviter le plus de défenseurs possible en changements d'appuis et raffûts.

Règles d'efficacité

En attaque :
— Utiliser en attaque toutes les stratégies d'homme à homme : changements d'allure, de pieds, raffûts...
En défense :
— Plaquer aux jambes.

Simplification de l'exercice

Éloigner les défenseurs.

Complexification

Jeu dans le couloir des 5 m, rapprocher les défenseurs.

Relance en déployé contournant

Lancement de l'exercice

— Sur 1/2 terrain 6 attaquants affrontent 4 défenseurs en jeu réel ;

— Les attaquants sont disposés sur deux étages : 10, 12, 13 (1er étage), 11, 15, 14 (2e étage) ;

— Les 4 défenseurs partent de la ligne centrale ;

— L'éducateur botte la balle vers 11 ou 14, le jeu commence.

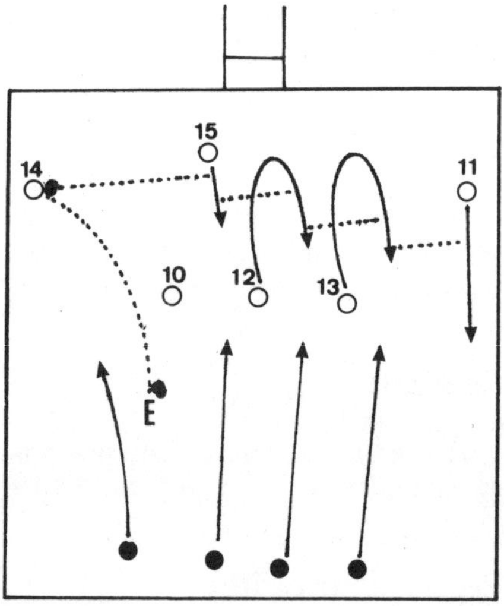

Consignes

Les attaquants 10, 12, 13 n'interviennent en appui de la relance que lorsque l'éducateur botte la balle.

Les 4 défenseurs ne montent que lorsque l'éducateur botte la balle.

Objectifs

Contre-attaque en jeu déployé contournant.

Règles d'efficacité

Attaque : concrétisation du surnombre offensif

— constituer rapidement une ligne d'attaque ;

— cadrer de loin, de près ;

— passer en débordement ou passer dans un intervalle si la défense « chasse ».

Défense :

— monter en ligne ;

— ne pas laisser de grands intervalles dans cette ligne ;

— rattraper le surnombre offensif en « chassant » (monter en avançant et latéralement sans se laisser fixer par les attaquants).

Simplification

Opposition raisonnée.

Contre-attaque au niveau de la ligne

Lancement de l'exercice

— Dans les 22 m deux lignes de 3/4 de 4 à 7 joueurs s'affrontent.
— Elles sont placées de part et d'autre de l'éducateur.
— L'éducateur sert un 1/2 de mêlée, le jeu démarre.

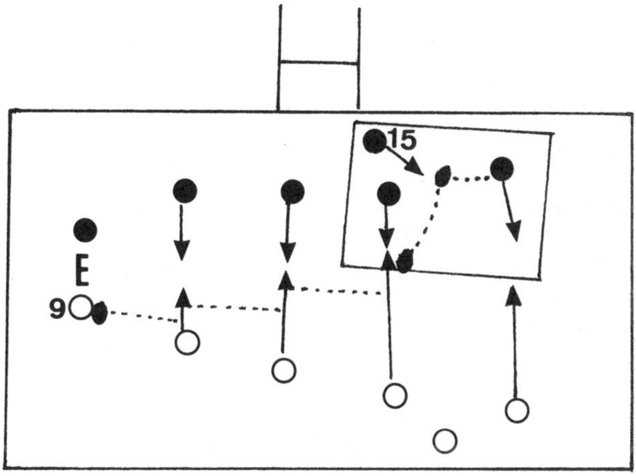

Consignes

Au signal « perte de balle », le porteur la laisse tomber (encadré).

C'est un adversaire qui la récupère obligatoirement (le 15 sur notre schéma).

Objectifs

Améliorer le jeu en contre-attaque au niveau de la ligne.

Règles d'efficacité

Offensive :

— Garder un joueur en soutien axial pour récupérer la balle lâchée ;
— Le récupérateur de la balle l'éloigne aussitôt sur un joueur lancé de préférence ;
— Prendre la défense à contre-courant axial (↑ déf. ↓ att.) donc essayer de contre attaquer en perforation davantage que latéralement.

Variante

— La contre-attaque peut se faire à partir d'un 2e ballon qu'introduit l'éducateur (le 1er ballon devenant mort).
— Contre-attaque au pied : la balle lachée peut être bottée par les défenseurs (attitude la plus efficace en match dans le domaine de la contre-attaque au niveau de la ligne).

La relance croisée

Lancement de l'exercice

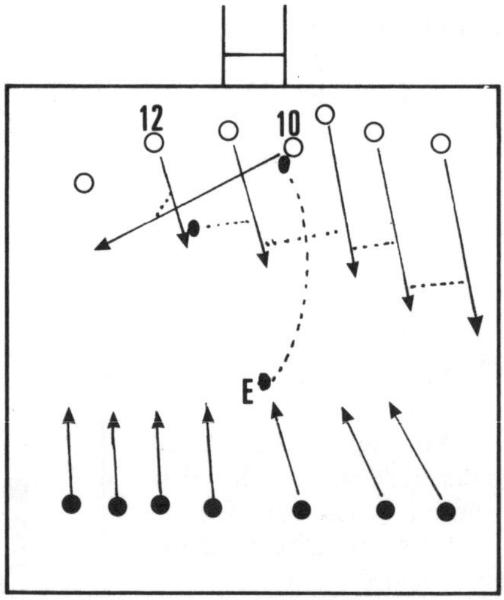

— Sur un demi-terrain 7 attaquants placés dans les 22 m comme sur une tentative de pénalité adverse affrontent 7 défenseurs en opposition raisonnée ;

— L'éducateur botte la balle vers les attaquants.

Objectifs

Apprentissage ou perfectionnement de la relance croisée : jeu à contre-courant.

SUR NOTRE SCHÉMA : le 10 porte latéralement la balle, deux joueurs croisent avec lui (il sert le n° 12) qui déploie le jeu à l'opposé.

Règles d'efficacité

Attaquants :

— Entraîner la défense dans un sens en portant la balle latéralement ;

— *Choix judicieux :* croiser avec le 1er partenaire, le 2e (notre schéma), le 3e, ou feinter la passe croisée si la défense ne suit pas le porteur de la balle ;

— Changement d'allure : course lente avant la passe croisée, à vitesse maximale après la passe croisée.

Complexification

Jeu réel.

Quadrillage du terrain et contre-attaque

Lancement de l'exercice

— Sur un grand terrain, une équipe évolue sans opposition.

— Les avants et le demi de mêlée occupent une moitié de terrain ; les trois-quarts l'autre moitié.

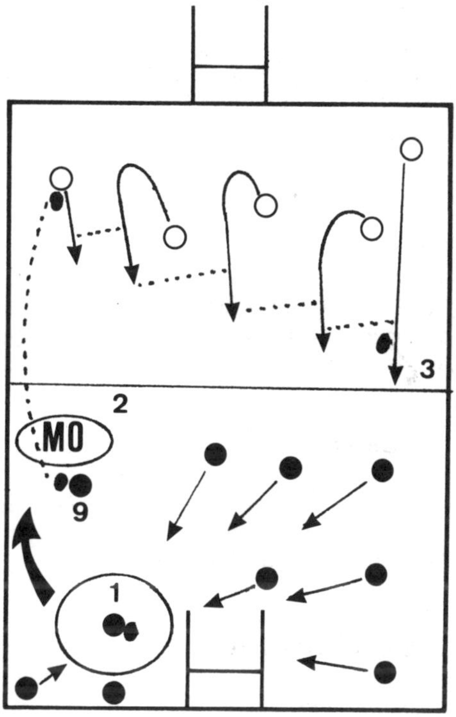

Description de l'exercice

1 — L'éducateur envoie la balle sur le pack qui s'organise en réception, constitue un maul, enchaîne des relais dynamiques, puis une mêlée ouverte sur la ligne des 50 m. Tout ceci sous la conduite du 9.

2 — A la sortie de la mêlée ouverte, le 9 botte la balle sur les trois-quarts qui effectuent une relance profonde (relance de ligne en déployé ou relance croisée). Pendant ce temps les avants se replacent en quadrillage.

3 — Au niveau des 50 m, un joueur 3/4 botte vers les avants qui se regroupent etc.

Objectifs

Quadrillage spécifique des avants et des 3/4, puis contre-attaque.

Règles d'efficacité

— Se répartir dans son demi-terrain et bien le quadriller ;
— Se regrouper au point de chute de la balle pour les avants ;
— Constituer une ligne à partir de la réception pour les 3/4.

Lancement de l'exercice

— Deux équipes de 10 à 15 joueurs s'opposent sur un grand terrain en jeu réel.
— Disposition des lignes : les 3/4 dans les 22. Les avants sur les lignes des 40.
— L'éducateur sur la ligne médiane envoie la balle sur une ligne de 3/4.

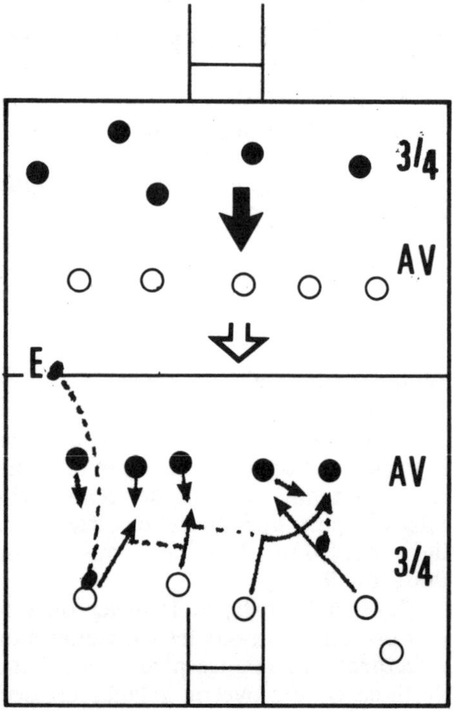

Objectifs

— Contre-attaquer sous la pression du pack adverse, puis retrouver l'appui de ses avants pour continuer la relance.

Consignes

Respect par les avants de la règle des 10 m (hors du cercle de 10 m de rayon, intervenir lorsque la balle a fait 5 m).

Règles d'efficacité

Attaquants :
— Relance collective... en relance directe pour rechercher le surnombre.
— En relance croisée pour orienter la défense sur une fausse piste.
Défenseurs :
— Monter en ligne sans intervalles trop grands (avants).
— 3/4, assurer une couverture défensive.

Simplification

Diminution du nombre de joueurs avants en pressing.

Complexification

Réduire l'aire de jeu.
Augmentation du nombre de défenseurs.

LE JEU EN CONTRE-ATTAQUE

Lancement de l'exercice

— Dans les 22 m, dans le sens de la largeur, deux lignes de 3/4 de 4 à 6 joueurs s'affrontent en jeu réel ;

— Derrière chaque ligne 2 joueurs sont placés en retrait ;

— L'éducateur lance une des deux lignes, le jeu commence (1) ;

— Puis au signal « stop » il envoie un 2e ballon derrière une des 2 lignes (2). Sur notre schéma les noirs joueront en contre-attaque. Puis, au « stop » suivant, jeu sur une 3e balle.

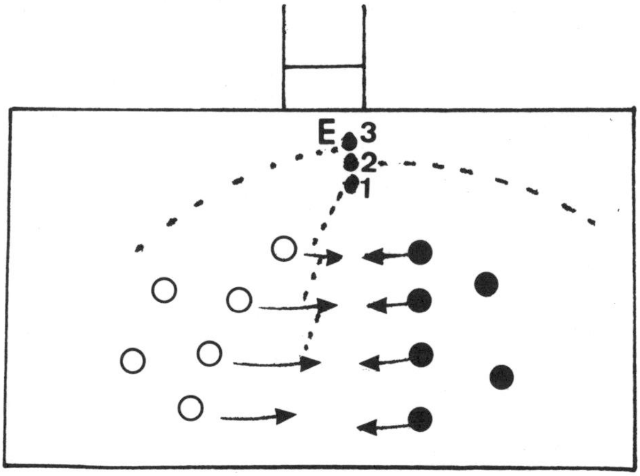

Consignes

Investissement total de tous les joueurs sur les trois balles.

Objectifs

Améliorer :

— Le jeu en contre-attaque ;

— La réorganisation offensive et défensive.

Règles d'efficacité

— Venir rapidement constituer une ligne avec les deux joueurs de la profondeur ;

— Constituer une ligne de défense en nombre au moins égal à celle des attaquants.

Variante

Augmentation du nombre de ballons distribués.

LE JEU EN CONTRE-ATTAQUE

Lancement de l'exercice

— Dans les 22 m deux lignes de 3/4 complètes s'affrontent en jeu réel ;
— L'éducateur donne la balle à un des deux 9 pour lancer le jeu ;
— Au signal de l'éducateur « 1 » ou « 2 » le joueur cité contre-attaque. Les joueurs de la ligne abandonnent le ballon initial, pour attaquer ou défendre sur le nouveau ballon.

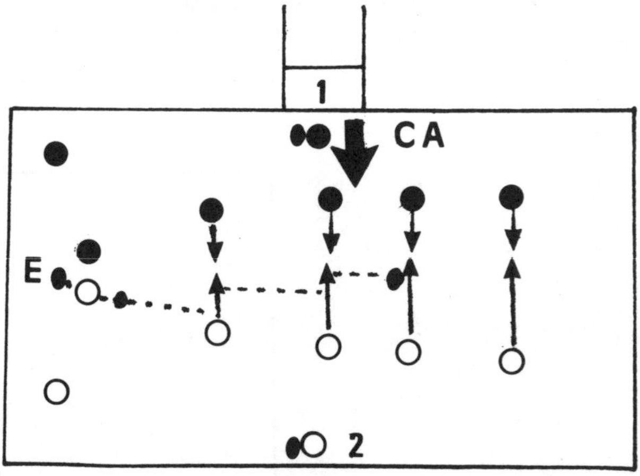

Objectifs

Organisation offensive et défensive en contre-attaque.

Consignes

Mobilisation de tous en attaque (1re balle) puis en contre-attaque.

Règle d'efficacité

Importance de l'orientation choisie par le contre-attaquant : à l'opposé du 1er ballon pour prendre la défense à contresens.

Variante

Complexification : réduction de la largeur du terrain.

LE JEU EN CONTRE-ATTAQUE

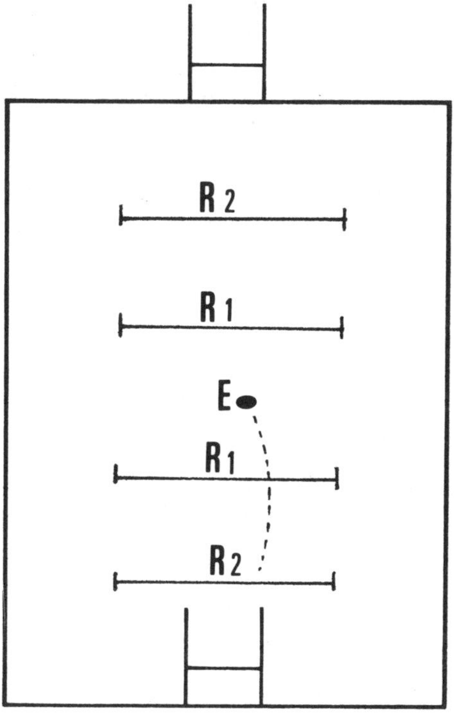

Lancement de l'exercice

— Sur un grand terrain, 2 équipes de 15 joueurs sont disposées en 2 rideaux de contre-attaque, R1 et R2, correspondant à la ligne des 40 et des 22.

— L'éducateur placé sur la ligne médiane, botte la balle en RI ou R2 et le jeu réel commence (R2 sur notre schéma).

Objectifs

Contre-attaquer par un rideau profond (3e rideau théorique) ; par un rideau proche (2e rideau théorique).

Règles d'efficacité

Attaquants :

Avancer vers les défenseurs.

— Selon la montée défensive, rechercher :

- le débordement,
- la prise d'intervalle,
- la relance croisée.

— Soutien et transformation de la relance par le rideau d'appoint.

Défenseurs :

— Monter vite en ligne.

— Tisser un 2e et 3e rideaux.

Variante

— Jeu au pied offensif autorisé.

— Variations multiples des structures de départ (voir page suivante).

Voir exercice précédent
Variantes dans le placement initial

Schéma 1

2 structures groupées de part et d'autre (G1-G2).

Schéma 2

1 structure groupée, 1 déployée de part et d'autre (G1 D2).

Schéma 3

1 structure déployée et 1 groupée (D1 G2).

Schéma 4

1 équipe G1 D2.
1 équipe D1 G2.

Schéma 5

1 équipe G1 G2.
1 équipe D1 D2.

Consignes possibles

— Conserver la structure initiale (groupé ou déployé) pendant toute la relance.
Éclatement possible de la structure de base.

Autres variantes

— Les 4 structures jouent.
— Les structures s'opposent une à une ; ex : schéma 1 : balle G1 contre G2.
— 2 structures contre 1 ; ex : schéma 2 : D2 contre G1 D2.

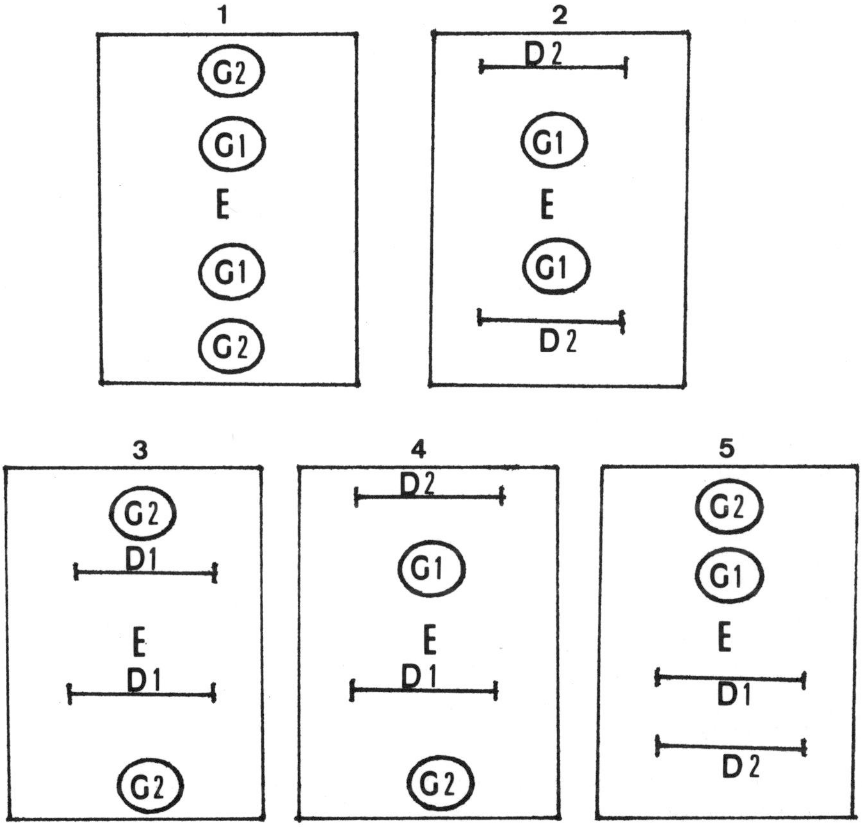
1
G2
G1
E
G1
G2
2
D2
G1
E
G1
D2
3
G2
D1
E
D1
G2
4
D2
G1
E
D1
G2
5
G2
G1
E
D1
D2

3

LE TRAVAIL DES LIAISONS L'ENTRAÎNEMENT SPÉCIFIQUE AU POSTE

Dans ce dernier chapitre concernant les aspects techniques et tactiques de l'entraînement, nous allons présenter un ensemble de situations pédagogiques que nous avons regroupées sous l'appellation de « travail des liaisons ».

Pour être plus explicite, ce travail concerne plus particulièrement les postes qui ont des relations privilégiées entre eux sur le terrain. Autrement dit, cet exercice est beaucoup plus individuel ou du moins veut envisager une amélioration des habiletés spécifiques au poste occupé, tout en resituant autant que possible ces répétitions des habiletés spécifiques dans un cadre dynamique de situations tactiques standardisées. Ainsi ce travail gestuel ne sera pas exécuté à vide et les situations proposées seront signifiantes et facilement recontextualisables par le joueur (en rapport avec la réalité des situations qu'il rencontre classiquement en compétition).

A cet égard, nous avons distingué 6 rubriques concernant :

— *Le 5 de devant.*

— *Le jeu de la 3e ligne*, auquel nous avons accordé une attention toute particulière dans la mesure où son rôle dans l'articulation du jeu est fondamental et qu'elle apparaît comme l'élément clé de liaison entre groupe avants et groupe de trois-quarts. C'est la raison pour laquelle, en considérant ce jeu de la 3e ligne, nous avons envisagé un travail de liaison :

— 3e ligne/1/2 mêlée/5 de devant.

— 3e ligne/1/2 de mêlée.

— 3e ligne/3/4.

— *1/2 de mêlée/1/2 d'ouverture.* La qualité de cette liaison est incontournable tant les demis ont un rôle souvent décisif sur la conduite du match et donc dans l'obtention de la performance. Cette liaison inclue bien sûr l'amélioration de la transmission de 9 à 10.

— *Arrière/Ailiers.* Ce travail envisage la coordination interindividuelle de couverture du terrain dans le champ profond, la réception des balles et bien évidemment le jeu de contre-attaque.

— *Les centres.* La coordination et la complémentarité des deux centres implique un travail de relation et de communication tant en attaque qu'en défense, combiné au développement de la motricité spécifique du poste, en liaison avec des habiletés bien précises.

— *Centres/Ailiers.* C'est un travail de coordination en bout de ligne dont le but est de savoir gérer au mieux des situations de surnombre, de 1 contre 1, de surnombre défensif en fonction de l'espace disponible (espace des 15 m, espace des 5 m, espace près de la ligne, etc.).

Il va sans dire que les situations d'entraînement que nous proposons ici n'ont pas valeur de modèles. Elles veulent être de simples exemples qui illustrent un certain nombre d'exercices possibles, destinés à améliorer les registres technico-tactiques plus spécifiques au poste occupé. En effet, il nous semble que ce domaine est actuellement sous-traité dans les entraînements classiques qui ont tendance à privilégier le jeu en collectif total ou collectif partiel. Le temps imparti et la prégnance d'un modèle dominant collectif sont certainement des éléments d'explication à la rareté de ce type d'entraînement.

Circuit spécifique cinq de devant

Lancement de l'exercice

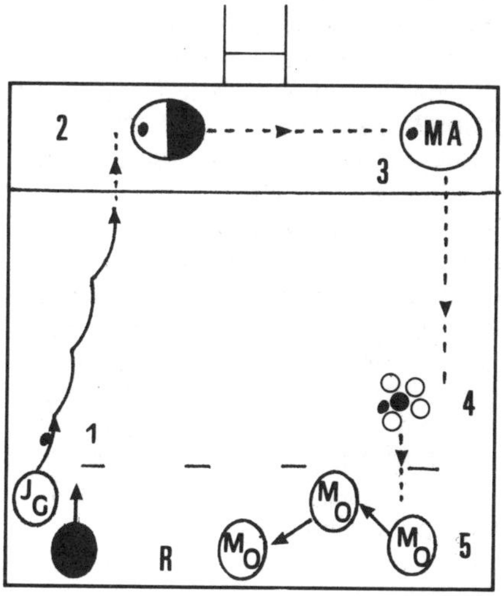

Sur un demi-terrain deux cinq de devant s'opposent dans plusieurs enchaînements d'actions en jeu réel :

1) Le pack offensif part en relais poursuivi par les défenseurs placés en retard. Marque aux 22 m. Récupération en footing...

2) Mêlée : une balle posée dans les pieds de chaque deuxième ligne, la conserver en avançant et en reculant.

3) Maul avec poussée des deux équipes « au cœur ». Footing...

4) Arrachages de balle : un attaquant contre quatre défenseurs (2 groupes). Footing...

5) Enchaînement du plus grand nombre de mêlées ouvertes à la suite.

R = récupération complète : 2 à 3 minutes.

Objectifs

Amélioration de la cohésion, des qualités physiques spécifiques du cinq de devant :

— Jeu en relais.
— Poussée.
— Arrachages.
— Technique des regroupements.
— Défense.

Consignes

Adhésion physique totale.

Circuit spécifique conquêtes

Lancement de l'exercice

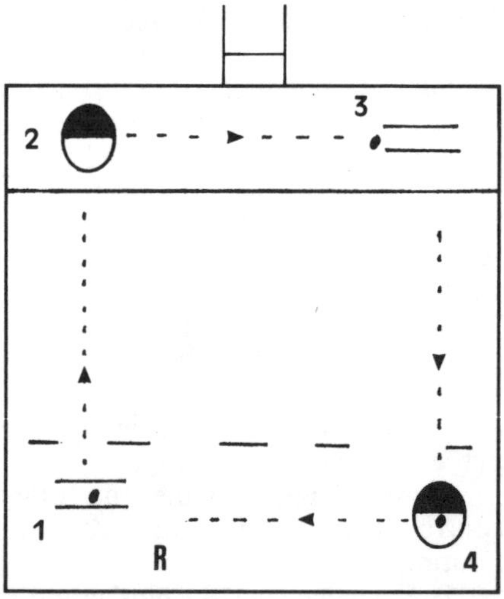

Sur un demi-terrain deux cinq de devant s'opposent dans plusieurs enchaînements d'actions en opposition raisonnée ou en jeu réel.

1) Touche prise à deux mains, balle isolée, poussée axiale ... footing.

2) Mêlée, 4 flexions-extensions (descendre le plus bas possible) ... footing.

3) Touche Peel off en jeu réel. Marquer aux 22 m et en « en but » ... footing.

4) Mêlée : balle posée au centre : pousser enjamber la balle ... footing puis récupération R.

Objectifs

Améliorer l'efficacité du cinq de devant en conquêtes.

Consignes

Concentration maximale sur la précision des gestes techniques à son poste.

Enchaînements de jeux spécifiques

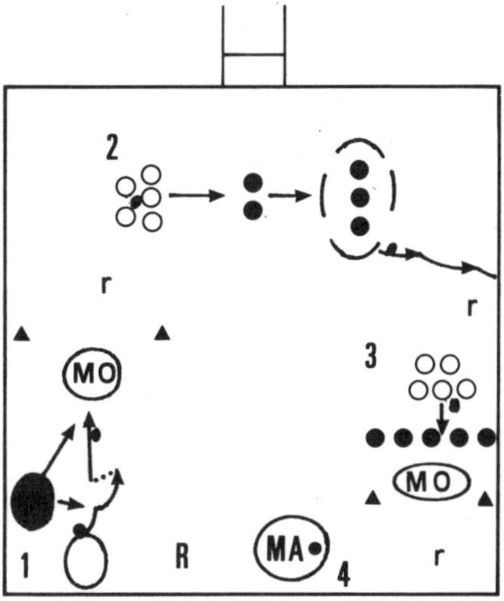

Lancement de l'exercice

Sur un demi-terrain deux packs de cinq joueurs (1er et 2e lignes) s'affrontent en divers jeux.

1) Pack blanc tente de déborder le pack noir situé latéralement et en retrait. Au blocage ou placage d'un joueur déclenchement d'une mêlée ouverte. Marquer entre les plots.

r = récupération en marche.

2) Pack blanc affronte une défense étagée : 2 puis 3 défenseurs. Au blocage du maul, pivoter et partir en relais pour marquer sur la ligne latérale. r = récupération.

3) Pack blanc affronte dans ses intervalles une défense à plat. Au blocage ou placage → mêlée ouverte à front large. Marquer entre les plots.

r = récupération.

4) Conserver la balle en maul le plus longtemps possible les défenseurs enfoncent et tentent de s'infiltrer.

R = récupération totale.

Objectifs

Amélioration du cinq de devant dans le jeu dynamique et les regroupements.

Liaison 3e L. - 1/2 de mêlée - 5 de devant

Lancement de l'exercice

Deux packs complets et un demi de mêlée s'affrontent en jeu réel dans les 22 m, à partir de phases statistiques, dans le sens de la largeur.

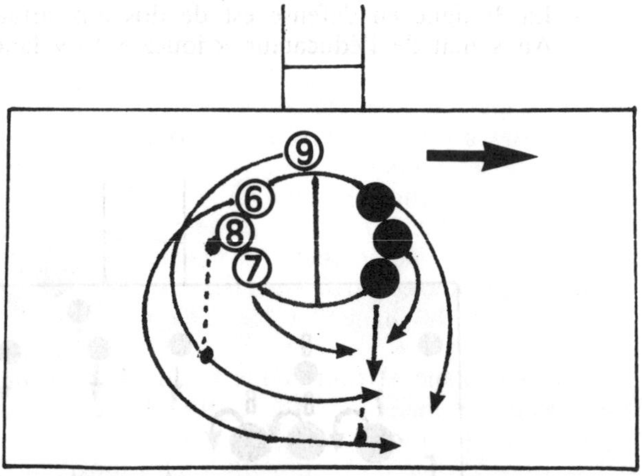

Objectifs

Attaquants :

— Jouer en improvisant ou sur des combinaisons préétablies.

Défenseurs :

Défendre avec ardeur la ligne d'avantage (sans être hors-jeu) — observer la trajectoire des soutiens au porteur de balle.

Règles d'efficacité

— Conquête en avançant favorable aux entreprises offensives.

— Franchir très rapidement la ligne d'avantage.

— Partir du côté du pivotement de la mêlée ou du maul successif à une touche (défense éloignée de la ligne d'avantage).

Sur notre schéma

A partir d'une mêlée le 8 sert le 9 qui retrouve le 6 à son extérieur. Le 7 à l'intérieur ralentit les défenseurs adverses.

Variantes

— Jeu dans le sens normal du terrain, chercher à s'éloigner au maximum de la phase de conquête.

— *Simplification :* La 3e ligne défensive n'a que 2 joueurs.

Liaison 3e ligne et trois-quarts

Lancement de l'exercice

— Deux 3e lignes complètes et deux lignes de trois-quarts complètes s'affrontent dans les 22 mètres, en jeu réel.
— La 3e ligne en défense est de dos aux attaquants.
— Au signal de l'éducateur « jouez » le 9 lance le jeu.

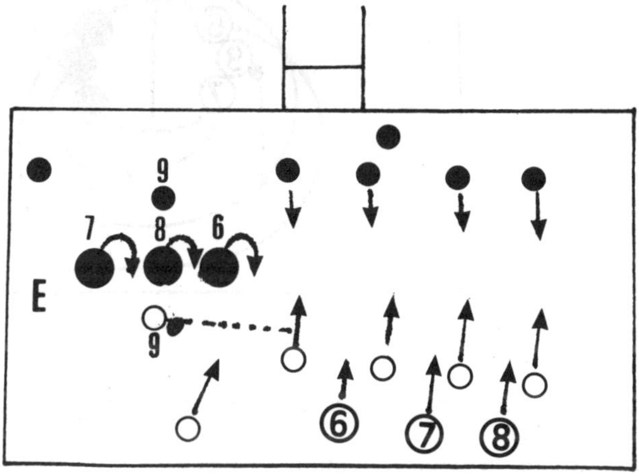

Consignes

La 3e ligne attaquante anticipe sur son intervention et se place en position favorable par rapport à leurs homologues défenseurs.
Les défenseurs ne perçoivent la situation qu'au signal de l'éducateur.

Objectifs

Défenseurs :
— Perception immédiate par les 3e lignes défenseurs du placement adverse et répartition immédiate des tâches défensives.
Attaquants :
— Efficacité de la marque en fonction de l'avantage positionnel.

Liaison 3e ligne et trois-quarts

Règles d'efficacité

Offensives :

— Intervention au large.

— Diversifier les problèmes posés aux défenseurs : courses de diversion, intervention groupée de tous les 3, combinaisons codées.

Liaison 3e ligne et trois-quarts

Lancement du jeu

— De part et d'autre de l'éducateur, une 3e ligne, un 9, une ligne de trois-quarts.
— L'éducateur peut préciser s'il s'agit d'une situation sur mêlée, touche, regroupement (lignes de hors-jeu différentes).
— L'éducateur envoie la balle à un des deux 9 → jeu réel.

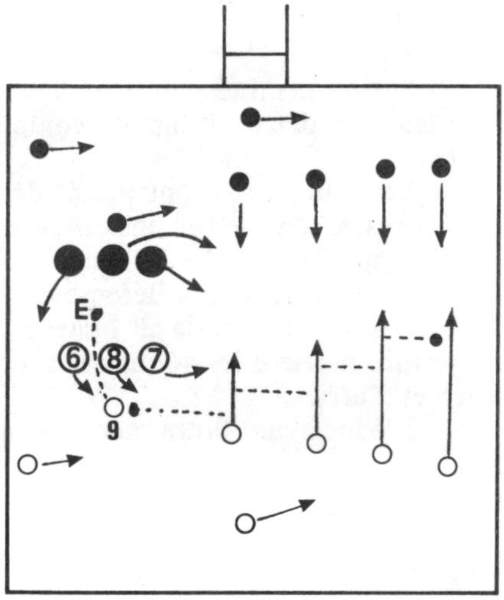

Objectifs

— Continuité du jeu : ligne de trois-quarts et 3e ligne. 9 et 3e ligne.

Consignes

Attaquants :
— Récupérer très rapidement la balle par la 3e ligne sur les blocages des trois-quarts, dynamiser, faire rebondir l'action.
Défenseurs :
— Aider ou soutenir leur ligne de trois-quarts en défense (renforcer les 3 rideaux).

Règles d'efficacité de la 3e ligne

Attaque :
— Conserver la balle.
— Isoler le ballon sur tenu debout.
— « Balayer » en mêlée ouverte.
Défense :
— Faire perdre le contrôle de la balle à l'attaquant.
— Répartition judicieuse des tâches défensives (voir quadrillage).

Variante

— Jeu au pied possible.
— L'éducateur peut bouger pour simuler l'avancée d'un pack.

Liaison 3e ligne et trois-quarts

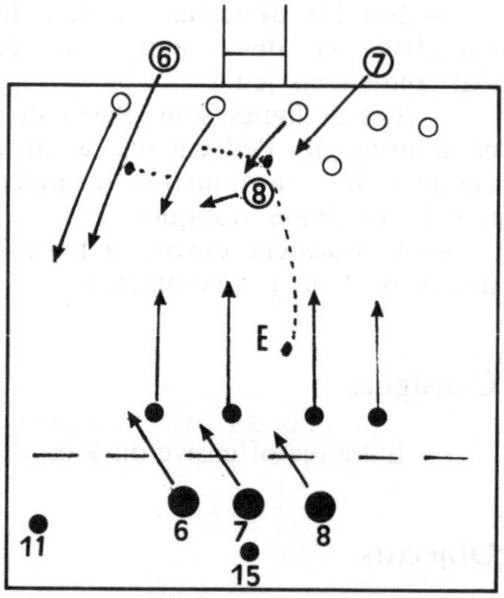

— Sur un demi-terrain deux lignes de trois-quarts, deux 3e lignes complètes s'affrontent.

— Les attaquants sont placés devant leurs poteaux comme sur une tentative de pénalité, appuyés par les 3e lignes (6-7-8).

— 4 des trois-quarts défenseurs sont devant les 40 mètres, la 3e ligne est en couverture derrière les 40 mètres avec un ailier et l'arrière.

— L'éducateur botte sur les attaquants, le jeu démarre.

Objectifs

— Relance avec appui de la 3e ligne.

— Pressing à 4 joueurs. La 3e ligne assure la couverture défensive avec 11 et 15.

Règles d'efficacité

Attaque :

— Celles du jeu en relance (surnombre, relance croisée), mais aussi l'utilisation de la 3e ligne en appui du mouvement.

Défense :

— Monter en ligne, pousser vers la touche, entraîner les attaquants en surnombre dans le filet du rideau 3e ligne + 11 + 15.

Liaison 3e ligne et demis

Lancement de l'exercice

— Sur 1/4 de terrain, deux 3e lignes complètes et deux paires de demis s'affrontent en jeu réel.

— Les 3e lignes sont placés de part et d'autre de l'éducateur, à distance variable de 1 à 6 mètres (distance en match sur phase statique).

— L'éducateur envoie la balle à un des deux 9, le jeu commence.

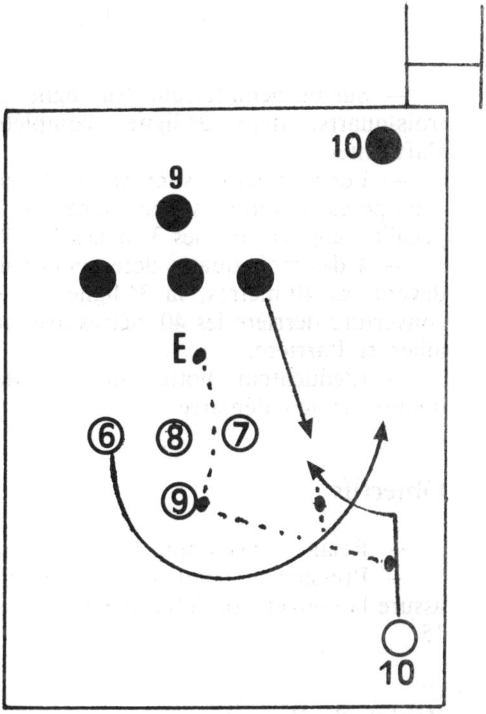

Consignes

— Initiative offensive du 9 ou du 10.

Objectifs

— Retrouver la 3e ligne à partir de la prise d'initiative.

Sur notre schéma

Le 9 passe au 10 qui crochète vers l'intérieur (arrêt des 3e lignes défenseurs) pour croiser avec le 6 qui déborde.

Variante

Jeu au pied du 9 et du 10 autorisé.

LIAISON DEMI DE MÊLÉE/DEMI D'OUVERTURE

Lancement de l'exercice

— Deux paires de demis évoluent sur un demi-terrain. Exercice sans opposition.
— Le 9 blanc passe la balle au 10 blanc qui botte sur le 9 noir ; celui-ci ouvre sur le 10 noir qui botte sur le 9 blanc, etc.

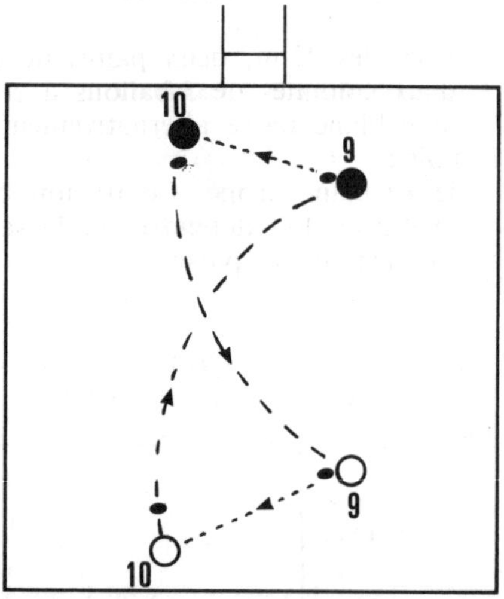

Objectifs

Amélioration du jeu de passe des demis de mêlée, du jeu au pied des demis d'ouverture.

Consignes

Précision et efficacité gestuelle.

Variantes : Complexifications

— Les demis d'ouverture tapent à environ 10 m des demis de mêlée qui se déplacent pour capter la balle.
— Les 10 sont mobiles sur passes des 9.
— Travail en petit périmètre : passes et coups de pieds courts mais vifs.
— Travail à très longues distances : passes vissées, coups de pieds vissés obligatoires.

LIAISON DEMI DE MÊLÉE/DEMI D'OUVERTURE

Lancement de l'exercice

Dans les 22 m, deux paires de demis évoluent de la manière suivante : deux colonnes de 5 ballons a et b sont disposées devant le 9 blanc ;
le 9 blanc passe alternativement un ballon a au 10 blanc, un ballon b au 10 noir ;
le 10 blanc drope. Le 10 noir botte en touche ;
le 9 noir doit défendre sur la séquence, une fois sur chaque 10 (en partant au moment de la passe).

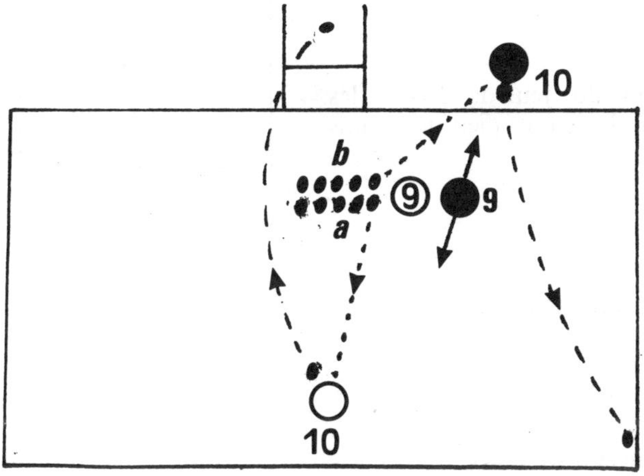

Objectifs

Amélioration :
— De la vitesse, de la longueur et de la précision de la passe du 9.
— Du jeu au pied (drops et touches) du 10.
— De la défense en pressing du 9 noir.

Variantes : complexifications

— Passe départ accroupi, à genoux ; passe plongée, vissée.
— Alterner coup de pied du droit puis du gauche.

LIAISON DEMI DE MÊLÉE/DEMI D'OUVERTURE

Lancement de l'exercice

Dans les 22 m deux paires de demis évoluent de la manière suivante :
le 9 blanc ouvre sur le 10 lancé de 5 m environ devant deux plots ;
le 9 noir monte en même temps à l'intérieur ou à l'extérieur du 10 blanc ;
le 10 blanc évite ce défenseur (sur notre schéma, crochet extérieur) puis affronte en jeu réel le 10 noir qui part de dessous les poteaux.

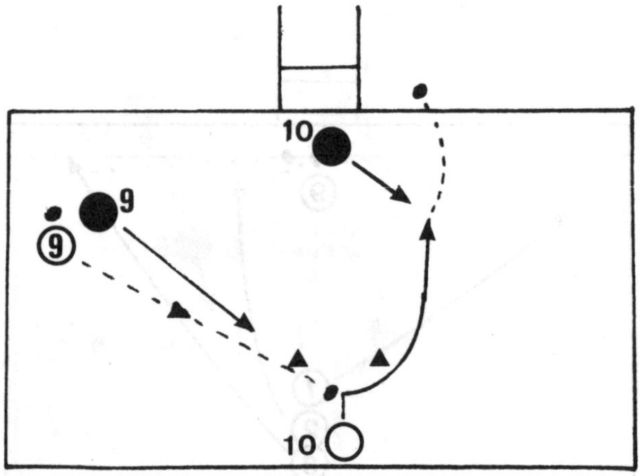

Consignes

— Défense réelle.
— Jeu au pied du 10 autorisé sur le second défenseur.

Objectifs

Améliorer :
— l'initiative individuelle du 10 par rapport à la pression défensive immédiate ;
— le jeu offensif sur l'homme à homme en deuxième rideau ;
— la vitesse de passe du 9 pour éliminer le défenseur qui chasse.

LIAISON DEMI DE MÊLÉE/DEMI D'OUVERTURE

Lancement de l'exercice

Dans les 22 m, les 4 joueurs évoluent sans opposition et de la manière suivante :

le 9 dispose de trois ballons devant les poteaux. Il tourne le dos à ses partenaires ;

les trois joueurs (1, 2, 3) se lancent en cascade et l'appellent à des distances variables.

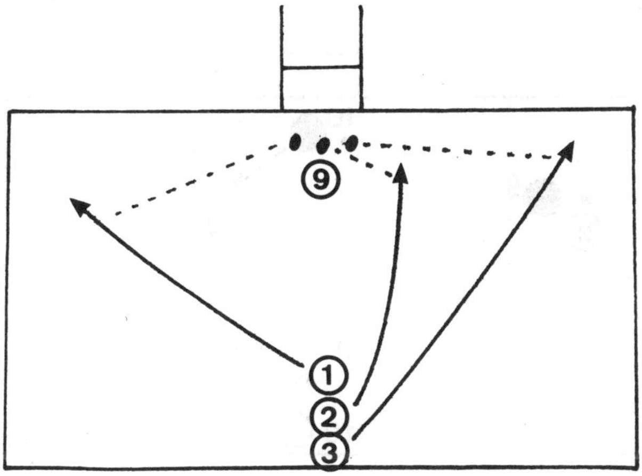

Consignes

Langage clair du joueur qui reçoit la balle : « à gauche » (1), « à droite » (3), « à droite au ras » (2), « à droite loin ». Mais aussi « fixe à droite », etc.

Objectifs

Amélioration

— De la précision des passes du 9.

— Du service lancé au 10.

— De la relation 9 et 10.

Variantes

— 9 à genoux, passe plongée obligatoire,
passe vissée obligatoire,

les joueurs 1, 2, 3 recentrent au pied sous les poteaux.

— Un défenseur partant sous les poteaux défend sur l'attaquant.

Lancement de l'exercice

— Deux groupes de 3 joueurs (arrière et deux ailiers) évoluent sur un demi-terrain sans opposition, puis au signal en jeu réel.

— Les joueurs échangent des coups de pieds avec leurs homologues, 2 à 2.

— Au signal de l'éducateur « Didier » (nom d'un joueur qui réceptionne), les 3 blancs affrontent les 3 joueurs noirs mais en jeu réel autour de Didier (n° 11 sur notre schéma).

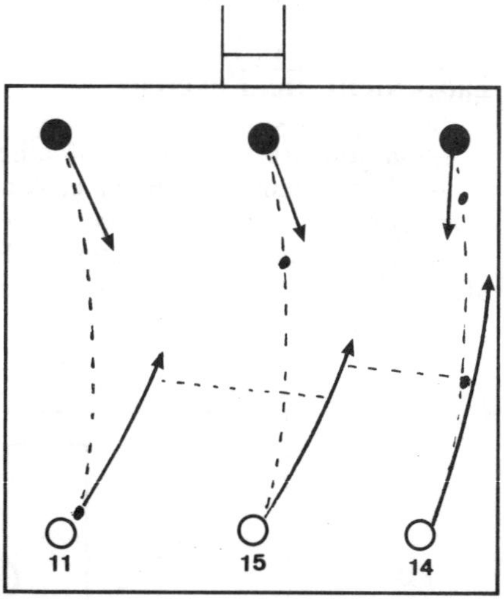

Objectifs

— Améliorer le jeu au pied.

— La relance collective à partir d'un placement profond.

Règles d'efficacité

Celles du jeu en relance :

— recherche du surnombre en jeu déployé débordant (sur notre schéma),

—diversion en relance croisée,

— battre son adversaire direct, jouer ensuite avec ses partenaires.

Variantes

Complexification : L'éducateur peut demander « homme à homme » : les joueurs affrontent leur homologue en homme à homme.

Le jeu de l'arrière et des ailiers

Lancement de l'exercice

— 6 joueurs (2 arrières, 4 ailiers) évoluent dans les 22 m.
— Les joueurs trottinent et échangent des coups de pieds 2 à 2. Ils varient leurs coups de pieds (courts, en « up », vissés, rasants, etc.).
— Au signal de l'éducateur « Pascal » (P sur notre schéma), le joueur cité affronte en jeu réel les 5 autres devenus défenseurs. Il marque sur la ligne d'essai.

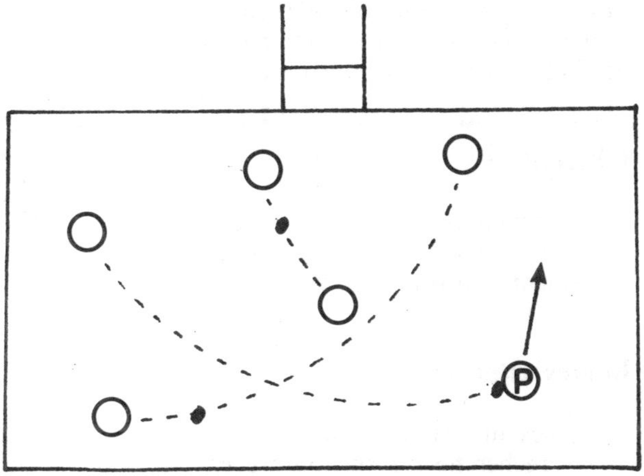

Objectifs

Améliorer : — le jeu au pied,
— la relance individuelle.

Règles d'efficacité

Attaquant :
— Choix de la zone attaquable.
— Bonne maîtrise des appuis et du jeu en homme à homme.
— Déborder un défenseur en retard.
— Prendre à l'intérieur un défenseur lancé à grande vitesse.
Défenseur :
— Jeu en homme à homme.
— Orienter l'attaquant vers la densité défensive.

Variante

Complexification : Ajouter un attaquant à Pascal ; ex : « Pascal + Bernard ».

Lancement de l'exercice

— Dans un espace de 15 m sur 15, les centres s'opposent 2 à 2 en jeu réel.
— L'éducateur donne la balle au 1er attaquant, le jeu commence.

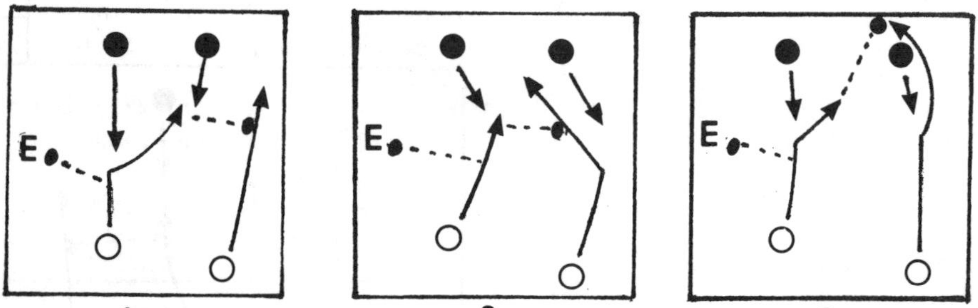

1 2 3

Objectifs

Négocier favorablement (attaquants et défenseurs) un deux contre deux.

Consignes

L'éducateur donne une consigne au 1er attaquant à partir de laquelle la relation s'établit avec son partenaire.

Consigne	*Solutions du 2e attaquant*
1 Cadrage débordement	— il s'écarte (notre schéma) et déborde — croise — joue au ras
2 Course latérale systématique	— joue au ras à niveau (schéma) — s'écarte déborde — croise
3 Jeu au pied autorisé	— bat son vis-à-vis en vitesse pour marquer

Règles d'efficacité

Attaque et défense :
Parler le même langage = compréhension fine et anticipation de l'action du partenaire.

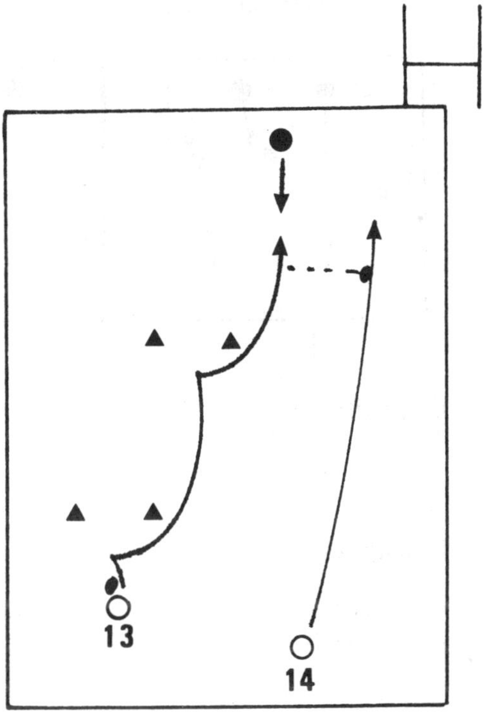

Lancement de l'exercice

— Sur 1/4 de terrain, les joueurs évoluent par groupes de 3 ;
— des plots sont placés (schéma) ;
— le porteur de balle n° 13 effectue 2 cadrages débordements sur les plots. Le 14 le suit ;
— lorsqu'il débouche du 2e cadrage débordement, le défenseur intervient pour contrecarrer un 2 contre 1.

Objectifs

Maîtrise des appuis et concrétisation d'un 2 contre 1.

Règles d'efficacité

— Le porteur de balle :
— maîtriser sa course à la sortie du cadrage débordement, puis donner ou feinter la passe si le défenseur « chasse » sur le 2e attaquant.
— Partenaire :
— maîtriser sa course pour accélérer sur la prise de balle.

Lancement de l'exercice

— Dans le couloir des 15 m les joueurs évoluent par groupes de 4 (2 attaquants — 2 défenseurs).

— Placement des défenseurs : 13 sur la ligne des 15 m, 14 sur la ligne d'essai.

— L'éducateur lance l'attaque avec le n° 13.

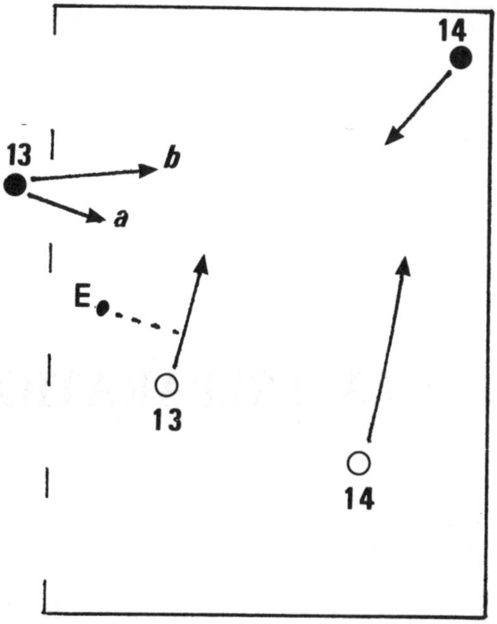

Consignes aux défenseurs

— Le 1er défenseur choisit de monter sur le 1er rideau (a).
sur le 2e rideau (b).

— Le 2e défenseur se rapproche dès que l'éducateur envoie la balle.

Objectifs

Réalisation d'un 2 contre 1 + 1 (défenseurs décalés dans la profondeur).

Règles d'efficacité

Attaquants :

— Bien visualiser la montée des défenseurs : l'orientation et la vitesse de leur course.

13 : Cadrer, donner la balle et se replacer ou feinter la passe puis cadrer le 2e défenseur.

14 : Se rapprocher ou s'écarter de son partenaire ; se placer à plat ou en profondeur.

4

LA PRÉPARATION PHYSIQUE

La préparation physique

Dans ce chapitre terminal, nous allons essayer de faire le point sur la préparation physique et les différentes modalités que celle-ci revêt, en fonction de conceptions qui sont classiquement proposées par les entraîneurs à l'heure actuelle. Nous n'insisterons pas sur l'importance accordée actuellement à la préparation physique et qui nous semble être la marque du haut niveau. C'est une banalité d'affirmer que les meilleures intentions tactiques sont caduques si elles ne bénéficient pas du support physique indispensable à leur réalisation.

Ceci étant dit, il nous semble que deux approches de la préparation physique prédominent dans les clubs.

— *Une conception collective* de la préparation, encore appelée le « travail par séquences », dont le souci est de développer le potentiel physique des joueurs sur la base des exigences réelles de la tâche, sur la base aussi des filières physiologiques et énergétiques mises en jeu au cours de l'enchaînement des différents efforts du joueur pendant l'action.

— *La seconde est une approche plus individuelle* de la préparation, à partir de paramètres physiologiques relevés en match et qui permettent d'établir pour chaque joueur un programme d'entraînement physique individualisé à partir des caractéristiques physiologiques telles que la fréquence cardiaque, la V02 Max et les lactates.

De notre point de vue, ces deux approches ne s'excluent pas et ne sont pas contraditoires. Plus encore, elles nous semblent complémentaires dans l'idéal.

En effet, ces deux approches correspondent à des réalités momentanées de niveaux de jeu et de quantité disponible d'entraînement. Le travail par séquences peut s'observer dans les clubs de niveau modeste, des séries aux clubs de 2e division, car ceux-ci ne bénéficient pas de nombreuses séances d'entraînement : deux par semaine en général avec pour bon nombre d'entre eux une seule véritable séance, très exceptionnellement trois. D'autre part, ces clubs n'ont pas le support logistique d'un laboratoire ou d'un médecin spécialiste de la physiologie de l'effort pour envisager une approche plus rationnelle de l'entraînement. C'est pourquoi, le travail par séquences nous semble être dans ce cas une approche intéressante de la préparation physique.

A l'inverse, les clubs de haut niveau qui ont vu leur temps d'entraînement considérablement augmenter ces dernières années et qui bénéficient des supports dont nous venons de parler, peuvent prétendre à une préparation physique, de plus en plus individualisée, sur la base de fiches physiologiques nominales, lesquelles permettent d'une part d'observer le niveau physique du joueur et d'autre part de lui proposer des programmes d'entraînement adapté à sa forme du moment, aussi à la spécificité des efforts propres au poste qu'il occupe normalement dans le jeu.

Ces deux modalités de préparation, nous l'avons dit, correspondent à la réalité actuelle des clubs. En aucun cas, elles ne doivent s'exclure ; en effet, il nous semble que la forme physique d'une équipe ne peut se réduire à l'addition des formes individuelles. A cet égard, des répétitions collectives d'efforts, sur la base de schémas de jeu simples, de manière à respecter une intensité importante, nous semblent être d'un intérêt tel qu'il serait inconvenant de les laisser de côté au profit unique d'un travail individuel qui serait paré de toutes les vertus sous prétexte qu'il est protégé par le savoir scientifique.

Si la science produit des savoirs et des techniques, le terrain est lui aussi à la source de la constitution d'autres formes de savoirs et d'autres formes de techniques. Et, si la physiologie de l'effort peut apporter à l'homme de terrain, il s'agit bien de voir que la finalité première est et doit rester l'amélioration de la performance du joueur, et ce d'autant plus que le rugby amorce à l'heure actuelle un grand flirt avec les sciences, rendu d'autant plus nécessaire que le retard est grand en la matière et que les résultats se font d'autant plus impérieux que ce jeu confiné à un aimable tournoi, se pare maintenant d'une ambition mondiale.

Nous allons donc maintenant présenter les deux modalités de préparation que nous venons d'évoquer succinctement :

— Le travail en séquences : nous nous limiterons ici aux aspects essentiels, dans la mesure où ce type de travail a déjà été abordé dans un ouvrage précédent.

— Le travail individualisé : nous nous étendrons un peu plus sur cette modalité, dans la mesure où cette forme de préparation est l'apanage des clubs de haut niveau.

A) LE TRAVAIL COLLECTIF EN SÉQUENCES

1) Définition et intérêt du travail par séquences

C'est une *forme d'entraînement*

- quantifiée
- de type intervalle
- intégrée à la séance

— *qui prend en compte* les composantes techniques et tactiques du jeu mais en privilégiant l'aspect physique de la performance

— *qui veut répondre* aux exigences :

- du calendrier et de la période
- du jeu et des profils d'efforts par poste
- des objectifs (généraux ou ponctuels)
- physiologiques

— *qui a pour but* d'optimiser la préparation

— *qui se présente sous 4 formes :*

- exercices de séquences préparatoires
- exercices de séquences courtes
- exercices de séquences modèles
- exercices de séquences optimisation.

Pour avoir été éprouvée maintenant par de nombreux entraîneurs, cette forme de travail présente de multiples avantages. Elle permet, en effet, à l'éducateur de :

— *Quantifier* précisément le volume de travail effectué (durée, intensité) et de situer ainsi le pourcentage global de préparation physique par rapport aux autres secteurs de l'entraînement (mise en condition, récupérations, facteurs techniques, tactiques, interventions verbales et psychologiques).

— *Optimiser l'entraînement :* en effet, cette forme de travail, proche de l'intervall-training, limite les temps morts, s'intègre à la séance sans occulter les autres paramètres de la préparation.

A ce titre, c'est une méthode particulièrement intéressante pour les clubs de série qui bénéficient de peu de séances d'entraînement ou qui commencent leur saison tardivement.

— *Répondre* aux différents principes physiologiques de l'entraînement en définissant les filières métaboliques prédominantes, et en déterminant les moyens qui permettent de les renforcer et de les développer.

— *Choisir* la forme de travail adaptée aux objectifs ponctuels ou aux périodes de la saison.

Susciter l'adhésion des joueurs. En effet, cette méthode utilise au maximum :
• le travail avec ballons,
• le travail avec opposition.
Elle améliore, en grande partie, le jeu réel. Ainsi, les joueurs retrouvent dans ce travail les sensations du match, son rythme, la variété de ses efforts, leur fréquence...

2) LES PARAMÈTRES A LA BASE DE LA MÉTHODE DITE « ENTRAINEMENT PAR SÉQUENCES »

a) Exigences du jeu

L'entraînement a pour but de permettre aux joueurs de répondre le plus efficacement possible aux exigences réelles de la compétition. Le jeu, et surtout les efforts qui en dépendent, demeurent *LA RÉFÉRENCE* pour l'entraîneur dans l'élaboration de ses séances. Aussi, une connaissance parfaite de celui-ci est-elle un préalable nécessaire et indispensable à tout éducateur soucieux de proposer les exercices les plus adaptés et les plus performants. Cette connaissance requiert une analyse du jeu à deux niveaux :
— au niveau du jeu global qui définit l'originalité et la spécificité du rugby par rapport aux autres sports collectifs (lecture globale du jeu),
— au niveau du jeu par poste qui définit les profils d'efforts de chaque joueur, leurs similitudes et leurs différences (lecture du jeu par poste).

Lecture globale du jeu

L'observation immédiate

Elle montre que le rugby se différencie de la plupart des autres sports collectifs et se caractérise par :

1) *Une succession de phases d'effort* où alternent des efforts de type course et des efforts de type combat.
• Les efforts de type course peuvent être classés en trois groupes :
— footing
— course de soutien
— sprint.

La course de soutien est la course caractéristique du 3e ligne en soutien offensif ou défensif. C'est une course intermédiaire entre le sprint et le footing. Une appréciation visuelle de l'intensité la situe à 70/80 % de la vitesse maximale.

• Les efforts de type combat regroupent 4 formes :

— lutte (pendant les phases de regroupement et les blocages où les joueurs essaient de conserver ou de prendre la balle),

— poussée (au cours des mêlées),

— chocs (lors de placages, de percussions ou de chutes),

— sauts (pendant les touches ou les réceptions de balles hautes).

L'ALTERNANCE COURSE-COMBAT EST UNE PREMIÈRE CARACTÉRISTIQUE FONDAMENTALE DU JEU

	COURSE :	Footing
		Course de soutien
		Sprint
RUBGY	COMBAT :	Lutte
		Poussée
		Chocs
		Sauts

2) *Des phases d'efforts immédiatement suivies de phases de récupérations* correspondant à l'arrêt de jeu par l'arbitre. Ces arrêts sont en nombre important.

L'ALTERNANCE EFFORTS-RÉCUPÉRATIONS EST UNE DEUXIÈME CARACTÉRISTIQUE FONDAMENTALE DU JEU

RUBGY	*Enchaînement d'efforts*	*Récupérations*
	1) Course/Combat	a) Arrêt
	2) Course/Combat	b) Arrêt
	3) Course/Combat	c) Arrêt

Observation différée

Une analyse plus précise du jeu réel requiert l'utilisation de moyens permettant de préciser le nombre et la durée des actions. Ceci peut être réalisé en observation directe avec un chronomètre ou en observation magnétoscopée avec inscription concomitante du temps au 1/100 sur l'image.

1) *Ainsi, dans les années 1960*, H. Coupon a effectué une étude statistique portant sur plus de 100 matches, de différents niveaux. Il constatait, sur un match de 80' en valeur moyenne, 135 actions de jeu pour 27' de jeu effectif.

• La durée des actions de jeu se répartissait comme suit :

0- 5''	32 %
5-10''	24 %
10-20''	29 %
20-30''	10 %
30-40''	3 %
40-50''	1 %
+ de 60''	1 %

soit 85 % d'actions inférieures à 20''

• La durée des arrêts de jeu s'établissait ainsi :

0-10''	7 %
10-20''	33 %
20-30''	37 %
30-60''	14 %
60-80''	3 %
+ de 80''	6 %

soit 60 % d'arrêts supérieurs à 20''

2) Dans les années 81 et 83, des observations réalisées par les cadres techniques de la Fédération Française de Rugby (1981), sur des matches comptant pour le championnat de 1re division, ainsi que des observations personnelles (1983) de matches de 2e division, mettent en évidence que :

— un match se décompose d'environ 100 actions (de 90 à 110),

— chaque action, en valeur moyenne, est de 20 secondes, celle-ci variant dans une fourchette comprise entre 5 secondes et 100 secondes,

— 44 % de ces actions de jeu sont supérieures à 20 secondes, les actions supérieures à 50 secondes peu nombreuses (2 à 4 %) et celles dépassant la minute, très rares (1 %).

Outre que ces observations révèlent, par rapport à celles d'Henri Coupon, une amélioration de la qualité du jeu (ce qui semble normal) dans le sens d'une durée plus longue des actions de jeu (cette amélioration pouvant s'expliquer par une meilleure maîtrise technique des joueurs, une plus grande largesse d'arbitrage) ou même encore, l'évolution de certaines règles, celles-ci mettent en évidence que :

— Toutes les 8 actions (entre 6 et 10), en valeur moyenne, intervient une phase d'arrêt plus longue que les autres, d'une durée variant de 1 à 2 mn et correpondant à un essai, une tentative de pénalité, une blessure, un arrêt imprévu...

Les périodes de jeu, comprises entre 2 récupérations longues, supérieures à 1 mn et donc composées de 8 actions (6 à 10) ont été appelées SÉQUENCES.

Cette notion de SÉQUENCE est, nous le verrons plus loin, une référence essentielle du travail d'entraînement.

MI-TEMPS =	SÉQUENCES 5-7	NOMBRE D'ACTIONS SÉQUENCE 8	NOMBRE TOTAL D'ACTIONS 50 (45 à 55)

Lecture du jeu par poste

Observation immédiate

Elle permet, spontanément, de distinguer deux modalités de tâches :

— des tâches correspondant à des efforts de type combat, essentiellement dévolues au groupe Avants,

— des tâches à dominante course qui sont celles des Trois-quarts.

Cette distinction, qui est celle du profane, est assez schématique. Une analyse plus attentive montre qu'à chaque ligne, voire à chaque poste, correspondent des modalités spécifiques de tâches. L'effort du pilier n'est en rien comparable à celui du 3e ligne, celui du 1/2 de mêlée n'est pas celui de l'arrière.

De même, cette observation montre que les actions des joueurs ne sont pas équivalentes à la durée des actions de jeu. Ainsi, les phases de conquête (mêlée, touche) concernent les avants et peu les trois-quarts, alors qu'après la sortie de balle, les lignes arrières sont en phase d'efforts pendant que les deux premières lignes sont encore liées et non disponibles.

Les efforts des joueurs apparaissent différents, donc en nature mais aussi en durée. Ils diffèrent aussi de la durée d'une action de jeu correspondant à la période de vie du ballon.

Afin d'illustrer notre propos, nous proposons une analyse qualitative (nature des efforts) et quantitative (durée des efforts) en fonction du poste occupé sur la base des études précédemment citées.

Observation différée

1) LES AVANTS

— La *durée totale des efforts* (schéma a) est, quel que soit le poste occupé, toujours *INFÉRIEURE* à la *durée totale des récupérations*. Elle se situe dans une moyenne de 18'' ± 1'30 par mi-temps soit 36' pour la totalité d'une rencontre (footing comptabilisé).

— La *durée d'une phase d'effort* (schéma b) se situe en valeur moyenne *autour de 20''* pour des valeurs minimales de *4''* et *70''*.

La durée moyenne d'une récupération qui suit immédiatement les enchaînements d'efforts étant de 27''.

— Les *efforts de type course* sont toujours *supérieurs aux efforts de type combat* (schéma c). Si ce rapport s'équilibre, en ce qui concerne les deux pre-

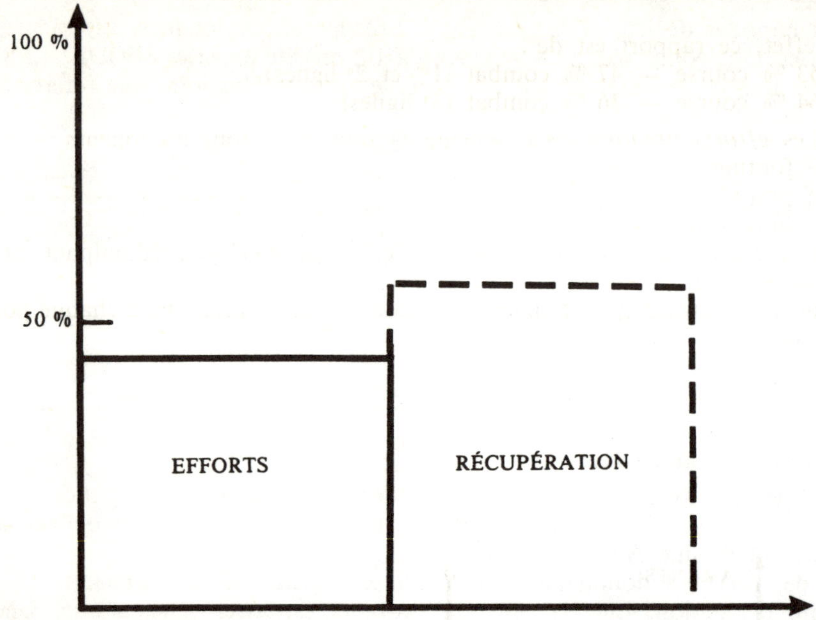

Schéma a : durées totales des efforts et des récupérations : le pourcentage global de récupération est supérieur à celui des efforts.

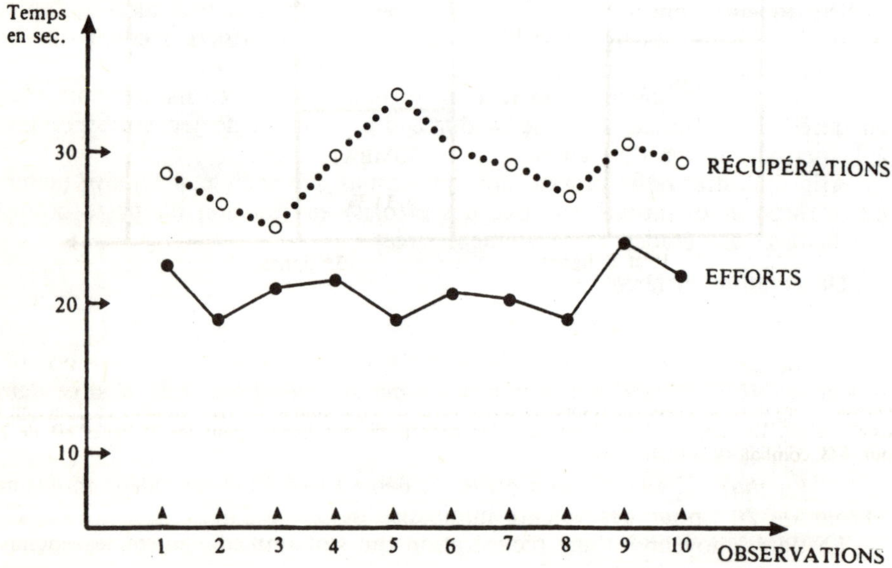

Schéma b : Durée moyenne d'une phase d'effort et d'une phase de récupération en match (sur 10 observations).

mières lignes, il diffère très significativement en ce qui concerne les joueurs de 3e ligne.

En effet, ce rapport est de :

— 53 % course — 47 % combat (1re et 2e lignes).

— 64 % course — 36 % combat (3e lignes).

— Les *efforts prédominants* (schéma d) sont pour tous les joueurs :

1) le footing

2) la poussée

3) la lutte

avec une exception pour les 3e lignes dont le 3e type d'effort prédominant est la course de soutien.

Enfin, les pourcentages de chaque type d'effort sont différents à chaque poste (schéma d).

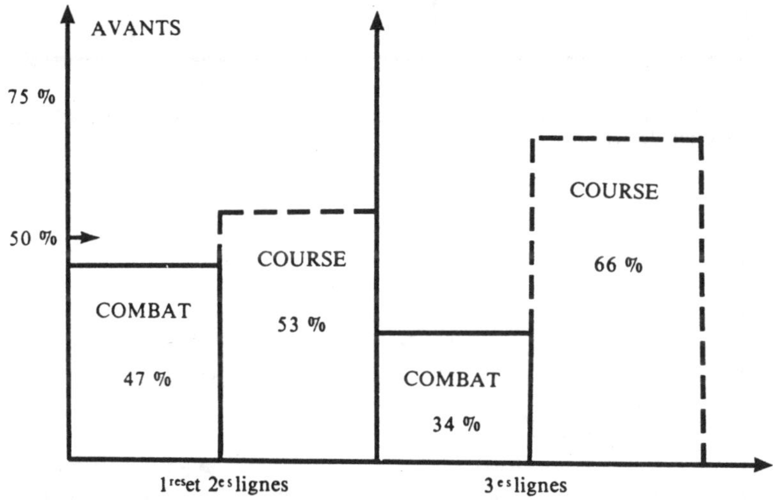

Schéma c : POURCENTAGES respectifs des efforts de type course de type combat en fonction du poste occupé. Le rapport d'équilibre pour les deux premières lignes, pour les 3e lignes est de 2/3 pour 1/3 combat.

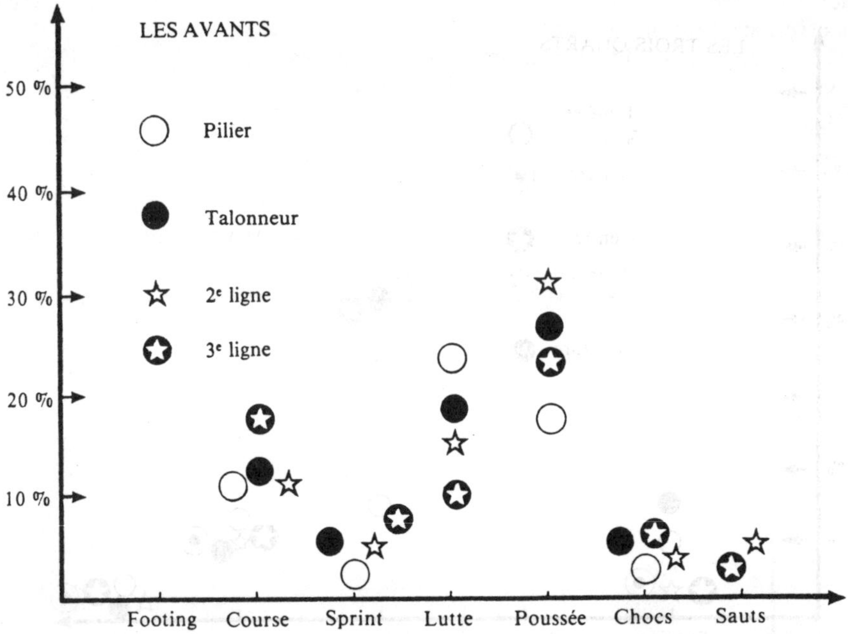

Schéma d : Pourcentage des différents types d'efforts en fonction du poste occupé. Les efforts prédominants sont le footing, la poussée, la lutte ou la course de soutien (3e ligne).

2) LES LIGNES ARRIÈRES

— La durée totale des efforts est, comme pour les Avants, toujours inférieure à la durée totale des récupérations, mais cette durée est très nettement inférieure et extrêmement variable selon les matchs (de 5 à 15 mn). En effet, les lignes arrières ne sont pas impliquées dans les phases de conquête de balle ; d'autre part, le contexte tactique du match pouvant varier, la mobilisation du jeu, au niveau des trois-quarts, sera plus ou moins importante.

— Les durées moyennes de chaque phase d'efforts sont très brèves (7/8 secondes). En effet, peu de courses excèdent 50 m, hormis pour le 1/2 de mêlée et l'arrière. Ces durées ont des valeurs comprises entre 9 et 30 secondes.

— Les dominantes d'effort sont la course de soutien et le sprint. Le pourcentage d'effort de type combat est faible (de 7 à 10 %).

— Les différences interindividuelles sont marquées par la spécificité du poste occupé. Le 1/2 de mêlée est, par exemple, d'avantage sollicité par des efforts de type footing ou course de soutien que par des efforts de type sprint plus spécifiques des centres ou des ailiers (cf. schéma p. 235).

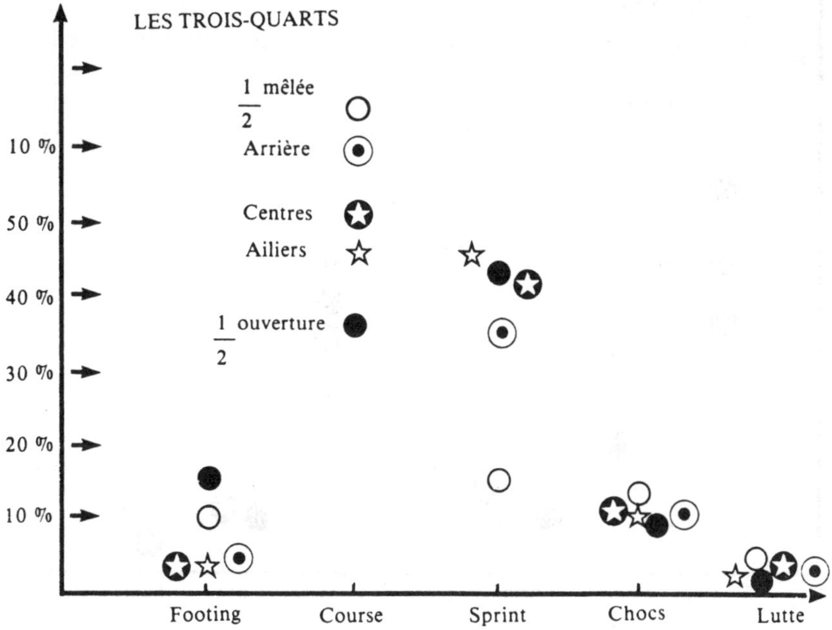

Pourcentage des différents types d'efforts en fonction du poste occupé.

CONCLUSION

La lecture du jeu et celle du jeu par poste montre une différence entre les avants et les trois-quarts. Si la durée totale des efforts s'avère relativement stable en ce qui concerne les avants (18' par mi-temps), elle est extrêmement variable et inférieure pour les trois-quarts.

Les avants sont impliqués dans toute la gamme des efforts (course et combat) alors que les trois-quarts, de manière privilégiée, ne le sont que dans les efforts de course de soutien et sprint.

Si cette lecture révèle des caractéristiques d'efforts et une dynamique communes à tous les joueurs, elle met aussi en évidence certaines différences essentielles, telles que le rapport course-combat qui distingue significativement les 3e lignes des autres joueurs du pack.

De ce fait, elle montre la nécessité d'adapter l'entraînement aux profils individuels :

— en réservant un moment de la séance à un travail spécifique par poste,

— mais surtout en choisissant des exercices collectifs permettant à chaque joueur de retrouver les réalités de *SON* jeu.

b) Exigences physiologiques et mécanismes liés à l'effort

Les moyens utilisés pour renforcer le potentiel physique des joueurs prennent en compte certaines données relatives aux mécanismes physiologiques de l'effort. La connaissance des différents processus énergétiques permet à l'entraîneur de mieux définir l'intensité et la durée des exercices, la forme et la durée des récupérations et d'utiliser ainsi les formes d'entraînement les plus adaptées au développement des filières énergétiques sollicitées en Rugby.

1) *Processus et filières énergétiques*

Il existe trois mécanismes de production d'énergie. Ces processus sont nécessaires à la synthèse de molécules d'ATP (adénosine-triphosphate) qui sont la base énergétique (le carburant) du muscle. Ce sont :

— Les processus anaérobies alactiques engagés dans les efforts très brefs et de grande intensité. Ces mécanismes ne requièrent pas l'apport d'oxygène et ne produisent pas d'acide lactique.

— Les processus anaérobies lactiques intervenant dans les efforts plus longs (20 s à 3 mn) où le sujet essaie de maintenir l'intensité maximale. Ils ne requièrent pas non plus l'apport d'oxygène mais se soldent par la production d'acide lactique qui, en provoquant une baisse du PH (potentiel hydrogène) au niveau de la cellule musculaire, devient un facteur limitant de l'exercice.

— Les processus aérobies engagés dans les efforts encore plus longs (jusqu'à plusieurs heures) d'intensité moindre.

En rugby, ces trois mécanismes sont engagés. On trouve en effet :

— des efforts à très grande intensité comme les poussées, les luttes, les sprints,

— des enchaînements d'efforts à intensité proche de l'intensité maximale d'une durée de 1 à 2 mn,

— des efforts d'intensité très modérée (footing, marche...) pendant les replacements et les phases d'arrêt.

Le rugby, sport à efforts intermittents, d'une durée totale de 80 mn, semble solliciter de manière *privilégiée* les mécanismes aérobies de production d'énergie, ainsi que les deux autres mécanismes dans une proportion qu'il est difficile d'évaluer bien que certaines études essaient d'y contribuer.

2) Application en rugby

Si ces différentes filières sont sollicitées en rugby, il semble intéressant de connaître les moyens qui permettent leur développement et leur renforcement.

Nous allons citer, dans ce but, quelques études caractéristiques qui, bien que n'ayant pas été réalisées dans le cadre du rugby nous semblent pouvoir trouver une application directe dans notre jeu. En effet, ces expériences déterminent :

— la filière métabolique concernée ainsi que l'intensité, la durée de l'exercice et la durée des récupérations qui favorisent son développement.

a) DÉVELOPPEMENT DE LA PUISSANCE ALACTIQUE (filière anaérobie alactique)

MARGARIA et DI-PRAMPERO ont remarqué que lors d'exercices supramaximaux d'une durée de 10 s, la dette alactique est remboursée après 20 à 30 s. C'est le temps nécessaire à la reconstitution des stocks de phosphagène utilisés dans ce type d'effort par l'organisme.

Sur la base de ces travaux, *FOX et MATTEWS* préconisent un repos de 30 s après un effort de 10 s d'intensité supra-maximale.

b) DÉVELOPPEMENT DE LA PUISSANCE LACTIQUE (filière anaérobie lactique)

S'il faut remarquer que le développement de cette filière intéresse en tout premier le groupe des avants et les 3e lignes, il faut néanmoins observer que la durée actuelle de certaines phases de jeu (entre 1 et 2 mn) et l'évolution vers des durées de plus en plus longues, nécessitent de développer cette qualité chez tous les joueurs y compris les trois-quarts afin de les habituer à travailler dans des conditions difficiles (baisse de PH).

ASTRAND-RODAHL ont constaté, pour ce qui est du développement de cette filière, que la concentration la plus élevée était obtenue à la suite d'exercices maximaux de 1' suivis de repos de 4 à 5'.

c) DÉVELOPPEMENT DE LA PUISSANCE AÉROBIE (filière aérobie)

Les mêmes auteurs remarquent qu'il n'est pas nécessaire d'effectuer des exercices d'intensité maximale pour solliciter au maximum le système de transport de l'oxygène. Ils préconisent des séries d'exercices de 3 à 5 mn à 70/80 % de la puissance maximale suivies de périodes de repos équivalentes.

LARRY GREGORY, sur la base de ces travaux, constate une nette amélioration des qualités aérobies en proposant des séquences d'efforts de 4 mn à 80 % suivies d'un repos équivalent.

Cette étude montre que le travail aérobie à des intensités peu stressantes entre parfaitement dans le répertoire physique des joueurs. Elle n'exclue cependant pas un travail en continu à des intensités encore plus modérées entre 10 et 60 mn (travail en capacité).

Nous nous sommes volontairement limités à un exposé des données essentielles en matière de physiologie de l'effort. Celles-ci mériteraient, certes, un développement plus long.

Cependant, sur la base de ces études, on peut considérer qu'en rugby il est souhaitable d'orienter le travail d'entraînement vers :

— des répétitions d'exercices très courts, de type explosif, d'une durée d'environ 10'', entrecoupés de récupérations d'environ 30'' ;

— des répétitions d'exercices d'une durée de 4' à une intensité correspondant à 70/80 % de la puissance maximale, avec des périodes de repos équivalentes de manière à solliciter au maximum le système de transport de l'O_2 ;

— enfin, des exercices d'une durée de 1' avec des périodes de repos de 4' à 5' dont le but est d'habituer le joueur à des contraintes physiologiques très difficiles.

• **Les valeurs de fréquence cardiaque réelles relevées en jeu**

• *En ce qui concerne la fréquence cardiaque pendant les phases d'effort.*

Celle-ci se répartit dans des classes comprises entre 110 et 190 pulsations/mn.

50 à 80 % de ces valeurs sont supérieures à 150/160 pulsations/mn ; les pourcentages supérieurs à 180 sont faibles, voire inexistants (schéma a).

• *En ce qui concerne les fréquences cardiaques pendant les phases de repos.*

Celles-ci chutent très peu pendant les phases de récupérations courtes, inférieures à 30'', par rapport aux phases d'activité qui précèdent.

Par contre, lors des récupérations supérieures à 1 mn, les différences interindividuelles sont très sensibles :

— fréquence cardiaque de 120 à 140 pulsations/mn pour certains,

— fréquence cardiaque de 160 pulsations/mn pour d'autres (schéma b).

En rugby, on peut déduire très schématiquement de ces constats (qui mériteraient un développement plus conséquent) :

• Que des fréquences cardiaques atteignant des valeurs comprises entre 150 et 190 pulsations/mn, au cours des séquences d'entraînement, illustrent celles atteintes en jeu réel et témoignent donc d'une intensité correcte des exercices.

• Que des valeurs de fréquence cardiaque comprises entre 170 et 190 permettent de solliciter l'organisme dans des conditions pratiquement optimales qui correspondent à la mise en jeu des systèmes anérobies de production d'énergie, sollicités lors des efforts intenses comme les luttes, les poussées, les sprints ou lors d'enchaînements d'actions d'environ 1 minute.

• Que des valeurs de fréquence cardiaque oscillant entre 120 et 140 pulsations/minute attestent d'une récupération correcte à l'exercice. Celui-ci peut alors être recommencé.

CONTRAINTE CARDIAQUE

Répartition des fréquences cardiaques de six joueurs en situation de jeu réel.

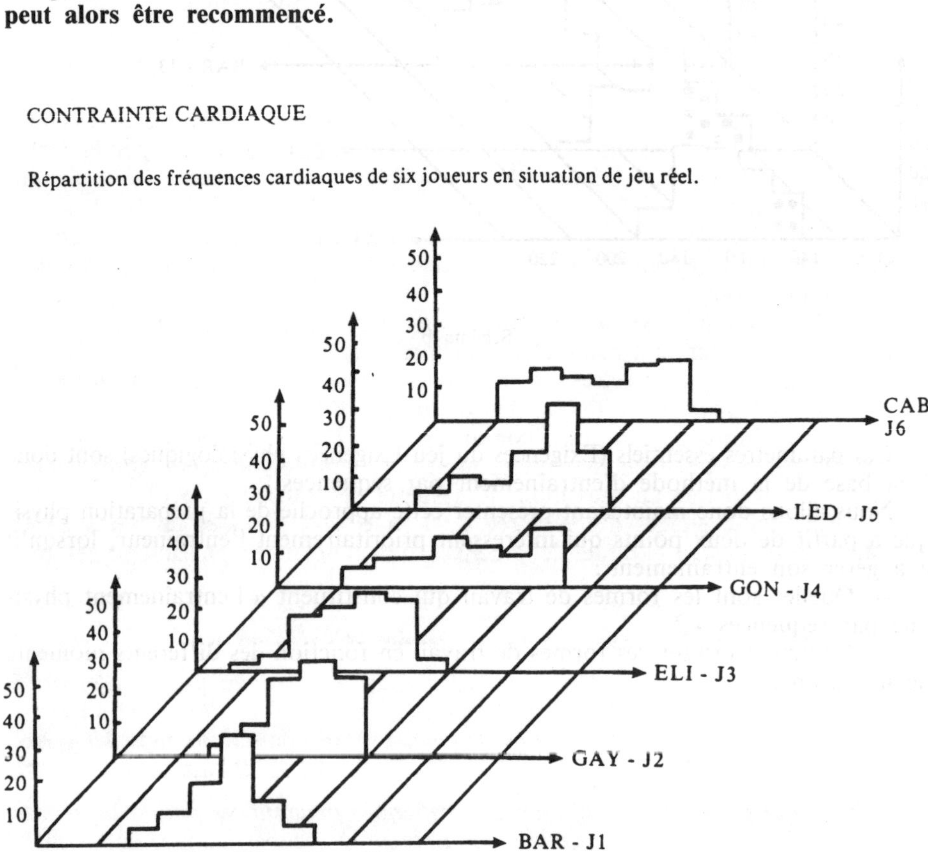

: RÉC 1'

Schéma a

Répartition des fréquences cardiaques dans les phases de récupération supérieures à 1' (exemples de six joueurs).

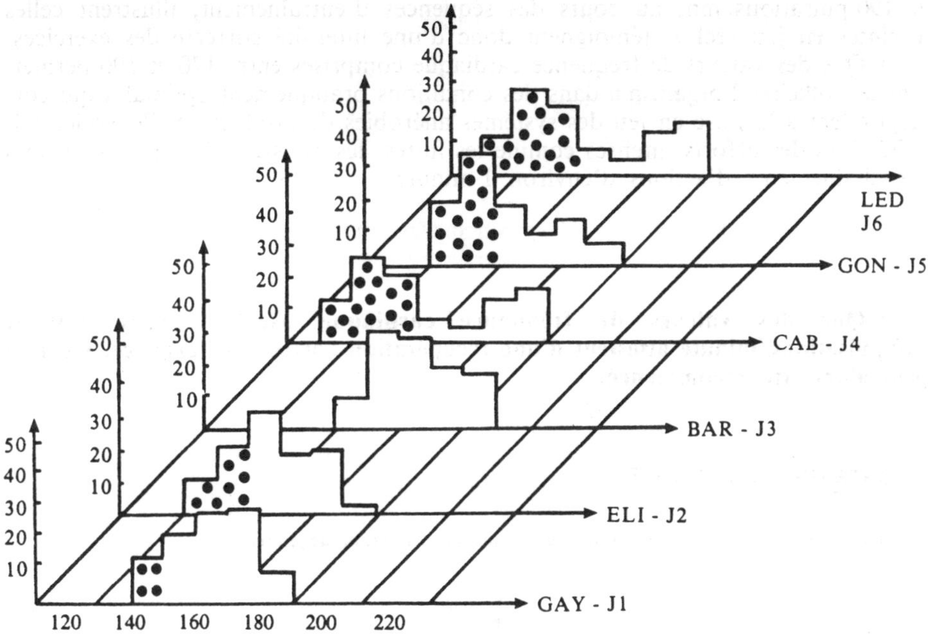

Schéma b

Ces paramètres essentiels (Exigences du jeu Exigences physiologiques) sont donc à la base de la méthode d'entraînement par séquences.

Nous allons donc maintenant présenter cette approche de la préparation physique à partir de deux points qui intéressent prioritairement l'entraîneur, lorsqu'il a à gérer son entraînement :

— Quelles sont les formes de travail qui constituent « l'entraînement physique par séquences » ?

— Comment utiliser ces formes de travail en fonction des différents moments de la saison ?

3) L'ENTRAÎNEMENT PHYSIQUE PAR SÉQUENCES

Nous rappelons que la notion de séquences découle de l'observation et de la lecture réelle du jeu.

Elle se définit par une période de jeu d'une durée de 4 à 6' composée d'environ 8 actions ou enchaînements d'efforts et se déroule entre deux récupérations longues supérieures à 1 mn.

SÉQUENCE	8 enchaînements d'une durée de 4 à 6'

Nous avons distingué 4 formes de séquences :

— Des séquences préparatoires.

— Des séquences courtes.

— Des séquences modèles.

— Des séquences optimisation.

La nature des séquences (cf. tableau p. 242-243) se définit par rapport aux effets recherchés sur le plan métabolique mais aussi par rapport à la durée et à l'intensité des efforts. Le choix de l'une ou de l'autre de ces formes est lié aux objectifs ponctuels de l'entraîneur ainsi qu'aux périodes de la saison (tableau p. 242-243).

a) Les séquences préparatoires

• Deux formes de travail sont classiquement utilisées :

• Une forme en continu d'une durée variant de 10 à 60' à des intensités correspondant à 50/60 % de la vitesse maximale (séquences préparatoires a).

• Une forme en « intervalles » de durée d'environ 4' à une intensité voisine de 80 % de la vitesse (puissance) maximale (séquences préparatoires b).

Elles ont pour objectif :

— le développement de la capacité aérobie (type a) ou de la puissance aérobie (type b).

— Le développement des qualités physiques générales.

— La préparation du joueur à la reprise de la compétition.

Utilisation préférentielle.

Elles sont utilisées soit à l'intersaison (type a) soit à la période précompétitive de septembre/octobre (type b).

b) Les séquences courtes

Ces séquences se caractérisent par la répétition d'efforts d'une durée d'environ 10'', à intensité supra-maximale.

Elles ont pour objectifs essentiels :

— De développer la filière anaérobie alactique.

— De développer les qualités physiques et spécifiques du joueur (vitesse - force - détente).

— La reprise progressive du rythme du match sur la base d'efforts et de récupérations courtes.

Utilisation préférentielle.

Elles s'utilisent, de manière privilégiée :

— En début de saison, en période de préparation, en les combinant avec un travail d'endurance aérobie.

— Pendant les périodes de rupture compétitive et les périodes de phases finales à des fins de récupération et de conservation du dynamisme.

c) Les séquences « modèles »

Ce sont des séquences qui modélisent (reproduisent) les actions de jeu du match. Elles se caractérisent par une durée d'efforts comprise entre 20 à 30'' d'intensité maximale ou proche.

Elles ont pour objectifs essentiels :

— le développement des filières anaérobies (alactiques et lactiques) en fonction du temps de récupération entre les exercices,

— l'acquisition du rythme réel et des charges correspondant aux réalités du jeu,

— la stabilisation des acquis après le travail de développement des qualités physiques spécifiques.

Utilisation préférentielle.

— Elles s'utilisent, principalement, pendant les périodes compétitives I et II (novembre, décembre, janvier).

d) Les séquences optimisation

Ce sont des séquences qui modélisent certaines actions de jeu extrêmement rares et qui ont une durée comprise entre 50'' et 1'30.

On peut envisager deux formes de travail :

— des répétitions d'exercices d'une durée de 50'' 1'30 à intensité maximale,

— des répétitions d'exercices tirés de séquences modèles (30'') où l'on *diminue la durée de récupération* entre les exercices (récupération égale ou inférieure au temps de travail).

Ces séquences ont pour but :

• de développer la filière anaérobie lactique et habituer l'organisme à travailler dans des conditions difficiles (baisse du PH musculaire),

• de préparer le joueur à une contrainte physique, psychologique et physiologique très importante (matches des phases finales),

• de préparer le joueur à être performant lors de durée d'actions très longues,

• de parvenir à l'état de forme maximale.

Utilisation préférentielle.

Elles sont utilisées classiquement avant la période des phases finales (février-mars) mais leur utilisation est soumise à deux impératifs, car elles sont extrêmement contraignantes et perturbantes pour le joueur :

— il est nécessaire que l'équipe ait effectué un travail foncier suffisant et subi une charge de travail régulière,

— qu'elles se déroulent bien avant les phases finales et qu'elles cessent au minimum 15 jours à 3 semaines avant le 1er match.

FORMES DE SÉQUENCES	SÉQUENCES PRÉPARATOIRES A	B	SÉQUENCE COURTE
CARACTÉRISTIQUES (Physio)	Capacité Aérobie	Puissance Aérobie	Puissance Anaérobie Alactique
OBJECTIFS (de terrain)	Endurance fondamentale	Développement des qualités physiques générales	Développement des qualités physiques spécifiques (vitesse, force...)
DURÉE DE L'EFFORT	10-60'	≃ 4'	5 à 10 secondes
INTENSITÉ	50-60 % Puissance maximale	70-80 % Puissance maximale	SUPRA MAXIMALE
RÉPÉTITIONS	Travail en continu	3 à 6	de 6 à 8
DURÉE DE RÉCUPÉRATION		3 à 4' (récup. = 1 fois le temps de travail)	de 15 à 30' (récup. = 3 fois le temps de travail)
NOMBRE DE SÉRIES		2 à 3	de 3 à 5
RÉCUPÉRATION ENTRE LES SÉRIES		TOTALE ACTIVE	TOTALE PASSIVE puis ACTIVE (3 mn)
PÉRIODE DE LA SAISON	• Précompétitive Reprise de la saison • En échauffement toute la saison	Précompétitive (fin août septembre)	Surtout en période de préparation (septembre) ou de stabilisation (janvier-février)

SÉQUENCES : CARACTÉRISTIQUES ET PÉRIODES D'UTILISATION

SÉQUENCE MODÈLE	SÉQUENCE OPTIMISATION A	 B
Capacité Anaérobie Alactique	Puissance Lactique	Puissance Lactique
Acquisition du rythme réel du jeu. Stabilisation des acquis	Affûtage	Affûtage
20 à 30 secondes	30''	50''-1'30
ALTERNANCE D'INTENSITÉS MAXIMALES ET SUPRA MAXIMALES	MAXIMALE	MAXIMALE
de 6 à 8	de 4 à 6	de 3 à 5
40 à 60'' (récup. = 2 fois le temps de travail)	30 à 20 '' (R = 1 – R = – 1)	Réc. 3 à 1
de 3 à 5	≃ 3	1 à 3
TOTALE ACTIVE (3 à 5 mn)	ACTIVE EN FOOTING	ACTIVE EN FOOTING
Périodes compétitives I et II Octobre, novembre et décembre	1 cycle en février-mars	1 cycle en février-mars (arrêt 15 j. ou 3 semaines avant le 1er match des *phases finales*)

Cette forme d'entraînement produit en effet chez le joueur, un état de fatigue important qui peut aboutir à l'effet inverse de celui recherché.

La précaution d'arrêter 15 jours à 3 semaines avant le début des phases finales permet, qu'à cet état de fatigue succède un état de forme par un mécanisme qui est appelé, classiquement, le processus de surcompensation.

PÉRIODES	Juin-Juillet Août	Septembre Octobre	Novembre Décembre-15 J	15 Janvier 15 Février	Mars-Avril Mai
CARACTÉ-RISTIQUES	Interruption Estivale	Championnat 5/4 matches	Championnat 11/8 matches	Championnat 2/4 matches	Phases Finales
PHASE	Pré-compétition	Compétition I	Compétition II	Récupération relative	FINALE
DURÉE	4/7 mois	6 semaines	10 semaines	6 semaines	12 semaines
NATURE	Peu contraignante	Importante	Décisive	De moindre contrainte	FINALE
OBJECTIF	Préparation	Développement	Stabilisation	Récupération Optimisation	Optimisation Entretien
DOMINANTE DE TRAVAIL	Préparation physique générale ▼	Développement des qualités physiques spécifiques ▼	Stabilisation de l'état de forme acquis ▼	Récupération puis préparation phases finales ▼	Obtention et entretien de la forme maximale ▼
FORMES DE SÉQUENCES A UTILISER	• Préparatoire (type a) • Courte	• Préparatoire (type b) • Courte	• Modèles • Modèles	• Préparatoires (type a) • Courte	• Optimisation (type b) • Optimisation (type a)

Periodes d'utilisation préférentielle des différentes formes de séquences en fonction du moment de la saison.

4) Démarche pédagogique : principes directeurs et difficultés

L'entraînement physique par séquences a été défini comme la recherche de la maîtrise technico-tactique du jeu sur la base d'un engagement physique maximal ou proche du maximal.

L'utilisation efficace de cette forme de travail est liée au respect de principes directeurs. Elle nécessite aussi, pour l'entraîneur, de contourner certaines difficultés consécutives à son application directe sur le terrain.

1 — Principes directeurs

Solliciter chaque joueur dans la gamme totale des efforts du jeu. L'évolution moderne du jeu montre, en effet, que les joueurs doivent pouvoir s'adapter à des situations qui ne sont pas directement liées à la spécificité de leurs tâches. Ainsi, des lignes arrières auxquelles le renforcement des dispositifs défensifs impose de plus en plus une disponibilité totale et une capacité à exécuter des habiletés proches de celles utilisées par les avants (jeu dans l'intervalle, percussion, lutte pour la possession ou la conservation de la balle). Ainsi, des avants de plus en plus impliqués dans le jeu en mouvement qui, naguère, était l'apanage des trois-quarts.

Former les joueurs aux différentes éventualités du jeu et à son évolution est un principe de l'entraînement par séquences.

Utiliser au maximum un travail avec ballon, un travail collectif avec ou sans opposition, tant il paraît vrai qu'une maîtrise technique de la balle ou une maîtrise collective de l'opposition ne peut se concevoir à une faible intensité.

Réserver un moment de la séance à un travail individuel ou proposer des exercices respectant les profils spécifiques à chaque poste.

Séparer, en tout cas, *les deux groupes* (avants - 3/4) fondamentalement différents dans leur gamme d'efforts mais *revenir systématiquement à un travail en collectif total.*

2 — Difficultés

a) Maintien de l'intensité maximale

La difficulté essentielle dans le travail par séquences où l'objectif est le développement des qualités physiques est :

— le maintien du niveau d'intensité maximale ou proche du maximal dès que l'exercice dépasse 10'' ;

— le maintien de la motivation suffisante et indispensable à une réalisation correcte des exercices.

Nous conseillons donc :

— de changer la forme ou le thème des exercices de *chacune* des séquences qui composent l'entraînement ;

— mais aussi, et c'est le plus important, d'alterner *dans le même exercice* :

• travail sans, puis avec ballon,

• travail sans, puis avec opposition.

En effet, le travail technique avec ballons à forte intensité, se révèle extrêmement délicat à manier et ce d'autant plus que le niveau des joueurs est faible, les pertes de balle pouvant alors être nombreuses risquant aussi de perturber rythme et intensité des exercices.

L'alternance des deux formes de travail permet d'éviter cette difficulté.

Nous donnons, comme exemple, un exercice de séquence modèle (30'') d'intensité *à thème circulation de balle.*

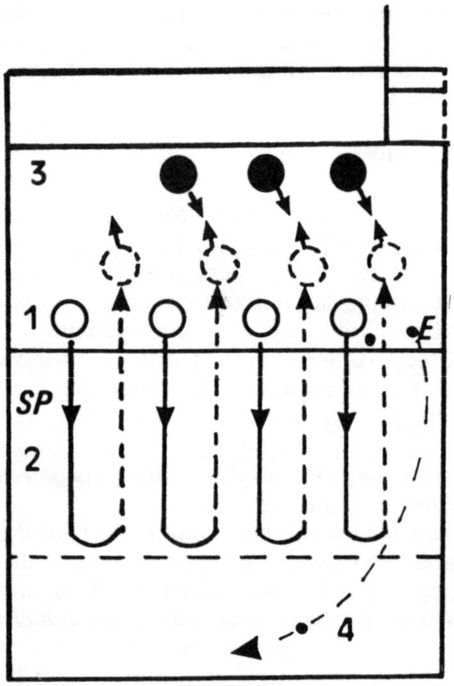

4 joueurs 0 évoluant dans l'axe longitudinal du terrain en :

(1) circulation de la balle jusqu'à 0_4 qui pose la balle aux 22 m

(2) sprint jusqu'aux 40 m et retour vers la ligne de but après une passe de l'éducateur et pose de balle dans l'en-but

2 allers et retours (30'').

A partir du même exercice, au 2e retour, les • interviennent comme défenseurs. Si l'éducateur veut encore augmenter la contrainte, il introduit un 2e ballon derrière l'une ou l'autre équipe.

> L'alternance travail sans et avec ballons et l'alternance travail sans et avec opposition dans le MÊME EXERCICE est un PRINCIPE essentiel du travail en séquences.

b) *La notion de surcharge progressive*

Principe de base de l'entraînement : le principe de la surcharge progressive suggère que la qualité de la performance est fonction de la quantité de travail. Les effets de l'entraînement sont bénéfiques si la charge de travail est progressivement croissante.

En sports collectifs et en Rugby, la durée ainsi que le nombre d'entraînements est peu variable. Aussi, pour augmenter la charge et appliquer ce principe, il est nécessaire :

— soit de diminuer les temps de repos, ce qui permet d'effectuer plus de répétitions à même intensité,

— soit de garder le même nombre d'exercices et le même nombre de récupérations mais en augmentant l'intensité des exercices.

c) *Le travail collectif*

Une autre forme de difficulté est liée au travail en collectif partiel, dès lors que les équipes ne disposent que d'un seul entraîneur (ce qui est souvent le cas).

Il est possible de faire travailler alternativement les deux groupes de joueurs, avants et 3/4, sur la base d'un exercice spécifique à chaque groupe.

Afin d'éviter les temps morts, nous conseillons à l'éducateur de faire évoluer les différents groupes dans le même espace et de prévoir des structures et des formes d'organisation adaptées.

Il est alors très facile de faire travailler, alternativement, chaque équipe, la récupération s'effectuant lorsque travaille un des deux groupes.

Conclusion

Le travail par séquences est une forme d'entraînement qui inclue tous les paramètres liés à la compétition.

En définissant des objectifs de travail en liaison avec les exigences du calendrier et de la période de la saison, ainsi qu'en proposant des procédures adaptées, il permet à l'entraîneur d'adopter une démarche cohérente, non seulement par rapport à la dynamique générale de la compétition, mais aussi par rapport à l'originalité et la spécificité des efforts du jeu de rugby.

Dans son souci de modéliser les conditions réelles du jeu, dans son souci de présenter des formes de travail axées essentiellement sur un entraînement avec ballon ou avec opposition, il s'adresse autant aux équipes appartenant à l'élite qu'à celles d'un niveau plus modeste.

Enfin, par les nombreuses formes jouées qu'il propose, l'entraînement par séquences vise à renforcer la motivation des joueurs, leur plaisir et leur capacité à s'entraîner et à aimer le rugby ce qui, finalement est au-delà de la performance le premier objectif de l'action pédagogique.

B) LE TRAVAIL INDIVIDUALISÉ (G. CAZORLA-M. GODEMET)

1) Fondements de la mise en œuvre de l'entraînement individualisé

La forme d'entraînement dit par « séquences » proposé par la F.F.R. dès 1981 et repris par Nerin (1986) a constitué une des grandes nouveautés en matière de Préparation Physique du Rugbyman et a engendré des progrés incontestables.

Le choix des actions spécifiques qui en composent le contenu est censé contribuer au développement des processus énergétiques mis en jeu dans l'activité Rugby tout en améliorant la technique et le sens tactique du joueur. Étant donné les difficultés rencontrées par l'homme de terrain pour mesurer l'intensité maximale, submaximale voire supramaximale des actions de jeu proposées dans une séquence sans moyen objectif de contrôle des paramètres physiologiques (F.C. VO_2 Lactatémie), étant donné les limites tactico-techniques des joueurs, nuisant au maintien des intensités souhaitées, étant donné que chaque individu joueur est physiologiquement différent, l'entraînement par « séquences » ne peut à lui seul développer rationnellement et efficacement les filières énergiques mises en jeu lors de la pratique du rugby.

Une approche de l'entraînement purement énergétique individuelle s'impose, où l'intensité et la durée des exercices sont rigoureusement contrôlées.

2) Quels paramètres prendre en compte pour individualiser l'entraînement

Le Rugby, comme bien d'autres activités physiques met en jeu une large palette de qualités : vitesse, force, endurance, détente, souplesse...

Identifier ces qualités, les classer et les mettre en relation avec un paramètre physiologique paraît difficile.

Toutefois, à partir d'une analyse méthodique des contraintes physiologiques du Rugbyman en situation réelle de match, on peut tenter d'attribuer les dominantes physiologiques à l'activité Rugby et à l'intérieur même de l'activité, différencier les exigences de chaque poste.

a) *Caractéristiques principales de l'activité Rugby d'après l'analyse de la tâche (M. Godemet, G. Cazorla 1987)*

• Les caractéristiques principales qui se dégagent de l'expérimentation réalisée sont :

• le caractère séquentiel du jeu (13 à 15 séquences par match) ;

• l'intensité élevée des sollicitations physiologiques 89 % de F.C. maximum et 83 % de VO_2 maximum en moyenne ;

• la parité de la durée moyenne des enchaînements de jeu et des pauses ;
• la composition des différents enchaînements de jeu, à savoir :

— une réitération de sprints de courte durée,

— une alternance de sprints de luttes et poussées intenses dans un intervalle de temps très court, entrecoupés de courses à vitesse modérée (soutien offensif et défensif) effectuées à un haut niveau de sollicitation cardiaque,

— un taux d'acide lactique sanguin relativement élevé en cours de match 8,5 mmol ± 1,4.

b) *Conséquences au plan de la contribution des filières énergétiques*

Le joueur de Rugby puise l'énergie nécessaire à son activité dans une zone métabolique mixte AÉROBIE-ANAÉROBIE dans laquelle les métabolismes d'urgence de dégradation des phosphagènes et de la glycolyse ANAÉROBIE soutiennent l'exercice (sprints, luttes, poussées) auxquels s'ajoutent la contribution du métabolisme AÉROBIE pour assurer l'essentiel de la solliciation des 2 mi-temps.

La contribution de ce système permet en particulier la reconstitution des réserves de phosphagènes, mais aussi l'élimination de l'acide lactique sanguin au cours des phases de repos relatifs (Pause), période pendant laquelle la consommation d'O_2 reste élevée ≃ 72 % de VO_2 Max.

Une trop forte concentration d'acide lactique serait préjudiciable au travail musculaire et donc à la précision technique requise pour réaliser certaines actions de jeu ; le caractère intermittent du jeu ne devrait pas d'après les travaux d'Essin et Saltin (1977) induire un taux d'acide lactique sanguin important.

Il semblerait qu'il soit donc très loin de la réalité du match et de ses répercussions physiologiques de ne se référer qu'aux valeurs moyennes de durée et d'intensité et de déduire que l'entraînement doit se fonder sur la parité du temps de travail et du temps de pause à des intensités proches de la puissance maximale AÉROBIE.

L'expérimentation permet de penser que les exercices intenses relevant de la sollicitation ANAÉROBIE alactique et lactique s'ajoutent à un niveau de contribution du système AÉROBIE.

c) *Dominantes énergétiques par poste*

Le tableau 1 récapitule les actions dominantes suivant les postes (d'après Baqué 1982) :

Dominante des familles d'exercices suivant les postes

POSTES	COURSES	COMBAT LUTTE	IMPORTANCE RELATIVE
1re et 2e ligne	Footing 2 à 3 fois plus important que course et sprint.	Luttes/Poussées	Après lutte et poussée tendance à enchaîner avec course de replacement.
3e ligne	Course + sprint footing	Luttes = poussées	Replacements plus importants que luttes + poussées + chocs.
1/2 mêlée 1/2 ouverture centres	Courses et sprint de 10 à 30 mètres.	Chocs en fin de course.	Pour le 1/2 mêlée certains efforts plus proches de la 3e ligne enchaînement footing course ou sprint + chocs.
	Tension nerveuse importante		
Ailiers et arrières	Courses et sprints de 20 à 60 m		Enchaînements avec une passe ou un geste technique (crochet, coup de pied)

Tableau 1

Il met en évidence la nature des efforts poste par poste et l'importance relative des actions de course et de combat.

Il est à remarquer que quels que soient les postes, les sollicitations énergétiques demeurent les mêmes, seule change la forme de l'exercice. Les qualités de force explosive seront nécessaires au pilier pour pousser en mêlée et au 3/4 centre pour démarrer.

Certes le 3e ligne ou le 1/2 mêlée sollicitent plus la filière lactique que le pilier qui, lui, fournira prioritairement l'énergie nécessaire à son activité par le système ANAÉROBIE alactique et AÉROBIE ; mais le jeu moderne tend vers la Polyvalence des rôles et par la même vers la polyvalence des sollicitations physiologiques.

L'entraîneur se doit d'intégrer dans l'élaboration de ses plans de travail les conséquences de l'évolution du jeu.

d) *Formulation des paramètres physiologiques à prendre en compte pour l'individualisation de l'entraînement*

De l'analyse précédente, il apparaît que l'entraîneur doit prendre en compte les paramètres physiologiques suivants :

- Le développement de la Puissance maximale AÉROBIE qui permet de maintenir un rythme soutenu durant les 2 mi-temps de 40 mn.
- L'accroissement des qualités ANAÉROBIES alactiques et lactiques en raison de la fréquence des exercices violents de courte durée (sprints, luttes, poussées) entrecoupés d'exercices de courses intenses que le joueur effectue pour se porter en soutien offensif ou défensif.

3) CHOIX DES TESTS PERMETTANT L'ÉVALUATION INDIVIDUALISÉE

a) L'individualisation de l'entraînement sous-entend l'évaluation des paramètres préalablement identifiés.

Classiquement les tests d'évaluation des capacités physiques et physiologiques établissent un diagnostic sur les capacités du joueur évalué dans le but de :

— mieux le connaître,
— le sélectionner,
— d'orienter l'entraînement vers des objectifs réalistes.

Les tests sont aussi à mettre en œuvre pour SUIVRE l'évolution du joueur afin de mieux :

— Doser,
— Modifier } son entraînement et obtenir la meilleure performance possible,
— Affiner.

Chaque résultat de test doit être traduit par le spécialiste de l'Évaluation en données opératoires pour l'homme de terrain et donc directement utilisables pour établir un programme de vitesse, de musculation ou bien encore de développement des qualités AÉROBIES et ANAÉROBIES lactiques.

b) *Énoncé des tests physiques et physiologiques*

• Vitesse gestuelle des membres inférieurs.

Sprint de 50 m avec prise de temps intermédiaire aux 20 m pour évaluer la mise en action.

• Vitesse de la coordination par le 10 × 5 mètres qui permet de prendre en compte la vitesse gestuelle en fonction de l'imprévu d'une tâche à réaliser (changement brutal de direction pour éviter un adversaire).

Ces deux tests sont à comparer l'un par rapport à l'autre ; une bonne vitesse gestuelle de course en ligne n'induit pas toujours une bonne performance au 10 × 5 m, ceci révélant soit un manque de puissance musculaire pour se bloquer et repartir vite, ou bien une incapacité à coordonner ses mouvements.

— Test de puissance musculaire

• détente verticale (sergant Test) qui permet d'évaluer la puissance des membres inférieurs en rapport avec le poids du corps ;

• force d'arrachage d'un ballon - test spécifique de l'activité Rugby requérant un effort bref et très intense ;

• force progressive du dos qui mesure l'aptitude des muscles lombaires exerçant une force de manière continue et progressive. Cette aptitude est particulièrement importante dans les actions de poussée, d'arrachage, de traction, de placage (c'est-à-dire dans toutes les actions où il est nécessaire de fixer le tronc pour développer la force).

Les muscles lombaires agissent en synergie avec les muscles abdominaux et ont un rôle de protection des organes vitaux contenus dans l'abdomen.

— Test d'endurance musculaire

• nombre d'abdominaux en 40 s : test qui met en évidence la tonicité des muscles abdominaux. Ces muscles fonctionnant en synergie avec les muscles lombaires, conditionnent tous les mouvements de force et de course et protègent les organes vitaux contenus dans l'abdomen ;

PROFIL RÉCAPITULATIF D'UNE ÉVALUATION

NOM : PRÉNOM : SPORT : RUGBY

SPÉCIALITÉ : 8 NIVEAU : AVANT AGE : 0.00

CRITÈRES DE TRI : PAR NIVEAU : AVANT

NOMBRE D'ÉVALUES : 15 DATE DE PASSATION : 12.09.89

	Perf.	Pts
AGE	0.0	0
POIDS	112.0	13
TAILLE	195.0	13
% DE GRAISSE	17.1	13
Det. Verticale	57.0	13
ABDO	34.0	8
Tractions	3.0	6
Suspension	0.0	1
Vit. sans ballon 20	3.3	11
Vit. sans ballon 50	6.9	11
Vit. avec ballon 20	3.3	11
Vit. avec ballon 50	7.0	11
Navette	16.4	10
VO_2 max (ml/min/kg)	48.0	6
VMA (km/h)	16.0	11
S. Anaero. (km/h)	12.0	10
Arrachage Droit	157.0	7
Arrachage Gauche	160.0	7
Poussée Droite	233.0	9
Poussée Gauche	237.0	9
Poussée 2 pieds	245.0	13
Force DOS	65.0	11

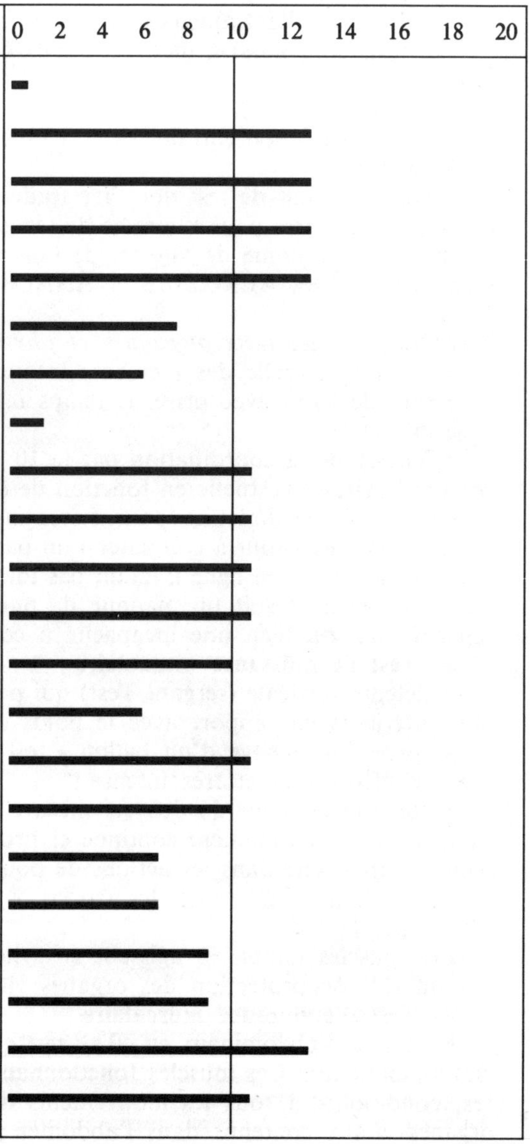

• suspension et traction à la barre fixe : test qui traduit aussi bien l'aptitude du joueur à travailler dans des conditions importantes d'acidose (production d'acide lactique) que l'épuisement des réserves initiales elles-mêmes conséquences du niveau d'entraînement des groupes musculaires des membres supérieurs.

— **Test Consommation maximale d'oxygène**

Test qui révèle la consommation maximale du joueur (VO_2 Max) c'est-à-dire le volume maximal d'oxygène susceptible d'être prélevé en milieu extérieur, transporté jusqu'aux muscles actifs, utilisé par les cellules ou fibres musculaires et ce par unité de temps.

Un bon VO_2 Max permet au joueur d'être plus actif sans ressentir précocement la fatigue, enfin dans la mesure où il autorise un plus grand nombre d'exercices de haute intensité au cours de l'entraînement, il joue un rôle dans la récupération et la capacité qu'a un joueur à supporter d'importantes charges d'entraînement au cours d'une saison : on comprend alors tout *l'intérêt* et la nécessité d'évaluer le VO_2 Max comme facteur de l'aptitude au Rugby.

4) BARÈME ET PROFIL

La fonction du barème est de transformer le résultat brut obtenu à une épreuve évaluant une qualité physique et physiologique en une note beaucoup plus familière aux entraîneurs.

La note résulte d'un calcul mathématique lui-même réalisé à partir d'un échantillon représentatif de la Population Rugby de Haut Niveau. Elle permet de situer le résultat de la qualité, évalué en regard de cette même qualité évaluée chez les sportifs de Haut Niveau (Élaboration d'une batterie de tests spécifiques Rugby - Publication F.F.R. 1990). Ainsi la note offerte par le barème peut contribuer à réaliser un PROFIL DES QUALITÉS PHYSIQUES (tabl. n° 2) du joueur évalué, profil qui constitue une véritable photographie de son développement physique et physiologique au moment de l'évaluation.

5) UN EXEMPLE D'INDIVIDUALISATION DE L'ENTRAÎNEMENT A PARTIR D'UN TEST DE CONSOMMATION MAXIMALE D'O2 RÉALISÉ SUR PISTE OU EN LABORATOIRE

Cette épreuve a pour but d'amener progressivement le sujet à sa consommation maximale d'oxygène (VO_2 Max).

a) *Protocole du test*

Le protocole retenu consiste à augmenter par pallier successif, la vitesse de déroulement de la bande d'un tapis roulant sur laquelle court un sujet ou la bande pré-enregistrée si le sujet court autour d'une piste d'athlétisme.

Un premier pallier d'échauffement couru à une vitesse de 8 km/h est suivi d'une augmentation de 2 km/h au pallier suivant.

A partir du 3e pallier 12 km/h et jusqu'à 16 km/h l'augmentation n'est que d'1 km/h. La durée d'un pallier est de 3 minutes, entre deux palliers un arrêt de 1 minute est observé pour permettre de recueillir l'acide lactique sanguin, l'épreuve est poursuivie jusqu'à l'atteinte de VO_2 Max déterminé par :

— l'impossibilité de courir à une vitesse plus rapide ;

— une inflexion en plateau de la courbe de la F.C. et un quotient respiratoire (uniquement pour l'épreuve de laboratoire qui dispose d'un analyseur de gaz) supérieur à 1.10, valeur qui reflète que la majeure partie de l'énergie produite est dérivée de la Glycolyse ANAÉROBIE Lactique.

b) *Présentation d'une fiche de résultats et explication des graphiques*

Les trois graphiques suivants traduisent les relations entre la vitesse de course (ou mieux : les temps de passage aux 400 m plus utiles à l'entraîneur) et les paramètres physiologiques évalués : Fréquence Cardiaque (F.C.) Consommation d'oxygène (VO_2) ou mieux % de la consommation maximale d'oxygène (% VO_2 Max) et la concentration de l'acide lactique sanguin.

A) LA DROITE OBLIQUE résulte du calcul de la relation entre :

Graphique 1 : la vitesse de course ou les temps de passage aux 400 m et la consommation d'oxygène.

Graphique 2 : la fréquence cardiaque et la consommation d'oxygène.

Graphique 3 : la vitesse de course (ou les temps de passage aux 400 m) et le % de la consommation maximale d'oxygène.

Graphique 1

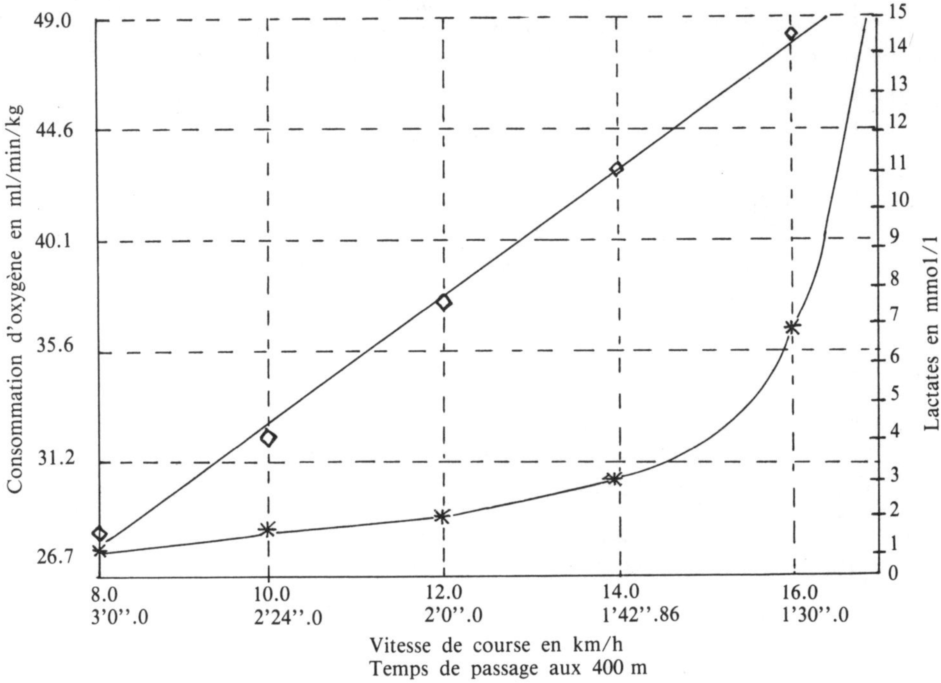

12.09.89

Discipline : Rugby

Spécialité : 08

VO2 max : 5.40 l/min

VO2 max : 48.21 ml/min/kg

VO2 max : 16.00 km/h

Al max : 6.83 mmol/l

Coefficient de régression : R = 0.997

Équation de la droite d'ajustement

VO2 = 2.500 * VIT + 7.857

Graphique 2

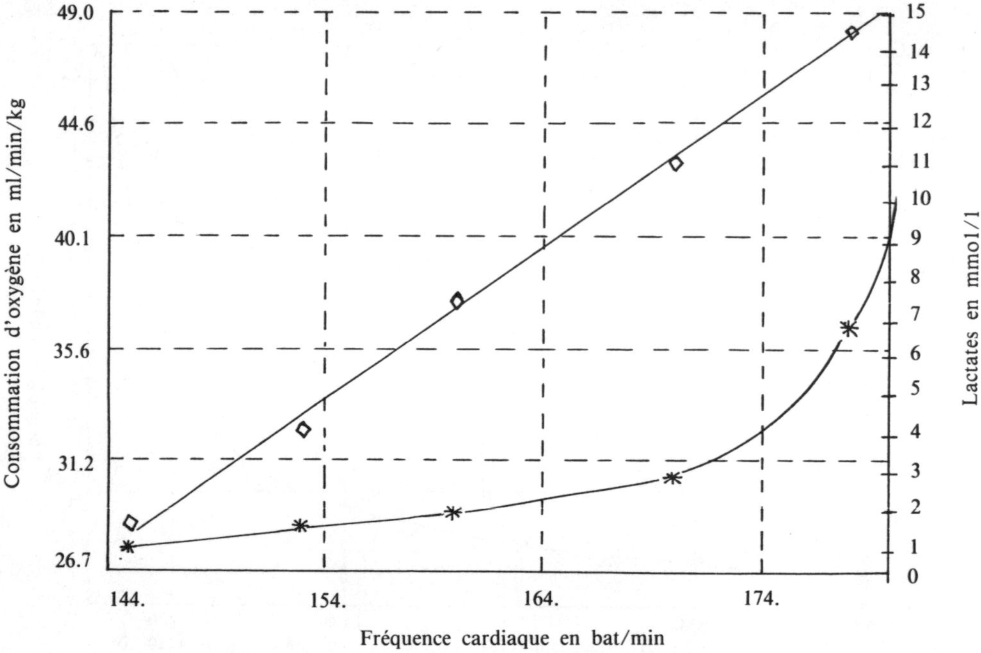

12.09.89

Discipline : Rugby　　Spécialité : 08

VO2 max : 5.40 l/min　　VO2 max : 48.21 ml/min/kg

FC max : 178 bat/min　　Al max : 6.83 mmol/l

Coefficient de régression : R = 0.998

Équation de la droite d'ajustement

VO2 = 0.602 * FC − 59.151

Graphique 3

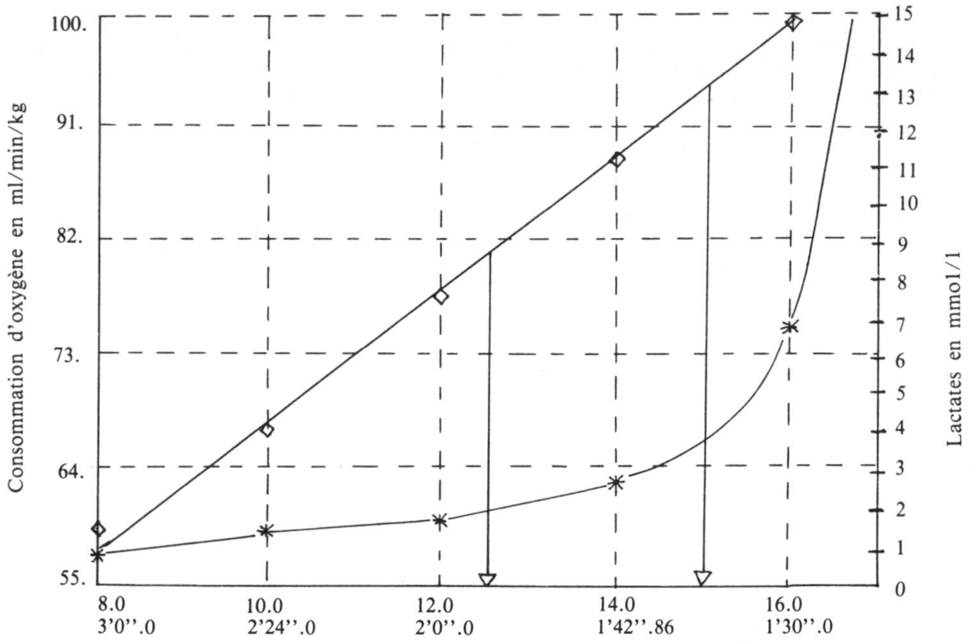

Graphique 3

12.09.89

Discipline : Rugby

Spécialité : 08

VO2 max : 5.40 l/min

VO2 max : 48.21 ml/min/kg

VO2 max : 16.00 km/h

Al max : 6.83 mmol/l

Coefficient de régression : R = 0.997

Équation de la droite d'ajustement

% VO2 = 5.185 * VIT + 16.296

Grâce à cette droite, connaissant la valeur d'un paramètre (par exemple la vitesse de course ou la fréquence cardiaque), on peut extrapoler l'oxygène consommé à cette vitesse ou à cette F.C. Pour cela, il vous suffit de placer une règle perpendiculaire à la ligne du bas du graphique (abscisse) exactement sur la vitesse ou la F.C. que vous souhaitez. Marquez ensuite le point exact où votre règle coupe la ligne oblique. A partir de ce point, replacez votre règle perpendiculairement à la ligne verticale de la gauche du graphique (ordonnée) et vous aurez la valeur de la consommation d'oxygène.

Si vous voulez plus de précision vous pouvez faire la même opération avec l'équation calculée en bas de page : « Équation de la droite d'ajustement. » Pour cela multipliez la vitesse (V.I.T.) ou la fréquence cardiaque (F.C.) par le chiffre placé à côté (*) et selon l'équation ajoutez ou retranchez le dernier chiffre indiqué par l'équation. Vous obtenez ainsi la valeur de la consommation d'oxygène ou le % de VO_2 Max pour cette vitesse ou pour cette F.C.

Attention cette équation n'est valable que pour le sportif évalué.

B) LA COURBE représente l'évolution de l'acide lactique sanguin par rapport aux valeurs de la ligne du bas (vitesse, temps de passage au 400 m ou F.C.).

Tant que le début de cette courbe est parallèle à la ligne du bas, c'est que votre travail musculaire se contente d'utiliser de l'oxygène pour sa combustion : travail musculaire très aisé.

Lorsque cette droite s'infléchit un peu, ceci traduit un premier déséquilibre qui montre que l'oxygène consommé commence à devenir insuffisant. Cet état peut être très facilement supporté pendant une longue durée. C'est dans cette zone que peut être développée votre endurance aérobie ou aptitude à supporter des exercices de longue durée.

Enfin, quand la pente de cette courbe s'élève brutalement c'est que votre organisme accuse un grand déficit en oxygène et produit en conséquence de l'acide lactique dont les concentrations s'accumulent ce qui, à terme, rend l'exercice de plus en plus pénible et de moins en moins supportable. C'est ce qui se passe en cours de match.

C) En jouant avec les indications fournies par cette courbe et la droite oblique, vous pouvez, vous-même, apprendre à gérer l'intensité des exercices de votre entraînement.

Le tableau d'entraînement récapitule tous les renseignements indispensables à une bonne efficacité de l'entraînement.

C) *Tableau d'entraînement*

NOM : PRÉNOM : DATE : 12-09-89	TEMPS PASSAGE 400 m	F.C. Bat/min	VO_2 MAX %
1. Temps de passage, FC, % VO_2 max permettant une meilleure récupération active (RA) : l'organisme de votre sportif consomme plus d'acide lactique qu'il n'en produit. Pour être efficace, ces mesures doivent être maintenues de 8 à 10 minutes après un exercice intense de courte durée défini comme « anaérobie lactique ». (Exercice intense de 30 s à 2 min).	Entre 3'00''0 et 2'24''0	Entre 145 et 152	Entre 57 et 68
2. Temps de passage, FC, % VO_2 max entre lesquels l'organisme de votre sportif utilise autant d'acide lactique qu'il en produit. La limite supérieure est recommandée pour contribuer au développement de l'endurance aérobie car l'apport d'oxygène est suffisant pour entretenir le travail musculaire. Cette limite est d'autant plus importante que votre sportif est bien entraîné sur le plan aérobie.	Entre 2'24''0 et 2'00''0	Entre 152 et 164	Entre 68 et 83
3. Temps de passage, FC, % VO_2 max à partir desquels l'organisme de votre sportif commence à travailler en insuffisance d'oxygène. Son organisme commence à produire plus d'acide lactique qu'il ne peut en utiliser. Ce déséquilibre augmente au fur et à mesure qu'augmente l'intensité d'exercice. Un des buts de l'entraînement est de reculer le plus possible ce seuil à partir duquel l'acide lactique s'accumule dans l'organisme.	A partir de 2'00''0 Limite de la Zone de Transition Aérobie - Anaérobie 1'38''0	A partir de 164 172	A partir de 83 92
4. Temps de passage max, FC max, % VO_2 max correspondant à l'atteinte du VO_2 max ou appelé Puissance Maximale Aérobie Fonctionnelle ou PMAF. Vous pouvez remarquer sur les graphiques qu'à cette intensité d'exercice l'organisme du sportif produit une assez grande quantité d'acide lactique. Les intensités supérieures à la PMAF sont dites supramaximales. Elles correspondent aux intensités des séries lactiques. Pour les spécialistes de longues distances, l'intensité d'exercice (et le temps de passage correspondant) à partir duquel l'acide lactique commence à s'accumuler dans l'organisme et l'intensité (temps de passage atteint) à VO_2 max doivent être les plus proches possibles. Leur rapprochement est un bon indicateur du bon développement de la capacité aérobie de vos sportifs.	1'30''0	FC max Bat/min 178	100 % VO_2 max ml/min/kg = 48.21

D) *Interprétation des graphiques*

Remarque préalable :

Les interprétations des graphiques doivent s'opérer aux regards des exigences du Rugby, ce qui veut dire que toutes les indications données par l'exploration du métabolisme AÉROBIE lors de l'exercice maximal doivent être comparées entre individus issus de la Population Rugby. Les résultats obtenus par les meilleurs rugbymen constituent des performances bien modestes pour un marathonien.

Mais on sait aussi qu'un développement intensif de l'endurance AÉROBIE (grand volume de travail et faible intensité) modifie la structure du muscle, favorise l'augmentation des fibres lentes (S.T.), provoque une perte de poids et limite les possibilités de la cellule musculaire à produire de l'énergie à partir du glycogène. Autant de facteurs limitant le joueur à supporter des changements de rythme, des poussées intenses... autrement dit des hautes intensités de travail que le jeu impose.

Donc développer le système AÉROBIE doit constituer une priorité pour l'entraîneur, mais il y a des limites à respecter pour ne pas aller à l'encontre des exigences du jeu.

Interprétation des graphiques 1, 2, 3

BONNE ENDURANCE AÉROBIE — puissance maximale AÉROBIE à développer

L'évolution très lente de la courbe de l'acide lactique par rapport à la vitesse de course et la fréquence cardiaque semble indiquer qu'un bon travail foncier a été réalisé à l'entraînement.

Ce joueur présente une endurance AÉROBIE tout à fait acceptable, mais une lactatémie 6,83 mmol/l et une consommation maximale (VO_2 Max) 48,21 ml/mn/kg trop basses pour un 3e ligne évoluant à haut niveau.

Ces caractéristiques constituent un facteur limitant de sa performance lui interdisant de supporter longtemps de hautes intensités de travail musculaire soit lors des changements de rythme dans les courses de soutien, soit lors des sprints, luttes et poussées réitérés.

L'entraîneur proposera en priorité à ce joueur un programme de développement de sa puissance AÉROBIE par des courses et actions techniques à des intensités proches ou supérieures à la vitesse maximale AÉROBIE.

Graphique 4

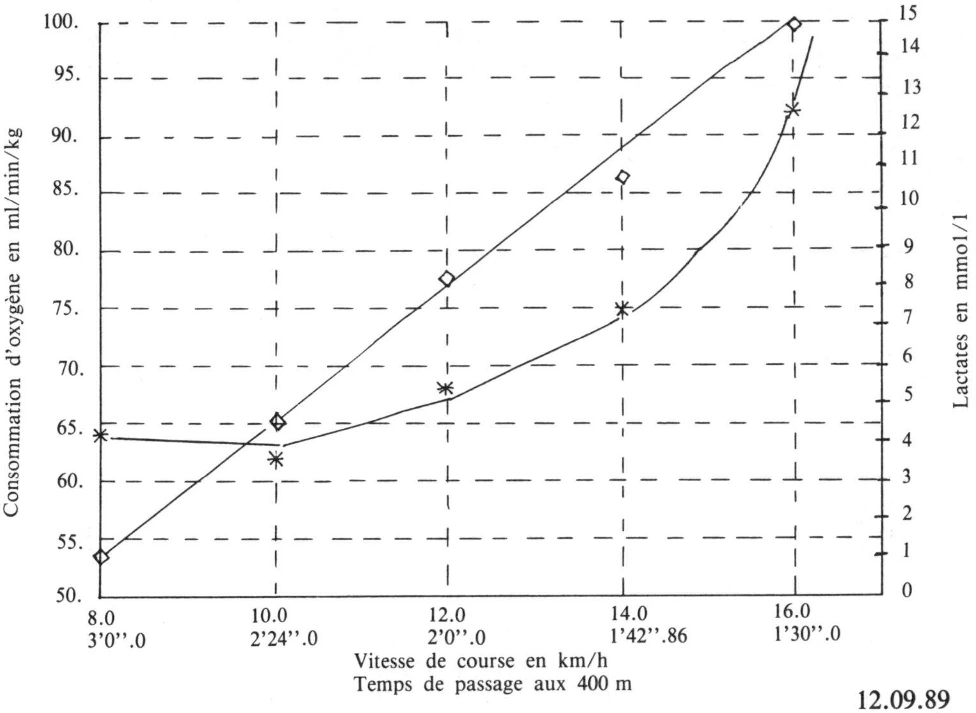

12.09.89

Discipline : Rugby

Spécialité : 1

VO2 max : 4.90 l/min

VO2 max : 48.51 ml/min/kg

VO2 max : 16.00 km/h

Al max : 12.70 mmol/l

Coefficient de régression : R = 0.997

Équation de la droite d'ajustement

% VO2 = 5.714 * VIT + 7.755

Graphique 5

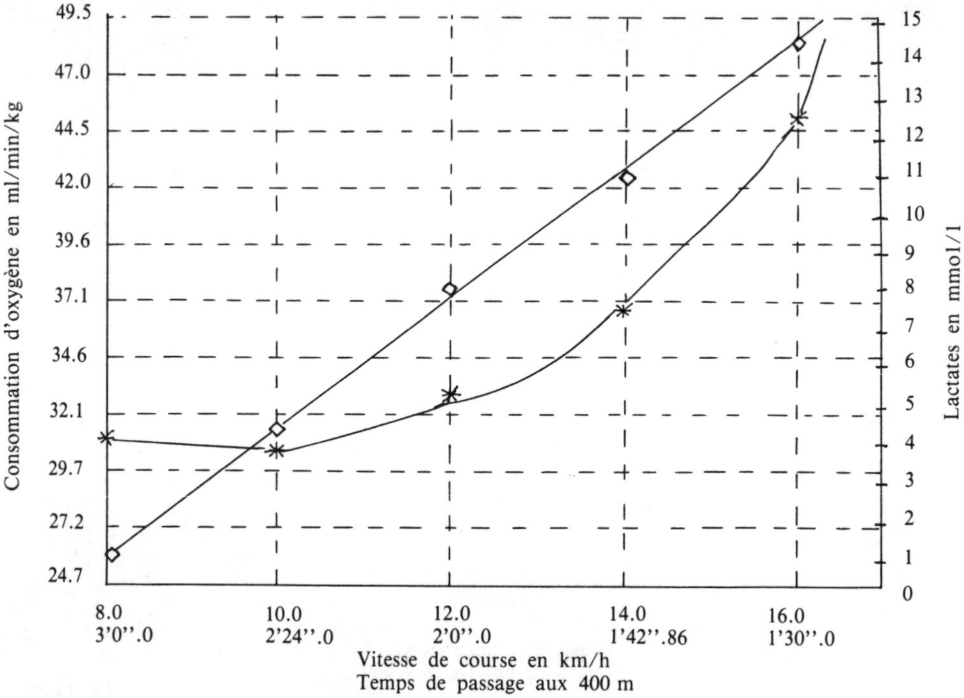

12.09.89

Discipline : Rugby

Spécialité : 1

VO2 max : 4.90 l/min

VO2 max : 48.51 ml/min/kg

VO2 max : 16.00 km/h

Al max : 12.70 mmol/l

Coefficient de régression : R = 0.997

Équation de la droite d'ajustement

VO2 = 2.772 * VIT + 3.762

Graphique 6

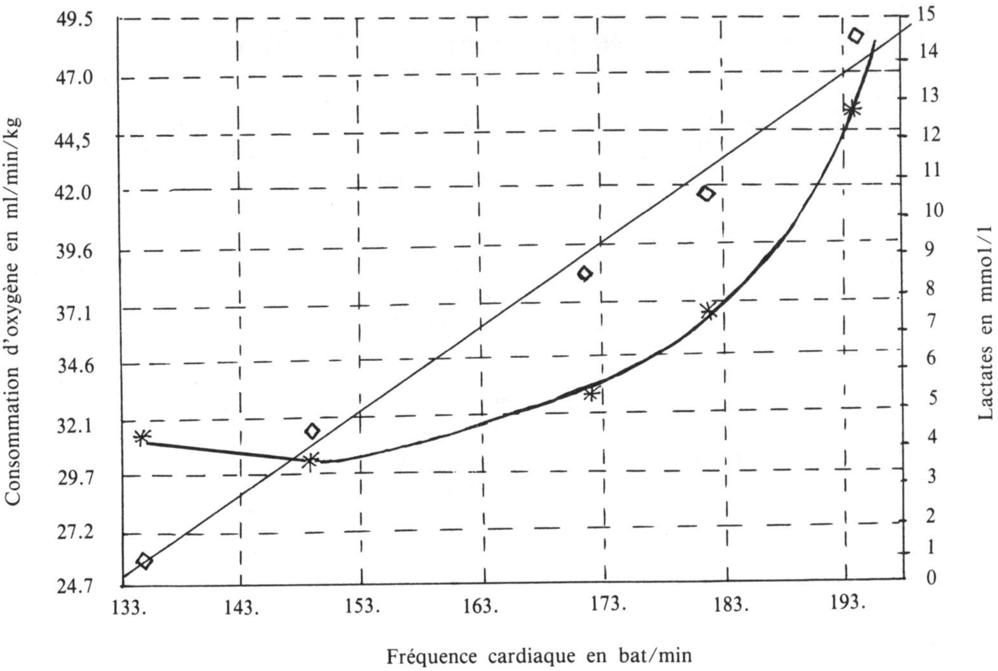

12.09.89

Discipline : Rugby

Spécialité : 1

VO2 max : 4.90 l/min

VO2 max : 48.51 ml/min/kg

FC max : 194 bat/min   Al max : 12.70 mmol/l

Coefficient de régression : R = 0.990

Équation de la droite d'ajustement

VO2 = 0.361 * FC – 22.999

ENDURANCE AÉROBIE FAIBLE — P.M.A. peu élevée

L'évolution très rapide de la courbe de l'acide lactique par rapport à l'augmentation de la consommation d'oxygène semble indiquer que ce joueur possède une endurance AÉROBIE faible car l'acide lactique s'accumule trop précocement à partir de 10 km/h.

Cette accumulation précoce d'acide lactique limite la Puissance maximale AÉROBIE qui, sans être faible, pourrait présenter une valeur plus haute. Ce joueur pilier, habitué à des exercices explosifs a une structure musculaire constituée essentiellement de fibres à contractions rapides et produisant très rapidement de l'acide lactique.

L'entraîneur devra proposer à ce joueur un programme d'entraînement d'endurance AÉROBIE visant à reculer le seuil ANAÉROBIE vers la droite.

Cet entraînement devrait, tout en maintenant les qualités de vitesse et de force, lui permettre d'enchaîner plusieurs exercices intenses dans un temps très court et contribuer ainsi à une plus grande activité dans le jeu.

6) LIMITES ET PERSPECTIVES DE L'ENTRAÎNEMENT INDIVIDUALISÉ

L'entraînement individualisé ne remet pas en cause l'entraînement par séquences qui est le seul qui introduise dans la préparation du joueur et de l'équipe la notion de Spécificité de l'activité. Bien au contraire, il le complète.

L'entraînement individualisé est la seule méthode qui permette de développer le plus rationnellement les potentiels énergétiques requis par la pratique du Rugby.

Le problème réside dans l'organisation et la planification des deux formes d'entraînement.

Prioritairement, l'entraînement individualisé doit être mis en œuvre dans les périodes de préparation à la compétition, (Inter-saison) et de compétition de moindre importance. Il vise au développement des qualités nécessaires au Rugby-force-vitesse-capacité AÉROBIE.

A mesure que la saison avance, les aspects techniques et tactiques collectifs doivent prendre le pas sur les aspects individuels. Le joueur doit réinvestir toutes les qualités développées antérieurement au profit du jeu et du collectif.

L'entraînement individuel pendant la période de compétition proprement dite devrait être réservé à la récupération et à l'entretien des qualités, à la restauration des organismes après arrêt prolongé occasionné par une blessure.

Planifier un entraînement de la sorte au cours d'une saison devrait permettre au joueur de maintenir un haut niveau d'activité tout au long de la saison, de le mettre à l'abri de baisses trop importantes de force et d'ouvrir des perspectives techniques et tactiques intéressantes, participant et contribuant ainsi à l'évolution du jeu.

EN GUISE DE CONCLUSION...

RUGBY-RAISON, RUGBY-PASSION

Au terme de cet ouvrage, balisé de schémas tactiques et de combinaisons de jeu, constellé de situations d'apprentissage où les joueurs sont symbolisés par des ronds blancs ou des ronds noirs, leurs courses par des flèches, les trajectoires de balle par des pointillés, le lecteur pourrait penser que nous nous situons dans l'optique d'un rugby technique, d'un rugby pédago-didactisé, un rugby rationnel et rationalisé qui aurait l'absurde prétention de réduire le joueur à une machine biomécanique, bioénergétique voire bio-informationnelle selon les dernière théories à la mode, occultant par-là même un facteur essentiel du jeu : « l'humain » et/ou les composantes affectives qui parfois font avorter les schémas de jeu les plus communs, les plus connus, les plus simples ou les mieux maîtrisés à l'entraînement.

Si, effectivement, notre parti pris a été tout au long de ce livre celui du technicien, si nous nous sommes efforcés d'aborder le jeu de manière simple en cherchant toutefois à éviter de tomber dans le schématisme ou la caricature d'analyses technico-tactiques parfois complexes, ce n'est pas pour autant que nous mettons au second plan les affects du joueur susceptibles de modifier les stratégies de jeu les plus faciles. Entre le « technique » et « l'humain » existe le même décalage qui sépare la théorie de la pratique. Entre le « tableau noir » et le match du dimanche surgit la même antinomie qui, parfois, oppose la RAISON à la PASSION.

Ce n'est donc pas pour autant que nous nions l'impact de « l'humain » sur le jeu, l'impact du « passionnel » sur la performance. Le premier tome de « L'entraîneur de rugby » qui aborde la question de la relation entraîneur joueur suffirait, à lui seul, à le démontrer.

Si l'on joue avec des schémas tactiques, son sang-froid, son intelligence, son RATIONNEL, on joue aussi avec sa hargne, son courage, son enthousiasme et ses tripes, son PASSIONNEL.

Si le spectateur peut apprécier l'envolée d'une ligne de trois-quarts, la fluidité d'une passe sautée à un arrière intercalé destinée à déséquilibrer la défense par le biais d'un surnombre offensif, il peut aussi considérer de manière plus émotionnelle que « lorsqu'il assiste à un match dominical où des bleus et des blancs s'en filent plein les côtes, pendant 80 minutes, dans le froid et dans la boue d'un jour d'hiver, ce petit temps, le temps d'un film [lui] projette aux yeux 10 000 ans d'une histoire [qu'il] croyait révolue, [que] le rugby est un raccourci de l'aventure humaine » (1).

Que l'on rêve d'un jeu où « il n'y aurait plus ni mêlée, ni touches, ni regroupements, juste des courses et des passes, des essais et des coups de pied d'envoi

---

(1) D. Herrero : *Passion ovale.*

et de renvoi » (2). Que l'on mette en place une technologie de l'entraînement qui vise à assurer une meilleure continuité du jeu et à préserver le mouvement pour un Rugby total, que l'on vise à « créer de l'ordre à partir du désordre » (2), et c'est RUGBY-RAISON.

Mais, dès lors que l'on considère que « sur le pré, des hommes étranges jouent la vie, la vraie vie, que le bonheur sera grand, le cœur battra fort, que l'on chantera et pleurera aux joies et aux peines de [sa] tribu, que l'on redeviendra l'humain de la nuit des temps, généreux, violent, rageur et fragile » : là, c'est RUGBY-ÉMOTION, RUGBY-PASSION qui s'évertue à voir dans les joueurs « des Princes, des vrais, pas des dégénérés, qui ont sué le sang pendant des années, qui ont donné leur âme à Dieu et parfois au Diable pour être là, dans l'arène hurlante, dans le nirvana de l'ovalie, le Parc des Princes ».

Alors, RUGBY-RAISON ou RUGBY-PASSION ? Le cœur doit-il exclure la tête ? Faut-il donc les opposer à l'heure où l'on a peut-être tendance à considérer le « technique » comme profondément ennuyeux voire rébarbatif ?

A l'heure où le dessein de mettre le rugby en équation, où le flirt maintenant bien engagé de celui-ci avec la science fait encore largement sourire et n'a pas effleuré des mentalités toujours imprégnées des images virulentes des rudes joutes d'antan... à l'heure où les esprits vagabondent encore dans des combats héroïques et musclés où « marrons » et « cartons » s'affirment être les derniers vertiges et vestiges d'un inconscient guerrier maintenant séculaire.

Faut-il nécessairement prendre parti pour l'un ou pour l'autre ? Doit-on regarder le Rugby avec des yeux de technicien mâtiné d'ordinateur ou l'appréhender avec des émotions de mêlée enfoncée, plantée en plein cœur ?

Doit-on enfin véritablement opposer le Rugby du Sud-Ouest où « les enfants s'endorment sur des K.O. de rêves » (3), au Rugby de l'Ile-de-France, ce Rugby de Paris qui mêle si savamment les éclats du show-bizz à ceux de la « triple variante fondamentale » (4).

Nous ne nous y risquerons pas. Le RUGBY est le théâtre conjugué du PASSIONNEL et du RATIONNEL, de la peur et de l'intelligence, du stress et de la maîtrise, de la force et de sa canalisation, de l'enthousiasme et du calcul méthodique de la mise à mort de l'équipe adverse. RAISON et PASSION ne s'opposent pas : elles ne jouent pas à du 1 contre 1, encore moins à du 1 plus 1. Elles sont deux, indissociables, imbriquées, épousées pour le meilleur et parfois le pire quand l'une prend le pas sur l'autre.

Si le Rugby est l'expression vivante de « l'humain » avec ses doutes, ses joies ses enthousiasmes, s'il est un opéra où virevoltent et s'entrechoquent les émotions, les excitations et les vibrations du combat collectif, il est aussi l'expression de l'intelligence technico-tactique, de la maîtrise du rapport d'opposition, de la résolution des problèmes que pose inévitablement toute confrontation duelle. Les larmes et les sueurs qui naissent du spectacle de Rugby sont aussi le fruit du travail de la Raison, qui, en « sous-main », loin des lumières du grand combat dominical, près des chambres obscures des terrains d'entraînement, ont permis l'émergence d'une véritable technique d'entraînement, sur la base d'un « référentiel commun » si utile au décodage des intentions individuelles ou encore à la restructuration des « matrices offensives ou défensives » (4).

---

(2) P. Villepreux : *Disponibilité du joueur et jeu de mouvement.*
(3) C. Nougaro : *4 boules de cuir.*
(4) R. Deleplace : *Rugby de Mouvement, Rugby total.*

Les coups de cœur nés du parfum subtil qui mêle le combat et l'évitement, la force et la ruse, la percussion et le cadrage-débordement sont aussi redevables à une théorisation du jeu qui voit dans les « fondamentaux ou la préaction du joueur » (5), les passages obligés de l'émotion esthétique.

La performance (et le Rugby y échappe de moins en moins), ne peut être que le fruit combiné d'une sophistication de plus en plus poussée des techniques d'entraînement (ah, le VO_2 *Max*), de l'innovation tactique et de la théorisation, mais aussi de l'enthousiasme, de la joie de jouer et de la passion du dépassement de soi. On ne gagne certes pas uniquement avec ses neurones tout comme on ne peut raisonnablement espérer vaincre seulement avec ses tripes.

RAISON et PASSION s'épousent dans le jeu et c'est bien cette communion qui nous plaît même si parfois victoire et défaite doivent compter avec un troisième larron : le poteau de touche, la barre transversale, le mauvais rebond d'une balle qui refuse les équations, en un mot... l'irrationnel.

(5) P. Conquet, J. Devaluez : *Les Fondamentaux.*

POSTFACE

Un ouvrage que tous les techniciens du rugby sauront apprécier à sa juste valeur et qui deviendra un outil indispensable non seulement aux entraîneurs mais aussi à tous les éducateurs responsables de la formation des jeunes.

Comme le soulignent très justement les auteurs de ce livre, Jean-Yves Nérin et Marcel Peyresblanques, si les règles qui régissent ce jeu peuvent paraître parfois complexes (je m'y retrouve moi-même parfois difficilement), ils n'en demeure pas moins vrai que le rugby est un jeu simple qui peut s'énoncer simplement.

Et, celui que je considère comme le meilleur entraineur de tous les temps, Clément Dupont, n'aurait pu s'exprimer plus clairement sur les principes fondamentaux qui organisent et structurent ce sport merveilleux.

A l'exemple de la « théorie du jeu de mouvement », le lecteur pourra constater qu'il faut toujours que le ballon vive, que le jeu se déploie et que la recherche constante de la continuité du mouvement sont les garants du plaisir du joueur comme du spectateur, plaisir et joie qui vont bien au-delà de la recherche absolue du résultat.

Le rugby a ses principes auxquels il est impossible de déroger et toutes les explications fournies par les auteurs ne peuvent qu'inciter le lecteur à franchir la ligne d'avantage dans les meilleures conditions possibles et marquer cet essai qui procure tant de joie à ceux qui arrivent en terre promise.

Il ne fait aucun doute que Jean-Yves Nérin et Marcel Peyresblanques convertiront de nombreux joueurs et éducateurs aux exigences simples mais parfois techniques de l'entraînement qui demeure le passage obligé de la recherche de la performance et de la victoire.

Puisse, toutefois, le rugby demeurer le « Sport Roi » qu'il a toujours été et nous faire autant vibrer qu'au temps des années de notre première jeunesse.

Et que le rugby demeure ce creuset de santé morale et physique qui procure aux sportifs pour la vie une vision simple des choses sur laquelle ne peuvent mordre les enfers.

Gérard KROTOFF
Président du Paris Université Club

BIBLIOGRAPHIE

BAQUE (J.-C.), *Les différents types d'efforts en Rugby et leurs conséquences à l'entraînement*, Mémoire B.E. 3, I.N.S.E.P., 1982.

BOUTHIER (D.), *Contribution à l'analyse du Rugby et éléments pour une formation tactique essentielle*, Mémoire I.N.S.E.P., 1984.

CONQUET (P.) et DEVALUEZ (J.), *Les fondamentaux du Rugby*, Éditions Vigot, 1978.

CONQUET (P.), *La préaction en Rugby*, Mémoire I.N.S.E.P., 1984.

DELEPLACE (R.), *Rugby de mouvement, rugby total*, Éditions E.P.S., 1979.

GODEMET (M.), *Évaluation des contraintes physiologiques en match de rugby*-Mémoire B.E. 3, I.N.S.E.P., 1987.

HERRERO (D.), *Passion ovale*, Éditions du Rocher, 1990.

LADAUGE (P.), *Exigences physiologiques, bases d'un entraînement par postes en rugby*, Mémoire I.N.S.E.P., 1985.

MARCIAC, comptes rendus des stages 1987 et 1988, Éditions A.E.E.P.S.

NERIN (J.-Y.), *Rugby, entraînement physique*, Éditions Amphora, 1986. (Épuisé).

NERIN (J.-Y.), *L'entraîneur de Rugby, tome 1 : La relation entraîneur/joueurs*, Éditions Amphora, 1989.

NERIN (J.-Y.), et sessionnaires de l'option 33, *La performance sportive et son analyse à travers le discours de l'entraîneur*, Mémoire commun, Éditions I.N.S.E.P., 1990.

PEYS (J.-P.), *Rugby total et entraînement*, Éditions Vigot, 1990.

POCIELLO (C.), *Le rugby ou la guerre des styles*, Éditions Métailié, 1984.

VILLEPREUX (P.), *Rugby de mouvement et disponibilité du joueur*, Mémoire I.N.S.E.P., 1988.

Achevé d'imprimer par Corlet, Imprimeur, S.A.
14110 Condé-sur-Noireau (France)
N° d'Imprimeur : 17517 - Dépôt légal : septembre 1990
Imprimé en C.E.E.